금융매론

오영환 · 박구용 · 신상권
윤명수 · 노강석   공저

MJ미디어

발간사

금융의 종합교과서를 발간한 후 2년이 경과하여 그 동안의 법규와 제도의 변경을 반영하고, 신상권 교수와 노강석 강사 등 필진을 보강하여 금융회사와 금융상품 부분을 보충하였으며, 교재 명칭을 금융개론으로 변경하기로 하였다.

본 교재를 작성하는데 있어서 금융이론과 현장의 조화, 학습과 금융자격증 시험대비 실전 능력의 제고, 읽기 쉽고 배우기 좋게 제작하기 등을 목표로 하였다. 이러한 목표를 충족하기 위하여 서술 방법에 있어서 가르치는 입장보다는 독자의 배우는 입장을 더 배려하였고, 문체도 가급적 만연체를 피하고 간결하게 요약하는 방향을 택하였다. 그리고 금융자격증을 준비하는 독자 및 수험생들의 입장을 감안하여, 각 장 또는 절마다 실전에 도움이 되는 주·객관식 문제들을 수록하였다.

여러모로 부족한 점에 대하여는 향후 여건이 되는 대로 개선하고자 한다. 본 책자가 금융관련 지식을 배우는 학생과 각종 금융관련 자격시험을 준비하는 일반인 및 수험생들에게 작은 도움이 되기를 기대한다.

2017년 2월

공저자 대표

Contents | **차 례**

제5장　금리 • 147

제6장　통화 • 155

제15장   핵심 금융 실무지식 Q & A • 313

제1장

금융과 금융시장

제1절 금융

1. 금융

금융이란 자금의 융통을 말하며, 타인에게서 자금을 빌리거나 타인에게 자금을 빌려주는 금융행위는 일시적인 자금의 잉여 또는 부족으로 인한 지출변동을 줄임으로써 소비나 기업 경영을 안정화하는 기능을 한다. 이러한 금융이 이루어지는 장소를 금융시장이라고 한다.

1) 직접금융과 간접금융

자금의 융통과 관련된 시장으로서 금융시장(financial market)은 자금의 공급자와 수요자 간에 금융거래가 조직적으로 이루어지는 장소를 말한다. 장소는 거래소 등 물리적 공간뿐 아니라 자금의 수요와 공급이 유기적으로 이루어지는 추상적 공간까지도 포함된다. 이러한 금융시장에서 이루어지는 상품이 금융상품 혹은 금융자산이다.

금융거래는 자금의 공급자로부터 수요자로의 자금의 이동형태에 따라 직접금융과 간접금융으로 구분된다.

① 직접금융 : 자금의 수요자와 공급자 간에 직접 거래가 이루어지는 방식을 말한다. 직접금융거래는 수요자가 자기명의로 발행한 증권을 공급자에게 교부하고 자금을 직접 조달하는 형태로서 주식, 채권 등의 수단을 사용한다.

② 간접금융 : 자금의 수요자와 공급자 중간에 중개자, 즉 금융중개기관(financial interme-diaries)이 개입되고, 이 중개기관을 통하여 금융이 이루어지는 방식을 말한다. 간접금융 거래에는 예금, 대출 등이 있다.

□ 금융시장과 자금흐름

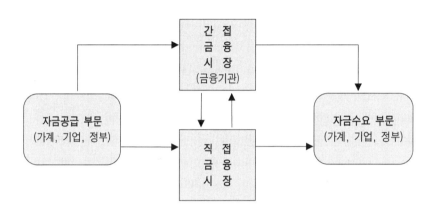

2) 금융 및 금융시장의 기능

(1) 자원배분의 기능

국민경제 전체로 보면 가계부문은 소득이 지출보다 많은 흑자주체이고, 기업부문은 소득을 넘는 투자활동을 하게 되어 적자주체가 된다. 금융시장은 가계부문의 여유자금을 기업부문에 이전시킴으로써 국민경제의 생산력을 향상시키는 자원배분의 기능이 있다.

(2) 위험분산의 기능

금융시장은 다양한 금융상품이 제공되면서 이용자들에게 자산선택의 기회를 확대시켜 준다. 이용자들은 분산투자를 통하여 투자위험을 분산시킬 수가 있고 각자 수요에 맞게 자산을 구성할 수 있게 된다.

(3) 저축수단의 제공

금융시장에서는 다양한 금융상품이 출현되므로, 투자자들은 형편에 따라 이들 상품을 저축수단으로 활용하게 된다. 파생금융상품시장의 발전은 이를 더욱 고도화시켰다.

(4) 시장규율(market discipline) 기능

금융시장에서 거래되는 금융상품은 시장에서 이용자로부터 가격으로 평가받고, 신용평가회사로부터는 신용등급으로 평가받으며, 기타 개별금융기관으로부터는 재무분석 등 종합적인 기업분석 등을 통하여 평가받는다. 이러한 시장시그널(market signal)을 통하여 금융시장은 자금 수요자에게는 간접적인 감시기능을 수행하고, 공급자에게는 다수 참여라는 비교적 객관적인 평가 기회와 정보를 제공해 준다. 기업의 미인투표와 같은 장을 마련해 주는 셈이다.

3) 은행(bank)이라는 명칭

(1) 은행

은행이란 명칭은 과거 중국의 당, 송 시대에 발생하여 명, 청 시대를 거치면서 '인항'(yínháng, 銀行 은행)의 명칭으로 굳어져 오늘에 이어지고 있다. 당초 진인항(jīnyínháng, 金銀行)이라는 용어가 사용되었는데, 이후 금보다 은이 화폐로서의 활용성이 높아지면서 청나라 무렵에 인항(銀行)의 명칭으로 확정되었다. 일본에서는 근대화 이후 서구문물을 받아들이면서 학술용어를 상당부분 정비하였는데 인항(銀行 : '은행', 일본어로 '깅코오')이라는 명칭을 그대로 사용하여 왔고, 우리나라에서도 오늘날과 같은 銀行이라는 문자를 사용하게 되었다. 행(行)은 가다, 해도 좋다(may)라는 동사 및 조동사적 용법 외에 가게, 상점(店)이라는 명사의 의미가 있다.[1] 결국 은행은 당초 '금은 상점'(金銀行)에서 '은 상점'(銀行), 즉 銀行이 된 것이다.

---

1) 한어(漢語)에서의 행(行)은 발음이 항, 싱 두 가지가 있다. 항(háng)은 '가다, 다니다'라는 의미와 가게, 상점의 의미가 있고, 싱(xíng)으로 발음하면 '해도 좋다', '가다'라는 의미가 된다. 중국의 한자는 명사와 동사가 달리 사용되는 경우가 이따금 있다.

(2) bank

서양에서 은행을 뜻하는 영어 단어 'bank'는 중세 이탈리아의 환전업무 책상에서 비롯되었다고 한다. '뱅크(bank)'는 이탈리아어 '반코(banco)'에서 유래됐고, '돌의자', '책상'을 의미하였다.

우리나라 최초의 은행은 조선말인 1897년 세워진 한성은행이다. 한성은행 이전에 일본 제일은행 부산지점(1878년)이 있었고, 1909년 중앙은행이 세워졌지만 순수 국내 민간자본으로 세워진 상업은행으로는 한성은행이 효시로 인정되고 있다. 1943년 동일은행과 합병하면서 상호를 조흥은행으로 바꿨고, 2006년에는 신한은행에 합병되었다.

2. 경제발전과 금융

금융발전이 실물경제의 발전을 추종하여 일어나는 경우를 수요추종형, 금융발전이 실물경제의 발전을 선도하는 경우를 공급선도형 금융이라고 한다. 경제발전의 초기에는 공급선도형 금융이 경제발전을 주도할 수 있으나, 산업이 고도로 발전하면서 금융은 점차 수요추종형으로 전환하게 된다.

3. 금융연관비율

골드스미스(Goldsmith)가 주장한 것으로서, 어느 시점에서 한 국가의 국부 중 금융자산이 차지하는 비율이 금융연관비율(FIR, financial interrelations ratio)이다. 선진국일수록 금융연관비율이 높아지는 경향이 있다.

연습문제

문제1 다음 문제를 읽고 ○, X로 답하시오.

1. 단기금융시장을 자본시장이라고 한다. (　)
2. 장기금융시장을 자금시장이라고 한다. (　)
3. 은행업은 허가제이다. (　)

풀이

1. X ⇒ 자금시장
2. X ⇒ 자본시장
3. X. 인가제

문제2 다음 내용을 읽고 (　) 안에 적절한 내용을 기재하시오.

1. 만기 1년 이내의 금융상품이 거래되는 것은 (　)이다.
2. 어떤 한 시점에서 한 경제의 모든 금융자산의 총액을 국부로 나눈 비율을 (　)이라고 한다.
3. 만기시점에 실물의 인수도 없이 차액만을 정산하는 선물환을 (　)라고 한다.
4. 금융기관의 부실채권을 사들여 이를 전문적으로 처리하는 은행은 (　)라고 한다.

풀이

1. 자금시장
2. 금융연관비율(Financial Interrelations Ratio)
3. NDF(non-deliverable forward, 차액결제선물환)
4. 배드뱅크(bad bank)

문제3 다음 문제에 대해 적당한 답을 선택하시오.

1. 다음 중 고정 이하 부실여신이 아닌 것은? (　)

　① 고정　　　　　　　② 요주의

　③ 회수의문　　　　　④ 추정손실

2. 차입자의 신용에 따라 가치가 변동하는 기초자산의 신용위험을 분리하여 이를 다른 거래 상대방에게 이전하고, 그 대가로 프리미엄을 지급하는 금융상품은? (   )
   ① 파생결합증권　　　　　　　② 신용파산스왑
   ③ 신용연계증권　　　　　　　④ 신용파생상품

3. 금융기관의 대출채권을 기초자산으로 하여 발행되는 자산유동화증권은? (   )
   ① CLO　　　　　　　　　　② MBS
   ③ ABS　　　　　　　　　　④ Mortgage

4. 비우량주택담보대출을 의미하는 것은? (   )
   ① 서브프라임 모기지론(subprime mortgage loan)
   ② 모기지(mortgage)
   ③ CBO
   ④ CDO

풀 이　1. ①　　　　　　　　　　　　　2. ④

3. ①
   • CLO(Collateralized Loan Obligation, 대출채권담보부증권) : 신용도가 낮은 기업들에 대한 은행의 대출채권을 묶어 이를 담보로 발행하는 채권의 일종
   • MBS (Mortgage Backed Securities : 주택저당증권) : 자산유동화증권(ABS)의 일종으로 주택·토지를 담보물로 발행되는 채권을 말한다.
   • ABS(Asset-Backed　Securities : 자산담보부증권(=자산유동화증권)) : 자산(Asset)을 근거로(Backed) 발행되는 증권(Securities)을 말한다(과거에는 '자산담보부증권'이라 불려왔으나 1998년 9월 '자산유동화에 관한 법률'이 제정되면서 '자산유동화증권'이라는 용어로 사용되고 있다).
   • Mortgage(모기지) : 금융거래에 있어서 차주가 대주에게 부동산을 담보로 제공하는 경우 담보물에 설정되는 저당권 또는 이 저당권을 표방하는 저당증서 혹은 이러한 저당금융제도를 모기지라고 한다.

4. ①
   • 서브프라임 모기지론(sub prime mortgage loan) : 비우량 주택담보대출을 말한다.
   • CBO(Collateralized Bond Obligation, 회사채담보부증권) : 금융기관이 가지고 있는 채권의 투기성 등급물을 모아 이를 담보로 발행하는 유동화증권이다.

- CDO(Collateralized debt obligation : 부채담보부증권) : 회사채나 금융기관의 대출채권, 여러 개의 주택담보대출을 묶어 만든 신용파생상품의 일종. 회사채를 기초자산으로 하는 경우에는 회사채담보부증권(CBO : Collateralized Bond Obligation), 대출채권인 경우에는 대출채권담보부증권(CLO : Collateralized Loan Obligation)이라고 한다.

문제4 다음 문제를 약술하시오.
1. 브리지 론
2. P&A 방식

풀 이 1. 브리지 론이란 일시적 자금난에 빠질 경우 일시적으로 자금을 연결해 주는 대출
2. P&A(purchase of assets & assumption of liabilities) 방식은 부실은행의 자산과 부채를 우량은행이 일괄해 인수하는 거래방식

1. 금융시장의 분류

금융시장은 크게 제도금융시장과 비제도금융시장으로 나뉜다. 비제도금융시장은 사적인 금융시장, 즉 사금융시장을 말한다. 여기서는 비제도권금융시장은 언급하지 않고 제도권금융시장을 중심으로 살펴보기로 한다.

□ 우리나라의 금융시장

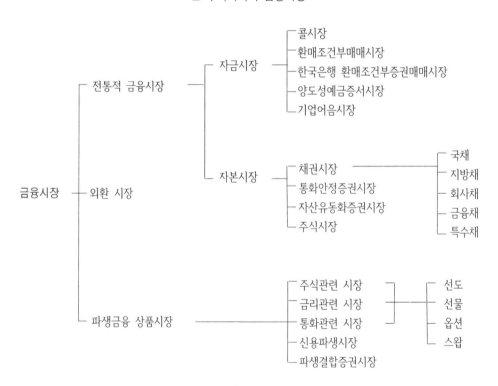

제도권금융시장과 관련하여 우리나라의 금융시장은 크게 세 가지로 분류되고 있다. 전통적금융시장, 파생금융상품시장, 외환시장이 그것이다. 전통적금융시장은 다시 단기금융시장과 자본시장으로 구분된다. 단기금융시장을 흔히 자금시장이라고 부르고, 자본시장은 장기금융시장의 별칭이다.

　단기금융시장은 콜시장, 환매조건부채권시장, 양도성예금증서시장, 기업어음시장, 표지어음시장, 통화안정증권시장으로 나뉘고, 자본시장은 주식시장, 채권시장, 자산유동화증권시장으로 나뉜다. 파생금융상품시장은 주식관련시장, 금리관련시장, 통화관련시장, 신용파생상품시장, 파생결합증권시장으로 구분된다. 파생금융상품으로는 선도, 선물, 옵션, 스왑이 있다.

2. 우리나라 금융시장의 규모

　우리나라 금융시장의 규모는 2016년 기준 약 3,400조 원에 달하는 수준이다. 한국은행 통계에 의하면 1990년 당시만 해도 약 158조 원 규모이던 것이 2016년 6월말 현재, 전체 규모가 3,393조 2천억 원의 규모에 달하였다. 동 시점 현재 금융기관유동성(Lf)[2] 대비 전체 금융시장 규모의 비율은 104.9%, 대출금[3] 대비 동 비율은 129.0%, 명목 GDP 대비 동 비율은 211.3% 정도에 이르고 있다.

　이러한 금융시장의 비약적 확대는 그 간의 경제규모 자체의 확대, 정부의 자본시장 육성과 대외개방, 그리고 외환위기 이후 금융시장 하부구조의 정비 및 시장참가자들의 금융거래 기법 개선 등으로 인한 결과이다.

3. 단기금융시장(자금시장)

1) 자금시장

　자금시장(money market)은 단기금융시장이라고도 하며 통상 만기 1년 이내의 단기금융상품이 거래되는 시장이다. 우리나라의 단기금융시장은 콜시장, 환매조건부매매시장, 한국은행 환매조건부매매시장, 양도성예금증서시장, 기업어음시장, 전자단기사채시장, 표지어음시장, 통화안정증권(만기1년 이내)시장, 재정증권시장 등으로 구성된다.

　자금시장은 금융기관 상호간의 단기자금 과부족을 조절하는 금융기관 간 시장과 금융기관과 고객 간의 단기자금을 거래하는 대고객시장으로 구분된다. 금융 기관 간 시장의 대표적인

---

2) 금융기관 유동성이란 M$_2$ + 예금취급기관의 만기 2년 이상 유동성상품 + 증권금융 예수금 등 + 생명보험회사 보험계약준비금 등이다.
3) 자금순환표상 대출금(단, 한국은행의 대출금 제외)

것은 콜시장이고, 대고객시장의 그것은 기업어음시장이다. 2016년 6월말 현재 단기금융시장, 즉 자금시장 규모는 약 395조 9천억 원 정도로서, 이는 전체금융시장의 약 11.7%에 해당된다.

(1) 콜시장

콜(call)시장은 금융회사들이 일시적인 자금과부족을 조절하기 위하여 상호간에 초단기로 자금을 차입하거나 대여하는 시장이다. 자금을 공급하는 콜론(call loan)기관과 자금을 차입하는 콜머니(call money)기관, 거래를 중개하는 중개기관으로 구성된다. 콜거래는 금융기관의 자금조절에 많이 활용되는 것이 특징인데, 그 법적 성격은 금전소비대차이다.

① 거래조건

콜거래의 만기는 최장 90일 이내에서 일별로 정할 수 있으나, 실제거래는 1일물이 대부분이다. 콜거래금액은 최저 1억 원이며, 억 원 단위로 거래되고 거래이율의 변동단위는 0.01%이다. 담보여부에 따라 담보콜과 무담보콜(신용콜)로 구분된다. 담보콜의 담보물은 '자본시장과 금융투자업에 관한 법률'(이하 '자본시장법'이라 한다) 상의 증권과 CD(certificate of deposit 양도성예금증서), 현금으로 한정되고, 담보가액은 금융기관 간 협의에 따라 유가증권별로 결정된다. 한국은행은 자금중개회사를 통해 거래된 무담보콜 1일물 거래에 대해 가중평균한 지표금리를 공표하고 있다.

② 중개기관

중개기관에는 한국자금중개(주), 서울외국환중개(주), KIDB자금중개(주)의 3개 회사가 있다. 단순중개를 원칙으로 하지만 소액거래나 신용도가 낮은 기관에 대해서는, 필요한 최소범위 내에서 매매중개도 할 수 있다. 매매 중개시에는 수수료 대신에 매입금리와 매도금리의 차이를 수익으로 획득한다.

③ 참가기관

2016.6월 현재 콜시장에 참가할 수 있는 기관은 은행, 한국산업은행, 중소기업은행,한국수출입은행, 국고채 전문딜러(PD) 및 한국은행 공개시장운영(OMO) 대상기관 증권회사, 자산운영회사, 자금중개회사 등이다.

콜시장은 은행중심 시장으로 개편하는 방안(2013년)에 따라 2014년 증권사의 콜차입한도가 자기자본의 15% 이내로 축소되었고(종전 2012.7월엔 자기자본의 25%로 제한된 바 있다.), 2015년 3월부터는 국고채 전문딜러(PD) 및 한국은행 공개시장운영(OMO) 대상기관 증권사의 콜차입과 자산운용사의 콜론거래를 제외한 비은행금융기관의 콜시장 참가가 원칙적으로 배제되고 있다(자산운용사의 콜론한도는 총집합투자자산의 2% 이내에서 허용된다).

④ 거래방식

콜거래는 계약체결방식에 따라 중개거래와 직거래로 구분되는데, 대부분은 중개거래로 이루어진다. 중개거래는 중개기관이 거래조건에 따라 공급자와 수요자를 연결시켜 줌으로써 계약이 체결되는 거래이다. 자금중개회사는 유선으로 콜론 및 콜머니 주문을 접수한 후, 콜머니기관의 신용한도(credit line)를 확인하고 거래를 체결시킨다. 직거래는 거래당사자들이 직접 금리, 금액, 만기 등의 거래조건에 합의하여 계약을 체결하는 거래이다.

대금 수급은 콜머니, 콜론 기관이 모두 한국은행에 결제전용계좌를 보유하고 있는 은행의 경우 한국은행 금융망(BOK-Wire)을 통하여 한국은행 결제전용예금계좌를 거쳐 이루어진다. 한국은행에 결제전용계좌를 보유하고 있지 않은 비은행금융기관은 거래은행을 통하여 자금을 이체하는 한편, 콜어음을 수수한다. 한은금융망(BOK-Wire)이란 한국은행과 금융기관을 온라인으로 연결하여, 금융기관 간 거액자금 거래를 전자자금이체방식에 의해 한국은행에 개설된 금융기관의 당좌예금 계정을 통하여 건별로 즉시 결제를 종료시키는 결제시스템을 말한다.

콜시장의 규모는 2016.6월말 기준으로 약 9조 3,900억원 정도로 전체 단기금융시장의 2.4% 정도를 차지하고 있다.

(2) 환매조건부채권 매매 시장(RP 시장)

환매조건부매매는 미래 특정 시점 또는 당사자 일방이 특정한 시점에 특정가격으로 동일한 증권을 다시 매수 및 매도할 것을 약정하고 이루어지는 증권의 매매거래를 말하며, 흔히 RP(repurchase agreement)매매라고 한다. RP거래는 단기거래이지만 자금시장에서는 주로 채권을 매개로 이루어지기 때문에 채권 시장의 수급에도 영향을 주고 있고, RP시장과 채권시장 간에 차익거래 기회가 제공되어 채권가격의 합리적 형성에도 영향을 준다. 금융기관 간 자금조절 및 금융기관 자체의 단기자금 조달에 주로 활용되고 있다.

그리하여 RP시장은 단기금융시장과 장기금융시장을 연결시켜 주는 아주 중요한 역할을 한다. RP거래가 활성화됨으로써 금융시장이 안정적이고 효율적인 발전을 하게 된다.

RP시장의 구성 요소는 매도기관, 매수기관 및 중개기관이다. 매도기관은 보유채권을 매각하지 않고서도 일시적으로 필요한 자금을 조달할 수 있고, 매수기관은 채권 등을 담보로 자금을 안전하게 운용할 수 있다. 중개기관은 매도기관과 매수기관을 중개해 주고 수수료 수입을 얻는다.

거래주체별로는 대고객 RP, 기관 간 RP, 한국은행과 금융기관 간 RP로 구분된다. 대고객 RP는 금융기관이 고객과 거래하는 RP이고, 기관 간 RP는 금융기관 간의 RP이며, 한은과 금융기관 간 RP는 공개시장조작 수단으로 이루어지는 한국은행과 금융기관 간의 RP를 말한다.

거래기간별로 만기가 1일인 RP를 overnight RP, 만기가 2일 이상으로 미리 정해진 것을 term RP, 만기일을 정해두지 않고 어느 일방의 통지가 있기 전까지는 매일 자동으로 만기가 연장되는 것을 open RP라고 한다. 만기는 자유화되어 있고 중도환매가 가능하다.

RP거래는 주로 채권을 담보로 하는 금전대차거래의 성격이 있으나, 우리나라의 자본시장법에서는 RP매매를 금융투자업의 영역에 속하는 것으로 하고 있고, 그 법적 성격은 채권의 매매이다.

RP시장 규모는 2016.6월말 기준으로 약 133조 8,290억원 정도로 전체 단기금융시장의 33.8% 정도를 차지하고 있다.

■ 한국은행 RP 시장

중앙은행인 한국은행은 공개시장조작 수단의 하나로서 RP 매매를 활용하고 있다. 한국은행 RP는 비교적 단기로서, 일시적 유동성 조절수단으로 활용된다. 유동성 흡수가 필요하면 RP를 매각하고 유동성 공급이 필요하면 RP를 매수한다. 거래대상은 7일물 RP로 보통 최장 만기 91일, 최소 입찰금액은 100억원이고, 공모방식에 의한 매매와 상대매매로 구분된다.

공모방식은 공개시장에서 상대를 특정하지 않는 매매이고, 상대매매는 특정 상대방과의 협의에 의해 결정되는 매매이다. 상대매매는 금융시장의 안정 또는 통화신용정책의 원활한 운영을 위하여 필요한 경우에 한하여 예외적으로 실시된다. 공모방식은 다시 경쟁입찰 방식과 모집방식으로 구분된다. 경쟁입찰 방식은 금리입찰 방식으로서 한국은행이 결정한 내정금리를 기준으로 금융기관이 제시한 응찰금리에 따라 낙찰기관이 결정된다. 모집방식은 고정금리 입찰방식으로서 매매금리가 고정되고, 입찰참가기관의 응찰규모에 따라 낙찰규모가 비례 배분된다. 7일물 RP매도는 금융통화위원회가 결정하는 기준금리를 고정금리로 하여 입찰방식으로 이루어지고, 7일물 RP매수는 기준금리를 최저입찰금리로 하는 경쟁입찰 방식으로서 복수금리가 적용된다. 익일물 등 단기RP는 매도, 매수시 모두 기준금리를 고정금리로 하는 모집방식으로 입찰을 실시한다.

RP 매매방식은 2006년 4월부터 담보부 자금대차방식에서 채권매매방식으로 변경되어, 채권의 소유권도 완전히 이전하게 되었다. 담보부 자금대차방식은 자금대차만 있고 채권의 소유권이전은 없으나, 채권매매방식은 자금대차에 따라 채권의 소유권이 이전되는 차이점이 있다.

(3) 양도성예금증서 시장(CD 시장)

양도성예금증서(CD, negotiable certificates of deposit)는 정기예금에 양도성이 부가된 것이다. 양도성예금증서시장을 CD시장이라고도 한다. CD의 법적성격은 예금증서를 교부하고 예금을 받는다는 점에서 금전의 소비임치로 분류되나, 권리의 이전과 행사에 동 증서의 소지가 필요하여 증권으로 보고 있다.

은행이 일반고객을 상대로 발행하는 CD는 한국은행법상 예금채무에 해당되어 예금지급준비금 예치의무가 부과되지만, 예금자보호법상 예금보호대상에는 포함되지 않는다.[4]

① 거래조건

CD 만기는 최저 30일 이상이고, 최저발행금액에 제한이 없다. 실제거래에서는 금융기관 간 거래는 1년물 이내, 대고객거래는 1년물이 주류를 이루고 있다. 액면금액에 제한이 없으나, 거래금액은 기관의 경우 1억원 이상, 개인이 경우 1천만원 이상이 일반적이다. 은행에서 중도해지가 불가능하지만, 유통시장에서 매매가 되고 만기 후에는 별도 이자없이 액면금액만 지급받는다.

② 발행기관 및 중개기관

한국수출입은행을 제외한 모든 은행이 CD를 발행할 수 있다. 중개기관은 증권회사, 종합금융회사 및 3개 자금중개회사(한국자금중개(주), 서울외국환중개(주), KIDB자금중개(주))가 담당하고 있다. 증권회사와 종합금융회사는 모든 기관을 대상으로 중개업무를 수행하고 있고, 자금중개회사는 콜시장 참가기관만을 상대로 중개업무를 수행한다. CD는 비교적 수익성이 높고 환금성과 안정성이 보장되는 상품으로서, 유통시장에서의 매매도 가능하다.

③ 거래방식 등

은행이 CD를 발행할 때에는 통일된 실물을 작성하여 교부한다. 다만, 고객이 보호예수를 요청할 경우에는 동 증서를 금고에 보관하고 보호예수증서 또는 보관통장을 발급할 수도

---

4) 참고로 은행에서 판매되는 금융상품 중에서도 CD, RP, 수익증권, 특정금전신탁 등은 예금자보호의 대상에 포함되지 않는다.

있다. 개인 및 일반법인 등이 통장거래를 하는 경우 발행은행은 은행에 발행내역을 등록하고 있다. 2006년부터는 금융기관에 한하여 CD발행등록제도가 실시되고 있어서, 은행이 금융기관을 상대로 CD를 발행하는 때에는 실물발행없이 한국예탁결제원에 등록발행하고 있다.

대고객 CD의 경우 현금이나 자기앞수표에 의한 결제가 일반적이나, 발행은행이 고객거래은행인 경우에는 계좌이체, 발행은행이 고객거래은행이 아닌 경우에는 한은금융망(BOK-Wire)을 통하여 자금결제가 이루어진다. 중개기관을 통해 발행된 대고객 CD의 규모는 거액, 즉 100억원 이상이다. 은행간 CD는 한은금융망을 통해 자금이 결제된다.

만기 시에는 소지자가 발행은행 창구에 제시하거나 만기 1영업일 전 거래은행을 통하여 어음교환에 의하여 자금을 회수한다. 중개기관을 통한 통장거래인 경우에는 중개기관이 자금을 회수하여 고객 통장에 입금시키고, 은행이 소지자인 경우에는 직접 교환에 회부하여 자금을 회수한다. 한국예탁결제원에 예탁된 경우에는 한국예탁결제원이 교환에 회부하여 결제대금을 입금시켜 준다.

CD시장의 규모는 2016.6월말 기준으로 약 24조 1,620억원 정도로 전체 단기금융시장의 6.1% 정도를 차지하고 있다.

(4) 기업어음(CP) 시장

기업어음(CP ; commercial paper)은 신용상태가 양호한 기업이 상거래와 관계없이 운전자금 등 단기자금을 조달하기 위하여 자기신용을 바탕으로 발행하는 융통어음을 의미한다. 이는 상거래와 수반하여 발행되는 상업어음(commercial bill)과 구별된다. 상업어음은 실제로 상거래가 수반되기 때문에, 융통어음에 대하여 진성어음이라고 한다.

CP의 법적성격은 약속어음이다. CP 발행기업은 거래은행으로부터 지급지를 명시한 어음용지를 교부받아 발행하고, 은행의 당좌예금계정을 통해 결제한다.

CP는 발행절차가 간편하고 통상 담보없이 신용으로 발행되기 때문에 신속한 자금조달이 가능하고, 금리 면에서도 대출금리에 비해 유리하다. 할인·매출기관은 발행기업으로부터 CP를 할인 매입하여 이를 매수기관에 매출함으로써 차익을 얻고, 매수기관은 단기자금의 운용수단으로 CP를 이용하고 있다.

CP 거래는 통상 무담보거래이며, 신용평가기관에서 B 등급 이상의 일정 평가등급을 받은 기업들이 발행하고 있다. A1~A3는 투자등급, B+등급 이하는 투기등급으로 여겨지고 있다.

① 참가기관 : 일반기업, 카드사, 캐피탈사, 은행지주사, 증권회사, 보증보험회사 등이 이를 발행하고 있다.

② 할인 및 매출기관 : 주로 증권회사와 종합금융회사 등이 담당하며, 기타 은행, 자산운용회사, 보험회사도 참여한다. 증권회사는 수신기능이 없어 통상 CP 할인 후 자체 보유하지 않고, 무담보형식으로 매출한다. 종합금융회사는 매출목적으로 CP를 할인하지만, 보유목적으로도 CP를 할인한다.

③ 매수기관 : CP는 거액이고 예금자보호 대상도 아니어서 개인투자는 활발하지 않고, 자산운용회사 MMF와 종합금융회사 및 은행신탁의 특정금전신탁 등이 주요한 CP 매입처이다. 한때 특정금전신탁에 편입된 우량 CP의 발행기업이 워크아웃에 들어가면서, 특정금전신탁 자체는 물론 CP시장의 신뢰도가 부분적으로 추락한 적이 있었다. 2013년부터는 CP의 대체상품이라고 할 수 있는 전자단기사채가 도입되었다.

자산운용회사가 주로 증권회사와 종합금융회사가 중개한 CP를 매수하며, 은행신탁은 할인·매출기관이 중개한 CP를 매입할 뿐 아니라 직접 할인하기도 한다.

2013.년 5월부터는 CP 만기가 1년 이상이거나 특정금전신탁(50인 이상 판매)에 편입되는 경우에는 증권신고서 제출의무가 부과되고 있다.

CP 시장 규모는 2016.6월말 기준으로 약 132조 9,970억원으로 전체 단기금융시장의 33.6% 정도를 차지하고 있다.

□ 우리나라의 CP 신용등급

구분	평가등급	등급 정의
투자등급	A1	적기상환능력 최고 안정성은 예측 가능한 장래에 영향을 받지 않을 정도
〃	A2 +, A2 , A2 -	적기상환능력 우수, 안정성은 A1보다 다소 열등
〃	A3 +, A3 , A3 -	적기상환능력 양호, 안정성은 A1보다 다소 열등
투기등급	B +, B, B -	적기상환능력은 있으나 안정성에 투기적 요소
〃	C	적기상환능력 및 안정성에 투기적 요소
〃	D	현재 채무불이행 상태

(5) 표지어음 시장

표지어음은 금융기관이 할인하여 보유하고 있는 상업어음이나 외상매출채권을 다시 여러 장으로 분할 또는 통합하여 액면금액과 이자율을 새로 설정하여 발행한 어음이다. 3개월~6개월 이내의 단기자금운용에 비교적 유리한 상품이다. 금융기관이 표지어음의 발행인 및 지급인이 되므로 안정성이 높고 중도해지가 불가능하며, 배서에 의한 양도가 가능할 뿐이다. 상품의 특징은 금융기관이 발행하는 실세금리연동형, 할인식(선이자 지급식), 중도해지 불가라는 점이다. 은행과 상호저축은행에서 주로 취급한다.

표지어음 시장 규모는 2016.6월말 기준으로 약 5,240억원으로 전체 단기금융시장의 0.16% 정도를 차지하고 있다.

2) 기타 단기금융시장

기타 단기금융시장으로는 은행인수어음, 무역어음, 재정증권, MMDA, 전자단기사채 관련 시장이 있다.

(1) 은행인수어음 시장

은행인수어음(bank acceptance bill)이란 은행이 지급인으로서 인수하고 서명한 환어음이다. 즉, 은행을 지급인으로 하여 은행에 의해 인수된 기한부 환어음이다. 보통 BA(banker's acceptance)라고도 부른다. 무역이나 시장에서 단기자금의 조달을 위해 이용된다.

(2) 무역어음 시장

무역어음은 수출입에 관련하여 발행되는 어음으로서, 선적 전에 이루어지는 금융이다. 무역어음에는 수출업자로 하여금 발행하게 하는 수출무역어음과 수입업자로 하여금 발행하게 하는 수입무역어음이 있다. 수출업자로서는 수출무역어음을 통하여 생산과 관련된 자금조달이 가능하고, 수입업자는 수입무역어음을 통하여 필요 자금을 조달할 수 있다. 거래에는 약속어음이 사용되고 있다.

(3) 재정증권 시장

재정증권은 국고의 일시적 자금부족을 해소하기 위해 발행되는 단기증권이다. 이 재정증권이 유통되는 시장이 재정증권 시장이다. 시장참가자는 은행, 종합금융회사, 보험회사 등이 있다. 재정증권은 재정증권법에 의하여 국고금의 출납과 금융통화에 관한 정책을 효율적으로 수행하기 위해 발행된다.

액면 또는 할인의 방법으로 공개시장에서 발행되는데, 필요한 경우에는 금융기관·보험회사 등으로 하여금 인수토록 할 수 있다. 발행액은 각 회계 및 계정별로 국회의 의결을 얻은 최고액을 초과할 수 없으며, 상환기간은 발행일로부터 1년 이내이다. 국고 여유자금조정계정의 부담으로 발행한 것을 제외하고는 당해 년도 세입으로 상환하도록 되어 있다. 1980년대 초에는 5,000억원 내외의 발행실적이 있었으나, 1983년 이후부터는 발행이 중단되다가 1986년 들어 통화조절을 위한 공개시장조작 차원에서 발행이 재개되었다. 재정증권은 이표채의 형식으로 발행된다.

(4) 수시입출금식예금(MMDA) 시장

MMDA(Money Market Deposit Account)는 은행 등에서 취급하는 수시입출금식예금을 말한다. 국내에서는 1997년 제4단계 금리자유화 이후 도입되었다. 보통예금처럼 입출금이 자유롭고, 각종 이체와 결제도 할 수 있으며 예금자보호법에 의하여 5,000만원 한도 내에서 보

□ 기업(=비금융법인기업[1])의 자금조달 추이   (분기중, 조원)

	2013		2014		
	3/4	4/4	1/4	2/4	3/4
자금조달	30.6	7.0	47.9	23.1	20.6
간접금융[2]	12.1	-4.8	27.0	22.7	19.1
(단기차입금)	3.0	-4.9	5.8	0.6	2.3
(장기차입금)	9.2	0.1	21.3	22.2	16.8
직접금융	13.7	12.1	4.7	7.3	5.8
(채권발행)[3]	10.4	9.7	-0.5	0.8	0.7
(주식 및 출자지분)	3.2	2.4	5.2	6.5	5.1
국외조달	2.6	8.5	2.9	1.4	0.0
기 타[4]	2.3	-8.8	13.2	-8.3	-4.3

자료 : 한국은행, 1) 비금융준법인기업 포함 2) 금융기관 차입 3) 해외채권 제외 4) 상거래신용, 정부융자 등

호를 받을 수 있다. 실세 금리가 적용되기 때문에 보통예금보다 비교적 높은 이자가 지급되며, 가입대상에 제한이 없어 단기자금 운용에 활용되고 있다. MMF(Money Market Fund), CMA(Cash Management Account) 등의 경쟁상품으로 여겨지고 있다.

(5) 전자단기사채시장

전자단기사채는 자본시장법상의 사채권으로서 실물이 아닌 전자적으로 발행·유통되는 단기금융상품으로 정의할 수 있다. 글로벌 금융위기 이후부터 논의되기 시작하여 2011년 7월 전자단기사채법, 그리고 2012년 12월에는 동법 시행령이 제정되었다. 전자단기사채의 법적 성격은 어음이 아닌 사채권이지만, 경제적 실질은 기업어음(CP)과 유사하다. CP는 실물로 발행·유통되지만 전자단기사채는 실물 없이 중앙등록기관의 전자장부에 등록되는 방식으로 발행·유통되는 점이 다르다. 전자단기사채의 도입으로 인수·인도시의 위조·변조 및 분실 위험 방지가 도모되었고, 거래의 투명성도 제고되었다.

□ CP와 전자단기사채 비교

	CP	전자단기사채
관련법규	어음법, 자본시장법	전자단기사채법, 상법, 자본시장법
발행형식	실물	전자등록
발행한도	없음(2009. 2. 폐지)	최소 1억 원 이상
만기	없음(2009. 2. 폐지)	1년 이내
발행절차	대표이사가 결정	이사회가 결정 (건별 발행은 대표이사에게 위임)
결제	분리 결제(선 인도 후 대금지급) 및 어음교환방식 상환(초단기물 발행 제한)	증권·대금 동시결제, 발행기업 발행 당일 대금사용 가능(초단기물 발행 가능)
유통	약속어음에 해당되어 분할 유통 (액면분할 불가)	최소단위금액(1억 원) 이상으로 분할 유통·취득 가능
정보공시	분기·반기사업보고서 등을 통해 공시	한국예탁결제원 홈페이지를 통해 공시

4. 장기금융시장

장기금융시장은 만기 1년 이상의 금융상품이 거래되는 시장을 말한다. 장기금융시장은 통상 자본시장이라고도 부른다. 이는 기업의 장기자본의 조달이 장기금융시장을 통해 많이 이루어지기 때문이다.

1) 자본시장의 기능

(1) 자금수급의 불균형 조절
자본시장은 가계 등의 여유자금을 기업의 장기투자 재원으로 공급하여, 국민경제의 자금부족 부분과 자금잉여 부분의 수급불균형을 조절한다.

(2) 기업에 대한 투자의 장 제공, 경영에 영향
자본시장은 주가와 회사채 수익률 등 금융자산 가격을 결정하여, 기업에 대한 투자와 경영에 영향을 준다.

(3) 가계 등에 저축 · 투자수단 제공
자본시장은 주식, 채권 등 금융투자상품을 공급하여, 가계 등에 저축과 투자의 기회를 준다.

(4) 통화정책의 매개기능
자본시장은 중앙은행의 통화정책이 실물경제에 영향을 미치는 매개기능을 수행한다. 예컨대 RP시장은 단기금융과 장기금융을 연결해 주는 중요한 기능을 한다.

2) 주식시장

주식시장은 주식을 매매하는 시장이다. 흔히 발행시장과 유통시장으로 구분된다.

(1) 발행시장
발행시장은 증권이 자금수요자인 발행인으로부터 자금공급자인 투자자에게로 이전되는 시장이다. 증권발행을 위한 일정한 장소가 특정된 것은 아닌 추상적 시장이다. 새로운 증권이 최초로 출현한다고 하여 '제1차(적) 시장'(primary market, first market)이라고도 한다.

① 발행시장의 구조

발행시장은 자금수요자인 발행인, 자금공급자인 투자자, 발행사무를 대행하고 위험을 부담하는 인수인으로 구성된다. 주식은 기업공개, 유상증자, 무상증자, 주식배당 등 여러 경우에서 발행된다. 기업공개(IPO, Initial Public Offering)란 신규발행 주식을 투자자들로부터 모집하거나 매출(공모, 公募)하는 것을 말한다.

□ 단기금융시장의 규모와 자본시장의 규모 비교(2016. 6월말 기준, 단위: 십조 원)

	단기금융시장	자본시장	합계
금액	395.9	2,997.3	3,393.2
비중(%)	11.67%	88.33% (채권: 1,539.0, 45.36%) (주식: 1,458.3, 42.98%)	100.0%

(자료 : 한국은행 자료로 재구성)

1) 단기금융시장 : 콜, 환매조건부매매, 양도성예금증서, 기업어음, 전자단기사채, 표지어음,
　　　　　　　　1년물 이하 통화안정증권, 재정증권 합계
2) 채권 : 상장채권
3) 주식 : 유가증권시장, 코스닥시장

유상증자는 회사가 신주를 발행하여 자본금을 증가시키는 것인데, 신주인수권 배정 방식에 따라 주주배정방식, 주주우선공모방식, 제3자배정방식, 일반공모증자방식 등으로 분류된다(일반적인 주주배정방식 증자의 경우 '이사회의 신주발행결의 ⇒ 금융위원회에 증권신고서 제출 ⇒ 신주발행 및 신주배정기준일 공고 ⇒ 청약접수 ⇒ 상장 신청 ⇒ 실권주 처리 ⇒ 청약결과 통보 ⇒ 주금납입 및 증자등기'의 과정을 거친다). 무상증자는 기존주주에게 준비금 또는 자산재평가적립금 등을 재원으로 주식을 무상으로 교부하는 것이다.

② 발행방식

㉮ 공모와 사모

공모(公募, public offering)는 증권을 일반투자자에게 분산·취득시키는 것인데 자본시장법에서는 공모를 모집과 매출로 정의하고 있다.

㉠ '모집'이란 대통령령으로 정하는 방법에 따라 산출한 50인 이상의 투자자에게 새로 발행되는 증권 취득의 청약을 권유하는 것을 말한다. 즉 신규로 발행되는 증권의 취

득청약의 권유를 하는 날로부터, 과거 6개월 이내에 해당 증권과 동일한 종류의 증권에 대하여 모집이나 매출에 의하지 아니하고 청약의 권유를 받는 자를 합산하여, 50인 이상의 투자자를 대상으로 취득의 청약을 권유하는 행위를 말한다.

ⓒ '매출'이란 대통령령으로 정하는 방법에 따라 산출한 50인 이상의 투자자에게 이미 발행된 증권의 매도의 청약을 하거나 매수의 청약을 권유하는 것을 말한다. 즉, 매도청약이나 매수청약의 권유를 하는 날로부터, 과거 6개월 이내에 해당증권과 동일한 종류의 증권에 대하여 모집이나 매출에 의하지 아니하고 청약의 권유를 받은 자를 합산하여, 50인 이상의 투자자를 대상으로 청약을 권유하는 행위를 말한다.

사모(私募, private placement)는 기관투자자(보험회사, 금융투자회사, 은행 등)나 49인 이하의 자에게 개별적 접촉을 통해 증권을 매각하는 방식으로서, 연고모집(緣故募集)이라고도 한다.

㉰ 직접발행과 간접발행

ⓐ 직접발행은 발행인이 자기의 책임과 발행위험을 부담하고 발행사무를 모두 담당하여 발행하는 것이다. 직접모집 또는 자기모집이라고도 한다.

ⓑ 간접발행은 발행인이 중개기관인 발행기관을 거쳐 간접적으로 발행하는 것으로서, 모집발행이라고도 한다. 간접발행에는 모집주선, 잔액인수, 총액인수의 방식이 있다.

- 모집주선은 제3자인 발행기관이 수수료를 받고 발행인을 위하여 증권의 모집 또는 매출을 주선하거나, 기타 직접 또는 간접으로 증권의 모집 또는 매출을 분담하는 방법으로서 위탁모집(offering on commitment)이라고도 한다.
- 잔액인수(stand-by underwriting)는 발행 및 모집사무와 인수위험을 분리하여 발행기관(인수기관)에 위임하는 방법으로 일단 발행기관에 발행 및 모집사무를 위탁하고, 모집부족액이 발생하였을 경우 잔량에 대해서만 인수시키는 방법이다.
- 총액인수(firm commitment underwriting)는 대표주관회사가 구성한 인수단이 공모증권 발행총액의 전액을 자기의 책임과 계산 하에 인수하고 발행위험 및 발행·모집사무를 모두 담당하는 것으로서, 인수매출이라고도 한다.

(2) 유통시장

유통시장은 발행시장을 통해 발행된 주식이 매매되는 시장이다. '제2차(적) 시장'(secondary market)이라고도 한다. 유통시장은 장내시장과 장외시장으로 구분할 수 있다. 장내시장에는 유가증권시장, 코스닥시장(KOSDAQ ; Korea Securities Dealers Automated Quotations), 코넥스시장(KONEX ; Korea New Exchange)이 있고, 장외시장에는 K-OTC시장(Korea Over-The-Counter, 종전 프리보드 Free Board 시장)이 있다. 장내시장은 한국거래소가 관리하고, 장외시장은 한국금융투자협회 개설시장이다.

① 유가증권 시장

유가증권 시장은 유가증권의 매매를 위해 한국거래소가 운영하는 시장으로 회원만이 참가할 수 있다. 회원 이외의 자는 회원에게 위탁하여 거래할 수 있다. 유가증권을 한국거래소에 등록하는 것을 상장(上場, listing)이라 하는데 공모상장과 직상장으로 구분된다. 공모상장은 거래소의 상장예비심사결과 주식분산을 전제로 적격통보를 받은 법인이 모집·매출(공모)을 통해 자금조달을 한 후 상장하는 형태이고, 직상장은 이미 주식분산요건을 충족한 법인이 거래소의 상장예비심사 후 기업의 모집·매출을 통한 자금조달 없이 바로 상장하는 신규상장의 형태이다.

매매계약의 체결은 개별경쟁매매방식에 따라 가격우선, 시간우선, 수량우선의 원칙이 적용된다. 개별경쟁매매에는 단일가에 의한 방식과 복수가격에 의한 경쟁매매가 있다.

유가증권시장에서는 투자자 보호를 위해 가격제한폭 제도와 매매거래중단제도를 두고 있다. 가격제한폭은 전일종가 대비 상하한이 30%로 되어 있다.

서킷브레이커(circuit breaker; 매매거래중단제도)는 코스피지수(KOSPI, Korea Composite Stock Price Index) 수치가 ⅰ) 직전 매매거래일의 최종수치보다 8% 이상 하락하여 1분간 지속되는 경우 20분간 매매거래 정지 후 재개되고, ⅱ) 직전 매매거래일의 최종수치보다 15% 이상 하락하여 1분간 지속되는 경우, 20분간 매매거래 중단후 재개되며, ⅲ) 직전 매매거래일의 최종 수치보다 20% 이상 하락하여 1분간 지속되는 경우 매매거래 중단 후 즉시 당일의 매매거래가 종결된다.

반면에 사이드카(side car) 제도는 주가지수선물시장의 가격급변시 유가증권시장에서의 프로그램매매를 일시 정지시키는 프로그램매매호가 일시효력정지제도이다. 파생상품시장에서 기준가격대비 5% 이상 변동하여 1분간 지속될 경우 상승시에는 매수호가, 하락시에는 매도호가의 효력이 5분간 정지된다.

② 코스닥 시장

코스닥(KOSDAQ, The Korea Securities Dealers Association Automated Quotation) 시장은 거래소가 운영하는 시장이다. 코스닥 시장은 i) 유망 중소기업의 자금조달기능을 하고, ii) 투자자들에게는 기술력 있고 성장가능성 높은 중소형주에 대한 투자수단을 제공하며, iii) 벤처기업에게 자금조달의 기회를 제공함으로써 벤처산업의 육성에 기여하는 기능이 있다.

□ 주식 유통시장의 매매거래제도(2016. 12.)

	유가증권시장	코스닥시장	코넥스시장	K-OTC
거래시간	정규시장 09:00~15:30 시간외시장 07:30~09:00 15:40~18:00	(좌동)	(좌동)	09:00~15:30
가격제한폭	±30%	(좌동)	±15%	±30%
매매방식	경쟁매매, 동시호가매매	(좌동)	경쟁매매, 동시호가매매, 경매매	상대매매
위탁증거금	증권회사가 자율결정	(좌동)	(좌동)	▪매수: 현금 100% ▪매도: 주식 100%
결제전매매	가능	가능	가능	가능
양도소득세	면제	(좌동)	(좌동)	▪대기업: 20% ▪중소기업: 10%
증권거래세 (매도시 부과)	0.15%+농특세 0.15%	0.3%	0.3%	0.5%
호가	지정가,시장가,최유리지정가, 최우선지정가,조건부지정가, 경쟁대량매매호가	(좌동)	지정가, 시장가	지정가
기준가	전일종가	전일종가	전일종가	전일거래량 가중평균주가
매매단위	1주	(좌동)	(좌동)	(좌동)
신용공여	가능	가능	가능	불가

코스닥시장은 유가증권시장과 함께 독립된 시장이다. 상장기준은 유가증권시장에 비해 완화되어 있고, 고위험·고수익(high risk high return)의 투자기회를 제공하는 측면이 있다. 그간 투기성 높은 시장으로 인식되기도 하였으나 불공정거래, 내부자거래 조사 강화 등으로 시장의 안정성이 점차 회복되는 추세에 있다.

코스닥시장의 서킷브레이커(circuit breaker; 매매거래중단제도)는 유가증권시장과 같으며, 다만, 사이드카(side car)의 경우 파생상품시장에서의 기준종목 가격이 기준가대비 6% 이상 변동하고 코스닥150지수가 전일종가대비 3% 이상 변동하여 1분간 지속될 경우에 발동된다.

③ 코넥스 시장

코넥스(KONEX, Korea New Exchange)는 자본시장을 통한 초기 중소기업 지원을 강화하여 창조경제 생태계 기반을 조성하기 위해 2013년 7월 1일 새로이 개설된 중소기업전용 신시장이다. 중소기업의 기업자금 지원을 위한 코스닥시장이나 프리보드의 기능이 미흡했다는 지적이 있었고, 코스닥시장의 경우 투자자 보호를 위한 계속적인 상장요건 강화로 인하여 초기 중소기업의 진입이 곤란하므로 이들 초기 중소기업의 특성에 최적화된 증권시장을 마련한 것이다.

④ K-OTC 시장

K-OTC 시장은 한국금융투자협회가 관리한다. 동 시장에서 거래되기 위해서는 한국금융투자협회가 발행요건을 충족하는 비상장주식을 등록 또는 지정해야 한다. 등록은 기업의 신청에 따라 동 협회가 매매거래대상으로 등록하는 것이고 지정은 기업의 신청없이 동 협회가 직접 매매거래대상으로 지정하는 것이다.

3) 채권시장

(1) 채권의 발행시장

채권의 발행시장은 채권이 발행되는 시장이다. 채권 발행시장에서 자금을 조달하려는 자는 신규로 발행된 채권을 직접 투자자에게 매각하거나(직접모집발행방식), 발행기관에게 발행업무 전반을 의뢰하여 발행기관이 발행한 채권을 투자자들에게 매출하게 된다(간접모집발행방식).

채권발행자에는 주식회사, 특별법에 의해 설립된 법인, 지방자치단체, 정부 등이 있다. 채권의 발행기관은 3가지로 구분된다.

① 채권의 발행기관

㉠ 주관회사 : 주관회사(managing underwriter)는 채권발행에 대한 사무처리, 발행과 관련된 자문 등 채권발행업무를 총괄하며, 인수단(underwriting syndicate)을 구성하는 역할을 한다. 발행규모가 클 경우 주관회사들이 공동으로 간사업무를 맡는데 가장 중요역할을 하는 회사를 대표주관회사, 기타 회사를 공동주관회사라고 한다. 주관회사 자격은 증권회사, 한국산업은행, 종합금융회사가 갖고 있다.

㉡ 인수기관 : 인수기관은 발행채권을 인수하는 기관이다. 인수채권은 자신들이 보유하기도 하고 투자자들에게 매도하기도 한다. 인수업무는 주관회사들로 구성된 금융기관들이 수행한다.

㉢ 청약기관 : 청약기관(distributer)은 투자자들에 대한 청약업무만을 대행한다. 청약업무는 증권회사들의 본·지점을 통하여 이루어진다.

② 채권의 발행방법

㉠ 사모발행 : 채권발행자가 50인 미만을 대상으로 발행하는 경우이다.

㉡ 공모발행 : 채권발행자가 50인 이상을 대상으로 발행하는 경우이다.

  ㉠ 직접모집 : 채권의 발행조건을 발행 전에 미리 결정하고 발행하는지 여부에 따라 매출발행과 공모입찰 발행으로 나뉜다. 매출발행은 채권의 만기, 발행이율, 원리금 지급방법 등 발행조건을 미리 정한 후, 개별적으로 투자자들에게 매출하여 매도금액 전체를 발행총액으로 삼는다. 산업금융채권 등 금융채가 주로 이 방법에 의한다. 공모입찰발행은 미리 발행조건을 정하지 않고, 입찰응모를 받아 그 결과를 기준으로 발행조건을 결정하는 방식으로서 국고채, 통화안정증권 등이 이 방식을 이용한다.

  ㉡ 간접모집 : 발행기관을 통하여 불특정 다수에게 채권을 발행하는 방식으로서, 위탁모집, 잔액인수, 총액인수가 있다. 위탁모집은 모집 혹은 매출된 채권액이 발행하고자 했던 총액에 미치지 못할 경우 잔여부분을 발행자가 인수하는 방식이다. 잔액인수는 모집 혹은 매출된 채권액이 발행하고자 했던 총액에 미치지 못할 경우 잔여부분을 발행기관이 인수하는 방식이다. 총액인수는 발행채권 총액을 발행기관이 모두 인수하는 방식이다. 회사채 발행 대부분은 총액인수 방식을 택하고 있다.

③ 회사채의 신용등급

회사채 발행에 있어서는 신용평가기관의 신용등급 평가가 중요한 역할을 한다. 무보증사채의 경우에는 2개 이상의 신용평가기관으로부터 평가를 받아야 하는데, BBB 이상은 투자등급, BB 이하부터는 투기등급으로 여겨지고 있다.

□ 채권의 신용평가등급

구분	등급	신용상태
투자등급	AAA	원리금 지급능력이 최상급
	AA	원리금 지급능력이 우수하지만, AAA보다 다소 떨어짐
	A	원리금 지급능력이 우수하지만, 상위등급보다 경제여건 및 환경악화에 따른 영향을 받기 쉬운 면이 있음
	BBB	원리금지급능력은 양호하지만, 상위등급에 비해 경제여건 및 환경악화에 따라 지급능력이 저하될 가능성을 내포하고 있음
투기등급	BB	원리금지급능력이 당장은 문제가 되지 않으나, 장래 안전에 대해서는 단언할 수 없는 투기적 요소를 내포하고 있음
	B	원리금지급능력이 결핍되어 있어 투기적이며, 불황시에 이자지급이 확실하지 않음
	CCC	원리금지급에 관하여 현재도 불안요소가 있으며, 채무불이행의 위험이 매우 커 투기적임
	CC	상위등급에 비해 더욱 불안요소가 큼
	C	채무불이행위험성이 높고, 전혀 원리금상환능력이 없음
	D	채무불이행상태에 있으며, 원리금의 일방 또는 양방이 연체·부도상태에 있음

(2) 채권의 유통시장

채권의 유통시장은 발행된 채권이 투자자들 사이에 매매되는 시장이다. 발행시장을 제1차 시장이라고 한다면, 유통시장은 제2차 시장이다. 채권의 거래는 장내거래와 장외거래로 구분되는데, 대부분은 장외에서 매매된다.

① 채권의 장내거래

장내거래는 일반채권시장, 국채딜러간시장, 소매채권매매시장이 있다.

㉮ 일반채권시장 : 불특정다수의 투자자들로 이루어지며, 주식의 장내거래와 같이 거래일의 오전 9시에서 오후3시까지 열린다. 가격호가는 지정가호가를 사용하고 호가수량단위는 10,000원, 호가가격단위는 1원이다. 주식시장과 달리 가격제한폭제도는 없다. 매매수량단위는 100,000원이다. 매매는 전산체결이고 동시호가 시에는 단일가, 기타는 개별경쟁매매방식이며 매매후 당일결제를 통해 수도결제가 이루어진다.

㉯ 국채딜러간시장 : 1999년 개설된 거래소시장을 통한 국채전문딜러들 간 시장(IDM, Inter-dealer Market, 국채전문유통시장)이다. 국채딜러는 증권회사, 은행, 종금사(종합금융회사)이다. 호가수량단위는 액면 10,000원, 호가가격단위는 1원, 매매수량단위는 10억원이다. 매매체결은 복수가격에 의한 개별경쟁매매이고 동시호가제도는 없다. 대금결제는 한국은행 금융망(BOK-Wire)을 통한 자금이체방식이고, 국채결제는 한국예탁결제원의 예탁자계좌 간 대체방식으로 이루어진다.

㉰ 소매채권시장 : 2007년 도입된 호가수량 50억원 미만의 채권거래를 위한 시장이다. 매매수량단위는 1,000원, 가격결정은 복수가격에 의한 개별경쟁매매이다. 소매전문딜러들에 의해 호가가 제시된다.

② 채권의 장외거래

채권의 장외거래는 통상 증권회사를 통해 이루어진다. 대고객 상대매매와 국채딜러 간 장외매매가 있다. 국채딜러 간 장외매매는 채권 자기매매업자 간 중개회사(IDB, Inter-Dealer Broker)들을 통해 이루어지는 거래이다.

㉮ 대고객 상대매매 : 상장채권, 비상장채권 모두 거래된다. 다만 관계법령에 의한 첨가소화채권(매매일 기준으로 당월 및 전월에 발행된 제1종 국민주택채권, 서울도시철도채권, 지역개발공채 및 지방도시철도채권)은 소액국공채의 한국거래소 거래제도에 따라 액면 5천만원 이하의 경우 원칙적으로 장내거래로 매매된다. 전환사채도 장내거래로 하게 되어 있다. 매매장소와 매매시간은 증권회사에서 영업시간 내에 이루어진다. 액면 10,000원당 수익률로 환산한 가격을 기준으로 원단위로 더하거나 빼는 방식으로 형성되며, 가격제한폭과 매매수량단위는 없다. 결제는 매도자와 매수자간에 협의하여 체결일 익일로부터 30일 이내에 할 수 있으나, 통상 익일결제이다. 다만 소매채권매매 및 MMF는 당일결제이다.

㉴ 채권딜러 간 장외거래 : 2000년대 중반에 채권 자기매매업자간 중개회사(IDB, Inter-Dealer Broker)가 설립되어, 채권딜러 간의 장외거래가 이루어지고 있다. IDB 중개대상은 장외거래채권이다.

㉵ 채권거래 전용시스템(Free Bond) : 채권거래 전용시스템은 2010년 기존의 장외거래시스템을 더욱 발전시킨 한국형 채권거래전용시스템이다. 채권장외시장에서 금융투자회사 또는 주요시장 참여자 간의 매매·중개를 위한 호가탐색과 거래상대방과의 협상을 지원하기 위하여 협회에 의해 운용되는 거래전용시스템이다.

■ 증권신고서의 효력발생제도

자금조달절차의 예측 가능성을 제고하기 위해 증권신고서 수리 후 일정기간 경과시 동 신고서의 효력이 발생하여 투자자의 청약에 대해 발행회사의 승낙이 가능하도록 하는 제도이다.

• 효력발생 시기는 증권의 종류, 발행방식 등에 따라 상이하며 증권신고서 수리 후 통상 5~15 소요

□ 증권신고서의 효력발생기간(Waiting period)

증권 / 발행기업	지분증권(주식)		채무증권(무보채, CB 등)		일괄 신고서	기타 증권
	일반공모, 주주우선공모	주주배정, 제3자배정	무보증	담보부, 보증, ABS		
주권상장법인	10일	7일	7일	5일	5일	15일
일반법인	15일					

• 효력발생기간은 2012년에 달력 기준(Calendar Day)에서 영업일(Business Day) 기준으로 변경되었고, 고위험 기업군(群)*의 효력발생기간은 3영업일 연장되었다.
* 예) 최근 사업연도의 재무제표에 대한 감사의견이 적정이 아닌 경우, 최근 사업연도의 사업보고서상 자본금이 전액 잠식된 경우 등 퇴출가능성이 높은 기업

5. 외환시장

외환시장은 외국환이 거래되는 시장이다. 외환시장은 대고객시장과 은행간시장으로 구분된다. 대고객시장은 일반고객과 외국환은행 간에 외환거래가 이루어지는 시장이고, 은행간시장은 외국환은행 간 거래가 이루어지는 시장이다. 대고객거래는 선물환거래보다 현물환거래가 거의 대부분을 차지하고 있다. 은행간 시장은 직접거래시장과 중개회사를 통한 거래소시장으로 나뉜다. 국내 외국환 중개회사로는 서울외국환중개(주), 한국자금중개(주)가 있다. 외환시장에서의 매매 등에 관해서는 국제금융 편에서 다루기로 한다.

6. 파생금융상품시장

파생금융상품시장은 주가, 금리, 환율 등의 파생금융상품이 거래되는 시장이다. 시장 형태에 따라 장내거래와 장외거래로 구분된다. 하지만 파생상품의 거래는 통상 거래방식에 따라 선물거래, 옵션거래, 스왑거래로 크게 구분된다.

1) 선물거래

(1) 미래의 특정시점(만기일)에 수량·규격이 표준화된 상품이나 금융자산(주가, 통화, 금리)을 특정가격에 인수 혹은 인도할 것을 약정하는 거래이다.

이러한 선물거래는 공인된 거래소에서 이루어지며 현시점에 합의된 가격(선물가격)으로 미래에 상품을 인수 혹은 인도하는 것이다.

① 기초자산

기초자산(underlying asset)은 선물계약의 만기일에 매입 또는 매도할 선물거래의 대상이 되는 자산을 말한다.

② 만기일

만기일은 기초자산을 매입 또는 매도하는 미래의 특정시점을 말하며 결제일이라고 한다.

(2) 선물거래와 선도거래의 차이

미래의 일정시점에 특정상품을 현재시점에서 약정한 가격으로 인수 또는 인도하기로 한다는 점은 선도거래나 선물거래나 같다. 하지만 선도거래(先渡去來, forward)는 상대매매이고,

선물거래(先物去來, futures)는 거래소를 통한 경쟁매매이다. 즉 거래소는 조직화되고 정형화된 거래시장이고 이러한 거래소시장에서 행해지는 선물거래는 거래조건이 표준화되어 있는 점에서, 선도거래와 차이가 있다. 기타 증거금 제도, 일일정산 제도 등은 선도거래와 대비되는 선물거래의 특징 중 하나이다.

(3) 선물거래의 종류

선물거래는 기초자산이 주가지수, 통화, 금리 등 무엇인가에 따라 종류가 달라질 수 있다. 주가지수선물, 통화선물, 금리선물 등이 그것이다.

(4) KOSPI 200 선물거래

우리나라 선물시장에서 대표적인 KOSPI 200 선물거래의 예를 보기로 한다. 우리나라에서는 1996년 주가지수를 기초자산으로 하는 KOSPI 200 선물시장이 도입되었다. KOSPI 200 선물거래는 최소거래단위가 1계약이고 1계약의 거래금액은 선물가격에 거래단위승수인 50만원을 곱한 금액이다. 주문증거금은 주문위탁금액의 15% 이상이고, 유지증거금률은 10% 이상이다. 유지증거금은 거래체결이후 미결제포지션의 10% 이상이 되도록 유지하여야 한다. 결제월은 3월, 6월, 9월, 12월이고 거래시간은 09 : 00~15 : 15(최종거래일은 09 : 00~14 : 50)이다. 가격제한폭은 전일대비 ±10%이다. 최종거래일은 각 결제월의 두 번째 목요일이다.

선물거래에서는 '사이드카(side car)'라고 불리는 매매거래중단제도가 있다. 전날 최대거래량을 기록한 종목의 가격이 전일종가대비 5% 이상 변동하여 1분간 지속되면 프로그램 매매호가의 효력이 5분간 중단되는 제도이다. 선물거래는 유형에 따라 헤지거래, 투기거래, 차익거래로 구분한다. 헤지거래는 현물포지션과 반대방향의 선물을 매매하여 위험을 헤지하는 것이고, 투기거래는 현물포지션 여부와 관계없이 선물거래에 참여하여 차익을 노리는 것이며, 차익거래는 선물가격과 현물가격 간의 차이가 적정수준을 벗어날 경우 고평가된 것을 매도, 저평가된 것을 매수한 후 나중에 반대매매를 통하여 무위험차익을 노리는 것이다.

2) 옵션거래

(1) 옵션을 매매하는 거래이다.

옵션(option)은 미래 일정시점 또는 기간 이내에 옵션거래의 대상인 특정자산을 옵션거래의 당사자가 현재시점에서 약정한 가격으로 매입하거나 매도할 수 있는 권리이다. 매수할 수 있는 권리를 콜옵션(call option), 매도할 수 있는 권리를 풋옵션(put option)이라고 한다.

(2) 옵션거래의 종류

기초자산이 무엇인가에 따라 옵션거래의 종류도 달라진다. 기초자산은 주가지수, 금리, 통화, 주식 등 다양하다. 때문에 명칭도 주가지수옵션, 금리옵션, 통화옵션, 주식옵션 등으로 불린다. 우리나라에서는 주가지수옵션이 발달해 있다. 기초자산은 KOSPI 200이고 통상 'KOSPI 200 옵션'이라고 한다. 우리나라의 KOSPI 200 옵션제도는 유럽형 옵션이라서 옵션의 만기일에만 권리행사가 가능하고, 중도 행사는 불가능하다. 이 점에서 미국형 옵션이 만기 이전 중도 권리행사가 가능한 것과 구별된다. 권리를 행사할 수 있는 가격을 행사가격이라고 한다. 옵션권의 행사 시에 이익상태이면 '내가격', 손해상태이면 '외가격', 이익도 손해도 아닌 상태이면 '등가격'이라고 한다.

(3) KOSPI 200 옵션거래

우리나라의 KOSPI 200 옵션시장은 최근연속 3개월물 3개와 3월, 6월, 9월, 12월물 중 근월물 1개가 있다. 6개월 이내의 4개 결제월물을 대상으로 거래가 이루어진다. 최종거래일은 각 결제월의 두 번째 목요일이고, 결제는 최종거래일의 다음 거래일 이다. 매매거래시간은 KOSPI 200 선물거래와 같은 09 : 00~15 : 15시(최종거래일은 09 : 00~14 : 50시)이나, 가격제한폭은 KOSPI 200 선물거래와 달리 전일대비 ±15%이다. 1계약의 거래금액은 옵션가격에 거래단위 승수인 50만원을 곱한 금액이다.[5] 위탁증거금(margin)은 개시증거금(initial margin)률이 15%, 유지증거금(maintenance margin)률은 10% 이상이다. 유지증거금은 거래체결이후 미결제포지션의 10% 이상이 되도록 유지하여야 한다.

---

5) 거래단위승수는 종전에 10만원이었으나, 2011년부터 50만원으로 변경되었다. 이로써 KOSPI 200 선물, KOSPI 200 옵션의 거래단위승수가 모두 50만원으로 같아지게 되었다.

3) 스왑거래

스왑거래(swap transaction)는 미래의 특정일에 또는 특정기간 동안 어떤 상품 또는 금융 자산(부채)을 상대방의 상품이나 금융 자산과 교환하는 거래를 말한다. 즉 사전에 정해진 가격 및 기간에 둘 이상의 당사자가 보다 유리하게 자금을 조달하기 위해 상호간에 스왑을 하여 위험을 회피하려는 금융기법이다. 스왑의 사전적 의미는 교환으로서, 스왑거래는 교환거래인 셈이다.

이러한 스왑거래는 금융시장의 세계적인 통합화, 금융의 증권화 및 장부 외 거래의 진전에 따라 활발한 양상을 보이고 있는데, 환율 및 금리변동에 따른 기업의 차입비용을 절감하는 헤지수단으로 활용되고 있다.

(1) 금리 스왑

금리 스왑은 두 당사자가 원금의 교환 없이 동일한 통화이자 자금만을 서로 교환하는 거래로서 쿠폰스왑이라고도 한다. 가장 일반적인 금리 스왑은 고정금리와 변동금리의 교환이다. 금리 스왑거래는 통화, 원금 및 만기가 같은 부채구조를 가지고 있는 두 당사자 간의 거래가 대부분이고, 당사자 간에 이자지급 의무만 발생하고 원금상환 의무는 없다. 금리 스왑의 중요한 기능은 금리변동위험을 헤지할 수 있는 수단이라는 점이다.

금리 스왑을 두 가지 경우로 살펴보자.

① 동일시장에서 A, B 두 회사중 한 회사가 각각 비교우위인 경우

□ 차입 조건

	고정금리	변동금리
A사	4.0%	LIBOR+0.2%
B사	3.8%	LIBOR+0.6%
금리차이	B사 0.2% 포인트 우위	A사 0.4% 포인트 우위

예컨대 금융시장에서 A사는 고정금리 차입을 원하고 B사는 변동금리 차입을 원한다고 하자. 이 경우 A사는 변동금리를 차입하고 B사는 고정금리로 차입한 후, 지급조건을 교환하면(=금리 스왑), A사와 B사는 교환이전보다 총 0.6% 포인트 이익을 공유할 수 있게 된다.

② 두 시장에서 A, B 두 회사중 한 회사가 모두 절대우위인 경우

□ 차입 조건

	고정금리	변동금리
A사	3.6%	LIBOR + 0.2%
B사	4.0%	LIBOR + 0.4%
금리차이	A사 0.4% 포인트 우위	A사 0.2% 포인트 우위

예컨대 두 시장에서 모두 절대 우위에 있는 A사가 변동금리 차입을 원하고, B사는 (변동금리 차입에 비교우위가 있으나) 고정금리 차입을 원한다고 하자. 이 경우 A사는 고정금리로 차입하고 B사는 변동금리로 차입한 후, 지급조건을 교환하면(=금리 스왑) A사와 B사는 교환 이전보다 총 0.2% 포인트 이익을 공유할 수 있게 된다.

(2) 통화 스왑

통화 스왑은 거래 두 당사자가 서로 다른 두 통화의 원금을 계약시의 환율로 교환하고 일정한 계약기간 동안 두 통화의 고정금리 지급을 교환한 후, 만기에 다시 원금을 교환하는 것을 말한다.

① 동일시장에서 A, B 두 회사 중 한 회사가 각각 비교우위인 경우

□ 차입 조건

	달러화	엔화
A사	4.0%	3.2%
B사	3.6%	3.4%
금리차이	B사 0.4% 포인트 우위	A사 0.2% 포인트 우위

예컨대 금융시장에서 A사는 달러화로 차입을 원하고 있고, B사는 엔화로 차입을 원하고 있다고 하자. 이 경우 A사가 엔화로 차입하고, B사는 달러화로 차입한 후, 지급조건을 교

환하면(=통화 스왑), A사와 B사는 교환 이전보다 총 0.6% 포인트 이익을 공유할 수 있게 된다.

② 두 시장에서 A, B 두 회사중 한 회사가 모두 절대우위인 경우

□ 차입 조건

	달러화	엔화
A사	3.6%	3.2%
B사	4.0%	3.4%
금리차이	A사 0.4% 포인트 우위	A사 0.2% 포인트 우위

예컨대 두 시장에서 모두 절대우위에 있는 A사는 엔화로 차입을 원하고 있고, B사는 달러화로 차입을 원하고 있다고 하자. 이 경우 A사는 달러화로 차입하고 B사는 엔화로 차입한 후, 지급조건을 교환하면(=통화 스왑) A사와 B사는 교환 이전보다 총 0.2% 포인트 이익을 공유할 수 있게 된다.

연습문제

문제1 다음 문제를 읽고 ○, X 로 답하시오.

1. 콜시장은 금융회사 간 초단기거래시장이다. (   )

2. CD는 기명할인식이다. (   )

3. CD는 만기 전이라도 은행에서 중도해지가 가능하다. (   )

4. 표지어음은 만기 전 중도해지가 가능하다. (   )

5. 표지어음은 만기 시 액면금액과 이자가 지급된다. (   )

6. 콜시장의 지표금리는 자금중개회사를 통해 거래된 무담보 콜 1일물을 기준으로 산출된다. (   )

7. 콜거래 중개기관은 매매중개시 수수료를 받아 운영한다. (   )

풀 이

1. ○

2. × ⇒ 무기명 할인식

3. ×. 중도해지 불가

4. ×. 중도해지 불가

5. ×. 액면금액만 지급된다. 할인식(선이자지급)이다.

6. ○

7. × ⇒ 수수료를 받지 않고, 매입금리와 매도금리의 차이를 수익으로 얻는다.

문제2 다음 내용을 읽고 (   ) 안에 적절한 내용을 기재하시오.

1. 콜거래의 최장 만기는 (   ) 이내이다.

2. 콜거래 중개기관은 (   )(   )(   ) 3개 회사가 있다.

3. 한국은행의 단기유동성 조절을 위한 RP 매각은 (   )일물 RP이다.

4. 한국은행 RP 매매대상 증권은 국채, (   ), 통화안정증권이다.

5. 파생상품과 증권의 구분은 (   )에 있다.

6. 파생상품거래시의 증거금에는 개시증거금, (   ), 추가증거금이 있다.

7. 코스닥시장 거래세는 매도금액의 (   )%이다.

풀이

1. 90일
2. 한국자금중개(주), 서울외국환중개(주), KIDB자금중개(주)
3. 7
4. 정부보증채
5. 원본초과 손실 가능성
6. 유지증거금
7. 0.3

문제3 다음 문제에 대해 적당한 답을 선택하시오.

1. 한국은행 RP 매매시 상대매매에 대한 설명이 아닌 것은? (   )

　① 금융시장의 안정 필요시 행해진다.

　② 통화신용정책의 원활한 운영을 위하여 행해진다.

　③ 공모와 함께 정기적으로 실시된다.

　④ 금융시장과 통화신용정책 등 필요한 경우에 한하여 예외적으로만 실시된다.

2. CP 발행에 대한 설명이 아닌 것은? (   )

　① 담보거래가 원칙이다.

　② 만기는 1년 이내이다.

　③ 발행기업은 2개 이상 신용평가기관의 평가를 받는다.

　④ 융통어음이다.

3. CP 시장의 구성이 아닌 것은? (   )

　① 발행기업(issuers)　　　　② 할인 및 매출기관(dealers)

　③ 매수기관(investors)　　　④ 전국은행연합회

4. 옵션거래시 유지증거금율은? (   )

　① 10%　　　　　　　　　　② 15%

　③ 18%　　　　　　　　　　④ 20%

5. 옵션거래시 개시증거금율은? (   )

　① 10%　　　　　　　　　　② 15%

　③ 18%　　　　　　　　　　④ 20%

풀 이 1. ③ 금융시장과 통화신용정책 등 필요한 경우에 한하여 예외적으로만 실시된다.

2. ① 무담보거래가 원칙이다.

3. ④

4. ①

5. ②

문제4 다음 문제를 약술하시오.

1. 표지어음

2. SPC

3. 자본시장법 상 한국거래소 내의 시장은?

4. 전자단기사채

5. 통화스왑

6. CDS

풀 이 1. 표지어음이란 금융기관이 할인하여 보유하고 있는 상업어음이나 외상매출채권을 다시 여러 장으로 분할 또는 통합하여 액면금액과 이자율을 새로 설정하여 발행한 어음이다.

2. SPC(special purpose company)는 금융기관에서 발생한 부실채권을 매각하기 위해 일시적으로 설립되는 특수목적회사이다.

3. 유가증권시장, 코스닥시장, 파생상품시장이 설치되어 있다.

4. 만기 1년 미만의 단기자금을 종이가 아닌 '전자' 방식으로 발행하고 유통되는 금융상품을 말한다. 기존의 기업어음(CP)에 대응하여 생긴 것으로서, 단기금융시장을 활성화시키기 위하여 '전자단기사채등의 발행 및 유통에 관한 법률'에 의해 2013년초에 도입된 제도이다. 최소금액은 각 사채의 금액이 1억원 이상이고 만기는 1년 이내이다.

5. 통화 스왑이란 쌍방 거래당사자가 서로 다른 두 통화의 원금을 계약 시의 환율로 교환하고, 만기에 다시 일정한 계약기간 동안 두 통화의 고정금리 지급을 지급하고 원금을 교환하는 것을 말한다.

6. 신용파산스왑(CDS, credit default swaps)라고 하며, 매입자가 매도자에게 일정한 프리미엄을 지급하고 기초자산에 신용사건이 발생할 경우 손실액을 보상받는 신용상품

제2장

금융회사와 금융상품

제1절 금융회사

1. 우리나라의 금융회사

　1878년 6월 우리나라 최초의 근대적 은행점포인 일본 제일은행 부산지점의 개설로 우리나라 금융의 역사가 시작되었다. 우리나라 금융역사는 8단계로 나누어 볼 수 있다. 1878년부터 1945년까지는 금융산업의 태동기로 구분할 수 있다. 1946년부터 1959년까지 현대적 금융제도의 도입기로, 한국은행이 설립되었고 한국은행권이 최초로 발행되었다. 1960년부터 1979년까지 금융산업의 기반조성기로서, 중소기업은행이 설립되었고 10환을 1원으로 변경하는 내용의 통화개혁이 단행되었다. 1980년부터 1996년까지 금융산업의 발전기로 변동환율제가 실시되었고 금융실명거래에 관한 법률이 제정되었으며 동화, 동남, 대동, 충청, 경기은행 등 5대 부실은행이 퇴출되었다. 2002년부터 2008년까지 금융산업의 국제화추진기로 모든 국내은행에 신BIS협약[1]을 적용하게 되었다. 2008년부터 2012년까지 글로벌 금융위기 극복기로 한국은행과 미국 연방준비제도이사회[2](FRB : Federal Reserve Board), 그리고 일본은행간 통화스왑

---

1) 신BIS협약(BIS : Bank for International Settlement)은 일명 'Basel II'라고 불리며, 은행의 리스크 관리 선진화와 자본충실화를 유도하기 위한 종합적인 자본규제제도로서 최저자기자본규제, 감독당국의 점검, 시장규율 강화를 주 내용으로 하고 있다. 신 BIS 협약이 도입, 정착되면 국내 은행산업의 리스크 관리 수준이 한단계 높아지고, 신용평가시장이 활성화되는 동시에 금융감독시스템이 국제수준으로 향상되는 계기가 될 것으로 예상하고 있다.

2) 미국이 중앙은행으로 상업은행의 준비금을 관리하고 상업은행들에 대부를 공여하며 미국내에 통용되는 지폐 발권은행이다. 1913년 발효된 연방준비은행법에 의해 창설되었다. 연방준비제도이사회는 법정한도 내에서 회원 은행들의 준비금 요구사항을 결정하며, 12개 산하 연방준비은행이 정한 할인율을 검토, 결정하고, 그들 은행의 예산을

계약3)이 체결되었다. 2013년부터 소비자중심 금융패러다임 확립기로 구분할 수 있다.

　우리나라의 금융회사는 정부가 금융산업을 주도하던 시절에는 금융기관이라 불렸고 최근에 소비자보호가 강조되면서 금융회사로 부르고 있다. 우리나라 금융기관과 금융회사는 크게 중앙은행 및 금융감독기관, 은행, 비은행금융회사, 보험회사, 금융투자회사, 금융지주회사, 기타 금융회사, 그리고 금융보조회사 등으로 구분할 수 있다. 금융감독원은 감독관할 기준으로 금융회사를 분류하는 반면 한국은행은 통화정책의 관점에서 금융회사를 분류하고 있다.

2. 중앙은행 및 금융감독기관

1) 한국은행

　한국은행은 효율적인 통화신용정책의 수립과 집행을 통하여 물가안정을 도모함으로써 국민경제의 건전한 발전에 이바지함을 목적으로 설립되었다. 또 한국은행은 통화신용정책을 수행함에 있어 금융안정에 유의하여야 한다(한국은행법 제1조). 한국은행은 효율적인 통화신용정책의 수립과 집행을 통해 물가안정을 도모함으로써 국가경제의 건전한 발전에 기여를 함과 동시에 이의 추진과정에서 금융안정에도 유의하여야 한다.

　한국은행의 설립근거법인 한국은행법은 1950년 5월 5일 제정된 이후 금융경제환경과 정부의 경제운용방식 및 정책기조의 변화에 따라 7차례 개정되었다. 한국은행에 대하여 제4장 금융제도 제4절 중앙은행제도에서 상술하도록 한다.

2) 금융감독원

　금융감독원은 '금융감독기구의 설치 등에 관한 법률'(1997.12.31. 제정)에 의거 종전의 은행감독원, 증권감독원, 보험감독원 및 신용관리기금 등 4개 감독기관이 통합되어 1999년 1월 2일 설립되었다. 2008년 2월 29일에 개정된 '금융위원회의 설치 등에 관한 법률'에 의거하여 현재의 금융감독원으로 재편되었다.

　금융감독원은 금융기관에 대한 검사, 감독업무 등의 수행을 통하여 건전한 신용질서와 공정한 금융거래관행을 확립하고 예금자 및 투자자 등 금융수요자를 보호함으로써 국민경제의

　심의한다.
3) 통화스왑계약(Currency Swap Agreement)이란 통화교환(스왑)의 형식을 이용하여 단기적인 자금 융통을 행하기로 하는 계약을 뜻한다. 두 나라가 자국 통화를 상대국 통화와 맞교환하는 방식으로 이루어진다.

발전에 기여함을 목적으로 한다. 금융감독원에 대하여 제9장 금융법과 금융규제 제7절 금융감독에서 상술하도록 한다.

3) 예금보험공사

예금보험공사는 금융회사가 파산 등으로 예금을 지급할 수 없는 경우 예금의 지급을 보장함으로써 예금자를 보호하고 금융제도의 안정성을 유지하기 위하여 '예금자보호법'에 따라 1996년 6월 1일 설립되었다. 예금보험공사의 주요기능인 예금보험제도는 금융회사로부터 보험료를 받아 예금보험기금을 조성해두었다가 금융회사의 경영이 부실하거나 파산해 고객들의 예금을 돌려줄 수 없게 되면 예금을 대신 지급하는 제도이다.

예금보험공사의 주요업무는 예금보험기금 조달, 금융회사 경영분석 등을 통한 부실의 조기 확인 및 대응, 부실금융회사의 정리, 보험금지급, 지원자금의 회수, 부실관련자에 대한 조사 및 책임추궁 등이다. 예금보험공사에 대하여 제10장 금융기관 경영평가 등 제2절 보호대상 금융상품과 비보호대상 금융상품에서 상술하도록 한다.

3. 은행

은행은 설립근거법에 따라 일반은행과 특수은행, 그리고 외국은행 국내지점으로 구분한다. 은행법에 의하여 설립된 은행이 일반은행이고 개별 특수은행법에 따라 설립된 은행이 특수은행이다. 일반은행은 시중은행과 지방은행으로 구분한다.

1) 일반은행

일반은행은 예금업무, 대출업무 그리고 지급결제업무를 고유의 업무로 하고 있어 상업은행이라고도 한다. 시중은행은 전국을 영업구역으로 하는 은행이다.

1970년대에는 조흥은행, 한국상업은행, 제일은행, 한일은행, 서울신탁은행 등 5개 시중은행이 영업을 했다. 1980년대 이후 신한은행(1982년), 한미은행(1983년), 동화은행(1989년), 동남은행(1989년), 대동은행(1989년), 그리고 평화은행(1992년) 등 6개 은행이 신설되었다. 또 하나은행(1991년), 보람은행(1991년) 등 2개 은행이 투자금융사에서 은행으로 업종이 전환되었다. 다시 한국외환은행(1989년), 국민은행(1995년), 그리고 한국주택은행(1997년) 등 3개 은행이 특수은행에서 일반은행으로 전환되어 총 11개 은행이 늘어 16개가 되었다. 이후 부실금융 기관에 대한 퇴출 또는 합병의 과정을 거쳐 2015년 1월말 현재, 국민은행, 신한은행, 하나은행, 우리은행, 스탠다드차타드은행, 외환은행, 그리고 한국시티은행 등 7개 시중은행이 영업 중이다.

지방은행은 지역경제의 균형발전을 꾀하고자 해당지역을 중심으로 설립된 은행이다. 1967년에 지방은행이 설립되기 시작해 10개 은행체제가 계속되다가 부실정도가 심한 은행이 퇴출 또는 합병되어 2015년 1월말 현재 전북은행, 광주은행, 부산은행, 경남은행, 대구은행, 그리고 제주은행 등 6개 은행이 영업을 하고 있다. 일반은행의 주요 업무는 수신업무, 여신업무, 국제업무, 신탁업무, 증권업무, 신용카드업무 및 내국환, 보호예수, 팩터링, 그리고 지급승락 업무 등이다.

(1) 시중은행

국민은행은 1961년 12월 국민은행법이 처음으로 제정되면서 1962년 1월 한국국민은행으로 설립되어 업무를 개시하였다. 1962년 12월 7일 새로운 국민은행법의 제정으로 국민은행으로 변경되었다. 1998년 4월 국민은행법의 폐지로 국책은행에서 시중은행으로 전환되었다. 1998년 6월 대동은행을 인수하였으며 9월 한국장기신용은행과 합병하였다. 2001년 11월 한국주택은행과 합병하였으며 합병은행의 상호는 국민은행이다. 본점은 서울특별시 중구 남대문로2가 9-1에 있다.

신한은행은 재일교포를 중심으로 순수 민간자본에 의하여 설립된 일반 시중은행이다. 1981년 9월 설립된 신한금융개발(주)이 (주)신한은행으로 인가를 받은 후 1982년 6월 금융통화운영위원회로부터 은행설립인가를 취득하고 7월부터 영업을 개시하였다. 1998년 6월 동화은행을 인수함으로써 규모가 확장되었다. 본점은 서울특별시 중구 태평로 2가 120번지에 있다.

하나은행은 1971년 6월에 창립된 한국투자금융(주)가 1991년 7월 은행업으로 사업전환하면서 설립되었다. 하나은행의 전신은 1971년 설립된 한국투자금융(주)로, 국내 단기금융회사의 효시로서 산업시설운영에 필요한 운전자금을 효율적으로 조달, 중개하였다. 1990년 '금융기관의 합병과 전환에 관한 법률'의 제정을 계기로 은행전환이 본격적으로 검토되었고, 관계 당국의 본인가를 받아 1991년 7월 하나은행으로서 첫 영업을 개시하였다. 1998년 6월 충청은행을 인수 합병하였으며, 1999년 1월 보람은행, 2002년 서울은행, 2005년 대한투자증권을 인수하였다. 본점은 서울특별시 중구 을지로1가 101번지 1호에 있다.

우리은행은 2001년 12월 한빛은행과 평화은행이 합병하여 설립된 일반 시중은행이다. 1997년 외환위기를 맞아 국제통화기금[4](IMF)의 구제금융 관리를 받게 되자 기업에 대출한 돈을 회수하지 못한 은행들이 경영난을 겪게 되었다. 일부은행은 퇴출되었고 나머지 은행에는 정부가 공적자금을 투입하였다. 그러나 대규모 공적자금이 투입되었는데도 목표한 영업 수익을 내지 못한 일부 은행의 경우 정부 주도로 은행간 합병이나 매각을 하게 되었는데 우리은행은 이런 배경에서 설립되었다. 한빛은행을 비롯해 정부의 공적자금을 받은 평화은행, 광주은행, 그리고 경남은행은 2001년 4월 설립된 우리금융지주회사의 자회사로 편입되었는데, 각 은행은 각자 공적자금 운영기관인 예금보험공사와 경영개선약정을 맺은 상태였다. 이 중 한빛은행은 영업수익이 늘어나 이 약정을 이행한 반면 평화은행은 기한까지 목표한 영업 수익을 내지 못하였다. 이에 따라 우리금융지주회사는 한빛은행이 평화은행을 분할, 합병하도록 조치한 결과 우리은행이 설립되었다. 본점은 서울특별시 중구 회현동 1가에 있다.

한국스탠다드차타드은행은 1929년 7월 1일 조선저축은행으로 출발, 제일은행으로 명맥을 이어오다 2005년 영국 스탠다드차타드은행에 인수된 상업은행이다. 해방 이후 공기업으로 편입되었으며, 1950년 5월 한국저축은행으로 그리고 1958년 12월 제일은행으로 상호가 변경되었다. 2000년 1월 정부는 은행민영화계획에 따라 지분과 경영권을 미국 투자회사인 뉴브리지캐피탈(Newbridge Capital)에 매각하여 외국계 은행으로 탈바꿈하였다. 2005년 4월에는 영국의 스탠다드 차타드은행(Standard Chartered plc)이 제일은행의 지분 100%를 인수하였다. 본점은 서울시 종로구 공평동 100에 있다.

외환은행은 1967년 한국외환은행법에 의거, 한국은행 및 정부의 출자로 외환전문업은행으로 출범하였다. 그러나 1970년대 이후 대부분의 일반은행이 외국환업무를 취급함에 따라 외국환전문은행으로서의 전문성이 퇴색하였다. 1980년대 금융의 민영화, 자유화 추세와 함께 한국외환은행도 일반은행으로 민영화하여야 한다는 여론으로 1989년 한국외환은행법이 폐지됨에 따라 1990년 일반은행으로 전환되었다. 1997년 외환위기로 어려움을 겪었으나, 독일의 코메르츠방크로부터 외자를 유치하면서 간신히 퇴출을 면하였지만 경영악화가 지속되어 2003년 론스타[5](Lone Star)에 매각되었다. 2012년 1월 27일부로 하나금융에 인수되었다. 하나금

---

4) 국제통화기금(International Monetary Fund, IMF)은 환율과 국제수지를 감시함으로써 국제금융 체계를 감독하는 것을 위임받은 국제기구이다. 회원국의 요청이 있을 때는 기술 및 금융 지원을 직접 제공한다. 본부는 미국 워싱턴 D.C.에 있다.

5) 1980~90년대 미국 저축대부조합부실에 따른 금융위기가 발생했을 때 부실채권 매입을 시작으로 설립된 부실자산 투자 전문 펀드 운영회사이다. 1998년 한국자산관리공사와 예금보험공사에서 5,000억 원 이상의 부실채권을 사들

융은 외환은행을 독자적으로 운용하도록 하여 하나은행과 함께 하나금융그룹 계열은행이 되었다. 본점은 서울특별시 중구 을지로2가동 181번지 11호에 있다.

한국시티은행의 시작은 1981년 9월 17일 대한상공회의소 주도로 설립된 한미금융(주)이다. 1983년 3월 5일 상호를 (주)한미은행으로 변경하였고 1998년에는 경기은행을 인수하였다. 한미은행에는 미국, 영국 등 외국계 금융기관이 대주주로 참여했는데, 2004년 4월에는 미국의 씨티은행(Citibank, N.A.)이 지분을 인수하였다. 씨티은행은 한국에 1967년 외국은행 최초로 진출하였고 1997년에는 외국은행 최초로 부산에 지점을 개설하였다. 2004년 11월 1일 씨티은행이 한미은행으로 넘어가면서 상호가 (주)한국씨티은행으로 변경되었다. 본점은 서울특별시 중구 다동 39에 있다.

(2) 지방은행

전북은행은 1969년 12월 10일 설립된 지방은행으로 JB금융지주의 계열사이다. 전라북도의 금고 은행으로 2014년 광주은행을 인수하였다. 본점은 전라북도 전주시 덕진구 금암동에 있다.

광주은행은 대한민국의 지방은행이자 JB금융지주의 자회사이다. 2014년 5월 8일 KJB금융지주로 설립되었다. 2014년 8월 1일 옛 광주은행과 흡수합병 뒤 현 상호로 변경하였다. 본점은 광주광역시 동구 대인동에 있다.

부산은행 부산광역시를 중심으로 영업을 하는 지방은행이다. 1967년 당시 '1도 1은행 설치' 정책에 따라 지방은행의 설립이 추진될 때 설립되었다. 본점은 부산광역시 남구 문현2동 1231에 있다.

경남은행은 1970년 설립돼 업무를 시작하였다. 1997년 IMF구제금융사건으로 인한 후유증으로 국제결제은행기준 자기자본비율이 미달되자 2000년 11월 금융감독원의 경영개선요구를 받았고, 12월에 부실금융기관으로 지정되어 독자생존불가 판정을 받았다. 2001년 3월 대형화 및 겸업화를 통한 국제경쟁력 강화를 위하여 예금보험공사가 공적자금을 투입하여 설립된 우리금융그룹의 자회사로 편입되었다. 2014년 8월 1일 KNB금융지주에 흡수 합병되었고 2014년 10월 10일 BS금융지주 자회사로 편입되었다. 본점은 경상남도 창원시 마산회원구 석전동 246-1에 있다.

대구은행은 1967년 10월 7일 설립된 우리나라 최초로 설립한 지방은행이다. 2011년 6월

이면서 한국에 진출했다. 2003년 8월에는 한국외환은행㈜ 지분을 인수 후 2007년에 외환은행 지분을 처분하였다.

DGB금융지주의 자회사로 편입되었다. 본점은 대구광역시 수성구 수성동2가 118번지에 있다.

제주은행은 1969년 9월 19일 설립된 지방은행으로 2002년 5월 신한금융그룹에 편입되었다. 본점은 제주특별자치도 제주시 이도1동에 있다.

2) 특수은행

한국산업은행은 1918년 조선식산은행으로 설립되어 8·15 해방 이후 한국식산은행으로 바뀌어 장기 산업자금의 조달 및 공급업무를 수행하였다. 1953년 12월에 한국산업은행법이 제정되고 1954년 4월 정부의 전액 출자와 기존 한국식산은행의 자산과 부채를 승계하여 한국산업은행이 설립되었다. 2009년 6월에는 개정 한국산업은행법 시행에 따라 산업은행의 민영화가 추진되고 있으며, 10월 산은금융지주회사 설립과 함께 자회사로 편입되었다. 가계대출, 개인요구불예금 등 소매금융 및 은행 부수업무 취급 등 업무범위도 확대되었다. 본점은 서울특별시 영등포구 여의도동 16-3에 있다.

한국수출입은행은 수출입, 해외투자 및 해외자원개발에 필요한 금융을 공급하는 은행이다. 한국수출입은행은 1960년대 후반 수출구조의 변화로 연불거래 방식에 의한 중화학공업 제품의 수출과 해외투자 등을 효율적으로 지원할 수 있는 전담 금융기관설립의 필요성이 제기됨에 따라 1969년 7월에 한국수출입은행법의 제정으로 그 제도적 기반이 마련되었다. 1976년 7월 한국은행의 현금출자, 한국외환은행의 한국수출입은행에 대한 기존 대출채권의 자본금전환, 정부출자로 한국수출입은행을 설립하였다. 본점은 서울특별시 영등포구 여의도동 16-1에 있다.

중소기업은행은 1961년에 중소기업은행법에 의하여 당시 농업은행의 도시점포를 기반으로 설립되었다. 중소기업은행의 설립목적은 중소기업자에 대한 효율적인 신용제도 확립을 통한 중소기업자의 원활한 경제활동지원 및 경제적 지위향상이다. 1967년 4월에는 중소기업 신용보증업무를 개시하였으며, 1982년 9월에는 재원확충 및 자금조달수단 다양화 등을 위하여 중소기업금융채권을 발행하기 시작하였다. 중소기업은행은 자금조달에 있어 일반은행과 동일한 수신업무를 자유롭게 취급할 수 있다. 또 1982년부터 중소기업금융채권을 발행하고 있는데 발행한도는 자본금과 적립금 합계액의 20배 이내이다. 자금운용은 중소기업자에 대한 대출과 어음의 할인을 기본원칙으로 하고 있다. 본점은 서울특별시 중구 을지로2가 50에 있다.

농업협동조합중앙회는 1961년 제정된 농업협동조합법에 의거 농업은행과 구 농업협동조합을 통합하여 설립되었다. 통합 전 우리나라의 농업금융은 신용사업을 전담하는 농업은행과 경제사업을 담당하는 농업협동조합의 이원적 구조로 형성되어 있어 상호 유기적 연관이 결여된 상태에 있었다. 이에 따라 농업협동조합의 사업성과를 높이고 농촌 경제 향상을 위한 입체적 지원체제를 갖추기 위하여 두 기관을 통합하여 현재의 농업협동조합을 설립하고 신용사업을 겸영하도록 하였다. 2000년 7월에는 축산업협동조합 및 인삼협동조합이 농업협동조합으로 통합되었다. 본점은 서울특별시 중구 충정로1가 75-1에 있다.

수산업협동조합중앙회는 1962년 수산업협동조합법에 의거 설립되었다. 수산업협동조합 설립 이전에는 수산진흥기능은 대한수산중앙회가, 수산금융기능은 농업협동조합과 한국산업은행이 각각 담당하고 있었다. 그러나 대한수산중앙회가 자금력의 취약 등으로 점차 본래의 기능을 원활히 수행하지 못하는데다 이원화되어있던 수산금융의 효율성 제고를 위하여 일원화할 필요성이 높아짐에 따라 수산업협동조합을 설립하게 되었다. 본점은 서울특별시 송파구 신천동 11-6에 있다.

3) 외국은행 국내지점

은행법에 설립근거를 두고 있으나 외국환은행으로서 뿐만 아니라 자본금에 해당하는 영업기금계정을 외국에서 조달하는 등의 특수성으로 인하여 외국환관리법의 적용도 받고 있다. 외국은행 국내지점은 경제개발에 소요되는 외환의 원활한 공급과 해외금융시장과의 연대강화 및 선진금융기법의 도입 등을 목적으로 1967년부터 설치되기 시작하였다. 외국은행 국내지점은 국내은행에 비해 제도적으로 우대를 받기도하고 차별을 받기도 했는데, 1985년부터는 이러한 우대 및 차별적 업무규제가 단계적으로 철폐되어 국내은행과 동등한 경쟁여건이 부여되고 있다.

외국은행 국내지점은 1967년 미국의 체이스맨해턴은행이 서울지점을 처음 설치한 이래 그 숫자가 꾸준히 증가하여 왔다. 그러나 대형은행간 합병에 따른 중복 점포의 폐쇄 및 금융, 외환위기 이후 지점 철수 등으로 감소하여 2015년 말 현재 39개 은행이 영업중이다. 국적별로는 미국계 은행이 8개, 유럽계가 13개, 그리고 아시아계 18개(그 중 중국계가 5개, 일본계 은행이 4개)이다.

외국은행 국내지점은 과거 업무범위가 일부 제한되고 유동성 규제를 위한 한국은행 공개시장조작대상에서도 제외되는 등 영업환경이 국내은행과 다소 차이가 있었다. 그러나 금융자유화 추진 등으로 외국은행 국내지점의 업무범위에 대한 규제도 완화됨에 따라 현재는 국내은행과 거의 동일한 조건에서 영업활동을 하고 있다.

4) 인터넷 전문은행

인터넷전문은행은 영업점 없이 또는 영업점을 소수로 운영하면서, 업무의 대부분을 ATM이나 인터넷뱅킹 등 전자매체를 통해(온라인 네트워크를 통해) 영위하는 은행이다. 최저자본금은 500억 원 이상이고, 우리나라 최초의 인터넷전문은행은 K Bank로서 2016. 12. 14. 자본금 2,500억 원으로 인가되었다(조만간 5,000억 원까지 증자 예정). 우리은행·NH투자증권·GS리테일·KT 등 21개사가 컨소시엄을 결성해 주주로 참여하고 있다.

인터넷은행은 금융거래시 실명확인은 화상통신, 생체인식(지문, 홍채 등), ARS 전화 등을 활용하여 고객이 은행직원을 직접 만나지 않고도 은행서비스를 이용할 수 있다. 점포운영비, 인건비 최소화로 예금금리는 높고 대출금리는 낮출 수 있어 기존은행에 비하여 비교우위를 가질 수 있다.

미국의 경우 본사나 사이버카페 외 지점망을 보유하지 않고 온라인을 통해서 영업하는 인터넷 전문은행은 Charles Schwab Bank(총자산 1,056억 달러, 약 116조 원), Ally Bank(1,008억 달러, 약 111조 원), Discover Bank(791억 달러, 약 87조 원) 등 약 20 여개가 영업 중이다. 은행 자본과 산업자본의 분리 원칙으로 인하여 제조업 대기업이 금융계열사로서 BMW Bank, GE Capital Bank 등을 설립한 사례도 있고, 비은행금융기관이 자회사 형태로 인터넷 전문은행을 설립하기도 하였다. 대체로 당기순이익 중 이자수익의 비중이 높은 편으로 나타났다. 일본의 경우 금융청이 2000년 금융활성화 및 소비자 편의 제고를 위해 '인터넷전문은행'을 도입하였는데, 금융청 등의 사전인가를 받으면 비금융회사의 은행소유도 가능하게 되었다. 현재 재팬네트은행, 소니은행, 라쿠텐은행, 주신SBI네트은행, 지분은행, 다이와넥스트은행 6개 인터넷전문은행이 사업을 영위 중이며, 이들은 유통, 증권, 통신 등 다양한 업종의 모기업과 시너지모델을 구축하여, 기존은행과 차별화하며 해당 업계 실적을 상회하는 성장세를 지속하고 있다(2010~2014년 일본 은행 연평균 총자산증가율 3.8%, 인터넷전문은행 30.6%). 중국의 경우에도 2015년 1월 은행감독회(CBRC)로 부터 영업 승인을 받아 인터넷서비스 기업인 텐센트가 참여한 '위뱅크'(WeBank 微衆銀行 웨이중은행), 2015. 6. 25. 다른 인터넷서비스 기업인 알리바바와 자동차부품 완상그룹이 참여한 '마이뱅크'(MYbank 網商銀行

왕상은행) 외에 2016. 6. 13. 가전업체 샤오미와 농축산그룹 신시왕그룹(新希望集團) 참여 '시왕은행'(希望銀行)까지 더해져 중국 인터넷전문은행 시장도 더욱 발전할 전망이다.

인터넷 전문은행은 점포운영비, 인건비 최소화로 예금금리는 높이고, 대출금리는 낮출 수 있어 기존 은행에 비하여 비교우위가 있다. 고객의 입장에서는 은행에 가서 대기해야 하는 장소와 시간적 장애 없이 주말이나 연휴에도 연중무효로 거래가 가능하고, 송금수수료도 없거나 저렴하다. 반면에 컴퓨터에 전자인증이나 공인인증서 또는 이동식디스크에 이를 저장하여 사용하여야 하는 불편이 있다. 또한 직접 현금을 수령하고자 하는 경우에는 ATM이나 은행점포에 가서 통장 또는 현금지급카드를 사용하여야 한다.

4. 비은행 금융회사

1) 상호저축은행

상호저축은행은 1972년 8·3 긴급 경제조치에 따른 이른바 사금융양성화법의 하나로 상호신용금고법이 제정되면서 등장하였다. 정부는 사금융기관을 양성화하여 그 업무를 합리적으로 규제함으로써 거래자를 보호하는 한편 담보력과 신용도가 취약한 소규모 기업과 서민을 위한 전문적 서민금융기관으로 육성하기 위하여 상호저축은행 제도를 도입하였다.

1990년대 들어 금융자유화 및 금융개방화의 진전 등으로 그 동안 상호저축은행에 유리하게 작용하였던 영업환경이 빠른 속도로 사라지게 되었다. 그리고 1997년말 금융·외환위기 이후 지방 중소기업의 부도 급증 등으로 경영상 어려움이 가중됨에 따라 많은 상호저축은행이 부실화되었다. 금융당국은 상호저축은행 영업을 활성화하고 공신력을 제고하기 위하여 2000년 6월과 2001년 3월에 상호신용금고법 시행령과 상호신용금고법을 개정하였다. 이에 따라 상호신용금고의 명칭이 상호저축은행으로 바뀌고 영업구역제한 및 지점설치기준이 완화되었으며 업무범위 및 동일인 여신한도 확대 등이 이루어졌다. 2015년 1월말 현재 80개의 상호저축은행이 있다.

2) 여신전문금융회사

여신전문금융회사는 수신기능은 없고 여신업무만을 취급하는 금융회사이다. 여신전문금융회사는 주로 채권발행과 금융회사 차입금 등에 의하여 자금을 조달하여 다른 금융회사가 거의 취급하지 않는 소비자금융, 리스, 벤처금융 등에 운용한다. 1997년 8월 제정된 여신전문금융업법은 신용카드업, 시설대여(리스)업, 할부금융업 및 신기술사업금융업을 영업대상으로 규정하고 있다.

여신전문금융회사는 수신기능이 없어 건전성 확보를 위한 진입규제의 필요성이 크지 않아 금융위원회 등록만으로 설립할 수 있다. 다만 지급결제기능을 가진 신용카드업의 경우에는 신용질서 유지와 소비자 보호를 위하여 금융위원회의 허가를 받아야한다. 그러나 유통산업발전법상의 대규모 점포운영업자 등은 금융위원회등록만으로도 신용카드업을 영위할 수 있다.

(1) 신용카드회사

신용카드회사는 신용카드의 이용과 관련한 소비자금융을 영위하는 금융회사이다. 우리나라의 신용카드는 1969년 백화점에서 처음 도입한 이래 1980년대 은행이 신용카드업을 겸영하면서 그 보급 및 이용이 크게 확대되었다. 그 후 1987년 5월 신용카드업법이 제정됨으로써 신용카드업의 제도적 기반이 마련되었다. 법제정 이후 신용카드업을 겸영하던 은행 중 일부는 자회사를 설립하여 업무를 이관하였으나 많은 은행이 종래의 직접 겸영체제를 유지하고 있으며 이후 비은행계 전업회사들도 추가로 설립되었다.

신용카드업은 신용카드 이용과 관련된 대금의 결제, 신용카드의 발행 및 관리, 신용카드 가맹점의 모집 및 관리를 기본업무로 한다. 신용카드회사는 기본업무와 함께 신용카드 회원에 대한 자금의 융통, 직불카드의 발행, 대금결제, 선불카드의 발행, 판매, 대금결제와 같은 부수업무를 영위한다. 2015년 1월말 현재 8개의 신용카드사가 있다.

(2) 리스회사

리스회사, 즉 시설대여회사는 시설대여 방식으로 기업 설비자금을 공급한다. 우리나라의 리스회사는 1972년 12월 한국산업리스가 처음 설립된 데 이어 1973년 12월 시설대여육성법이 제정되면서 제도적 기틀이 마련되었다. 리스회사는 시설대여와 연불판매업무를 취급하고 있다. 시설대여는 특정 물건을 새로이 취득하거나 대여를 받아 고객에게 일정기간이상 사용하게 하고 그 기간 중 사용료인 리스료를 정기적으로 분할하여 받는 금융이다. 연불판매는 새로이 취득한 특정물건을 고객에게 인도하고 그 물건의 대금과 이자 등을 일정기간 이상에 걸쳐 정기적으로 분할하여 받는 금융이다. 시설대여기간 종료 후 물건의 처분 및 연불판매시 물건의 소유권 이전에 관한 사항은 당사자간의 약정에 따르게 되어 있다. 2015년 1월말 현재 27개의 시설대여회사가 있다.

(3) 할부금융회사

할부금융회사는 할부금융 이용자에게 재화와 용역의 구매자금을 공여하는 소비자금융을 취급한다. 우리나라의 할부금융업은 1995년 신용카드업법에 인가기준 등이 마련되면서 도입되었으며 영업은 1996년부터 시작되었다. 할부금융업 도입 당시에는 할부금융회사를 취급 품목에 따라 일반 할부금융회사, 주택 할부금융회사 및 기계 할부금융회사의 세 종류로 구분하여 인가하였고 종류별 인가기준 등도 발표됨으로써 법적근거가 정비되었다.

할부금융은 할부금융회사가 재화와 용역의 매도인 및 매수인과 각각 약정을 체결하여 재화와 용역의 구매자금을 매도인에게 지급하고 매수인으로부터 그 원리금을 분할하여 상환을 받는 방식의 금융이다. 따라서 할부금융회사는 할부금융의 대상이 되는 재화 및 용역의 구매액을 초과하여 할부금융 자금을 대출할 수 없다. 또한 할부금융자금은 목적 이외의 전용을 방지하기 위하여 매도인에게 직접 지급한다. 그 밖에 할부금융회사는 기업의 외상판매로 발생한 매출채권을 매입함으로써 기업에 자금을 빌려주고 동 채권의 관리나 회수 등을 대행하는 팩토링업무와 가계의 학자금, 결혼자금, 전세자금 등을 신용이나 담보 조건으로 대여하는 가계대출업무를 영위한다. 2015년 1월말 현재 19개의 할부금융회사가 있다.

(4) 신기술사업금융회사

신기술을 개발하거나 이를 응용하여 사업화하는 신기술사업자에게 투자 또는 융자해주는 금융회사이다. 사업개시일 7년 이내의 중소기업에 출자만하는 창업투자회사와는 달리 융자업무도 해줄 수 있다는 점에서 차이가 난다. 융자한도는 소요자금의 90~100%이며 상환기간은 8~10년이며, 원리금 상환을 대신해 사업결과로 발생하는 매출액에 비례한 로열티를 일정기간 동안 받는다. 그리고 사업에 실패할 경우에는 최소상환금만 물면 된다. 2015년 1월말 현재 14개의 신기술사업금융회사가 있다.

3) 신용협동기구

(1) 신용협동조합

신용협동조합은 지역, 직장, 단체 등 상호유대를 가진 개인이나 단체간의 협동조직을 기반으로 하여 자금의 조성과 이용을 도모하는 비영리 금융회사를 말한다. 우리나라 신용협동조합은 1960년 부산의 메리놀 병원의 성가신용협동조합을 효시로 하고 있다. 1972년 신용협동조합법이 제정되면서 법률적인 근거와 함께 발전의 전기를 마련하였다. 신용협동조합은 조합원으로부터 예탁금이나 적금의 수입, 조합원에 대한 대출, 내국환업무, 그리고 국가, 공공단체, 중앙회 및 금융회사의 업무 대리, 보호예수, 어음할인 등을 취급하고 있다.

신용협동조합중앙회는 신용협동조합을 구성원으로 조직된 비영리법인으로 신용협동조합의 사업에 관한 지도, 조정, 조사, 연구활동을 한다. 또 홍보사업과 교육사업 그리고 조합에 대한 검사 및 감독을 하며 국가 또는 공공단체가 위탁하거나 보조하는 사업 및 신용사업을 수행한다. 2004년부터 신용협동조합이 예금보험공사의 부보 금융회사에서 제외됨에 따라 조합원에 대한 예탁금 등의 환급 보장을 위하여 신용협동조합 예금보호기금을 설치, 운영하고 있다. 신용협동조합법 제정 이전인 1971년말 582개이었던 조합수는 1997년말 1,666개로 증가하였다가 2011년 6월말 현재 960개로 감소하였다. 2015년 1월말 현재 982개 신용협동조합이 있다.

(2) 새마을금고

새마을금고는 재건국민운동중앙회 주도로 1963년 경남지역에서 설립된 신용조합에서 발전한 것이다. 1972년 신용협동조합법이 제정되면서 동 법의 규제를 받게 되었으며 명칭은 마을금고로 일원화되었다. 그 후 1982년 12월 새마을금고법이 제정되면서 명칭이 새마을금고로 바뀌고 독자적인 발전 기반을 마련하게 되었다. 새마을금고는 회원으로부터의 예탁금과 적금의 수입, 회원에 대한 대출, 내국환업무를 취급한다. 또 국가나 공공단체 및 금융기관의 업무 대리, 보호예수 등의 업무를 취급하는데 어음할인 등 일부를 제외하고는 신용협동조합과 거의 동일하다.

새마을금고중앙회는 새마을금고를 회원으로 하는 비영리법인으로 회원의 사업에 관한 지도, 교육, 훈련, 조사연구 사업을 한다. 또 새마을금고 감독과 검사를 하고 금고의 사업에 대한 지원, 공제사업을 한다. 그리고 국가나 공공단체가 위탁하거나 보조하는 사업 등을 수행한다. 새마을금고로부터 예탁금이나 적금 수입과 대출업무를 취급하고, 지급보증 및 어음할인, 내외국환, 보호예수업무를 한다. 국가나 공공단체 또는 금융기관의 업무 대리, 유가증권의 인수와 매출 등의 신용사업을 영위한다. 금고 회원에 대한 예탁금 등의 환급 보장을 위하여 예금자보호준비금이 운영되고 있다. 2015년 1월말 현재 1,524개의 새마을금고가 있다.

5. 보험회사

보험회사는 보험의 인수, 보험료 수수 및 보험금 지급 등을 영위하는 금융회사를 말한다. 보험업법은 생명보험업, 손해보험업, 제3보험업을 영업대상으로 규정하고 있는데 각각의 보험업은 보장해주는 위험의 종류에 차이가 있다. 즉 생명보험업은 사람의 생존 또는 사망과 관련된 보험금을, 손해보험업은 우연한 사건으로 발생하는 손해에 관한 보험금을, 제3보험업은 질병, 상해 및 간병에 관한 보험금을 지급한다. 또한 생명보험은 미리 약정한 금액을 보험금으로 지급하는 정액보상인 반면 손해보험은 피보험자가 사고로 입은 손해를 보험금으로 지급하는 실손보상이라는 점에서 차이가 있다.

1) 생명보험회사

생명보험회사는 사망, 질병, 노후 등에 대비한 보험의 인수·운영을 주된 업무로 하는 금융회사이다. 우리나라의 생명보험업은 19세기말 국내에 진출한 구미계와 일본계 금융회사 및 상사들이 자국 보험회사의 대리점 역할을 겸하는 형태로 시작되었다. 1980년대 들어 소득수준향상 및 인구고령화 등으로 보험에 대한 수요가 증대 되고 보험서비스에 대한 인식이 크게 높아시면서 보험회사의 신실 필요성이 늘었고 미국 등 외국으로부터의 보험업 개방요구도 증대되었다.

2000년대 들어서는 금융의 자유화 및 겸업화 진전과 더불어 소비자의 권익이 중요시됨에 따라 보험업에 대한 전반적인 개정논의가 진행되었다. 그 결과 2003년 5월 개정된 보험업법에서는 보험사 신규진입제도 개선, 운용가능자산에 대한 열거주의[6](positive system) 폐지, 공시제도 개선, 제3보험 및 방카슈랑스 도입 등이 이루어졌다. 또한 2010년 7월 개정된 보험업법에서는 보험산업의 경쟁력 강화와 소비자 보호를 위하여 자산운용규제 완화, 보험상품개발 절차 간소화, 보험상품설명 의무부과 등이 반영되었다. 2016년 9월말 현재, 우리나라의 생명보험회사 수는 25개사이다.

---

6) 규제와 제한을 둘 때 그 원칙을 지칭하는 말이다. 포괄주의(negative system)는 제한, 금지하는 규정 및 사항을 나열하고 나머지는 원칙적으로 자유화하는 반면, 열거주의(positive system)는 원칙적으로 모든 것을 금지하고 예외적으로 규제나 금지가 되지 않는 사항을 나열하는 체제이다. 따라서 포괄주의가 열거주의보다 훨씬 자유로운 제도라고 할 수 있다.

2) 손해보험회사

손해보험회사는 화재, 자동차 및 해상사고 등에 대비한 보험의 인수 및 운영을 하는 금융회사이다. 손해보험회사는 1922년 10월에 설립된 조선화재보험(1950년 6월 동양화재해상보험으로 상호변경)을 효시로 1940년대에 5개 회사, 1950년대 4개 회사가 설립되어 종합적인 손해보험업무를 영위하여 왔다. 1960년대에는 재보험만을 전문적으로 취급하는 대한재보험, 자동차보험 전문회사인 한국자동차보험(1995년 10월 동부화재해상보험으로 상호변경)과 대한보증보험이 설립되었으며 AHA(American Home Assurance) 및 AFLA(American Foreign Insurance Association)의 2개 미국계 손해보험회사가 국내에 지점을 설치하였다. 이후 1980년대 말까지는 손해보험회사의 추가 설립이 이루어지지 않다가 1989년 11월 한국보증보험이 설립되고 1992년 7월에는 미국계의 VIGILANT사가 국내에 지점을 설치하였다. 1998년 11월에는 적자누적으로 심각한 부실에 직면하였던 한국보증보험과 대한보증보험이 서울보증보험으로 합병하였다. 2016년 9월말 현재, 우리나라의 손해보험회사 수는 32개사이다.

6. 금융투자회사

금융투자상품은 이익추구나 손실회피를 목적으로 특정 시점에 금전 등을 지급 또는 지급하기로 약정함으로써 취득하는 투자권리를 말하며 증권과 장내, 장외파생상품으로 분류된다. 그리고 금융투자업자는 이러한 금융투자상품의 거래와 관련된 업무를 주된 업무로 하는 금융회사이다. 종래에는 금융투자업자가 개별 증권관련법에 따라 각각 규제됨에 따라 증권회사, 선물회사, 자산운용회사 등 기관중심으로 분류하였다. 그러나 2009년 2월 자본시장과 금융투자업에 관한 법률(2007. 8. 제정)이 시행됨에 따라 이들 기관들을 금융투자업자로 통칭하고 경제적 실질을 기준으로 한 금융기능에 따라 투자매매업, 투자중개업, 집합투자업, 투자자문업, 투자일임업, 신탁업 등으로 분류하고 있다.

종래의 증권회사, 선물회사 및 종합금융회사는 투자매매중개업자로, 자산운용회사는 집합투자업자로, 투자자문회사 및 투자일임회사는 투자자문업자 및 투자일임업자로, 그리고 신탁회사는 신탁업자로 단순히 명칭만 변경된 것으로 볼 수도 있다.

1) 투자매매·중개업자

(1) 증권회사

증권회사는 직접금융시장에서 기업이 발행한 증권을 매개로 하여 투자자의 자금을 기업에게 이전시켜 주는 기능을 수행하는 금융회사이다. 최초로 설립된 증권회사는 1949년 11월 영업을 개시한 대한증권이었다. 1962년 1월 증권거래법 제정으로 증권시장의 제도적 기반이 갖추어지면서 증권회사의 설립이 급증하여 8월에는 회사수가 60개까지 늘어나기도 하였다. 1968년 12월에는 증권거래법이 개정되어 증권회사의 설립이 등록제에서 허가제로 전환되었다. 그 이후 1980년대까지는 증권회사가 신설되지 않다가 1990년대에 들어 증권업의 대외개방과 함께 국내 증권회사의 신규 설립도 허용되었다. 1991년 한국산업증권과 투자금융회사에서 업종을 전환한 5개 회사가 설립되었으며 1996년까지 3개 합작회사가 신설되었다. 또한 1991년 이후 외국증권회사 지점도 설치되기 시작하였다. 증권회사는 증권 및 채권과 관련된 위탁매매, 발행 및 인수, 그리고 자기매매 등을 영위하며 펀드 및 신종증권 판매, CMA 등 자산관리서비스를 제공하고 있다. 2016년 9월말 현재, 우리나라의 증권회사 수는 55개사이다.

(2) 선물회사

선물회사는 선물거래 및 해외선물거래에 대한 위탁매매 등 장내파생상품에 대한 투자매매 및 투자중개업무를 영위하는 금융회사이다. 자본시장법에서는 파생상품을 선도, 옵션, 스왑 중 어느 하나에 해당하는 투자성이 있는 것으로 정의하고, 파생상품시장에서 거래되는 것 또는 해외 파생상품시장에서 거래되는 것을 장내파생상품으로 규정하고 있다. 선물회사는 1996년 7월 선물거래법 시행으로 우리나라에 본격적으로 도입되었다. 2009년 자본시장법 시행 이후 일부 선물회사가 증권회사와 합병, 증권회사로 전환, 영업폐지 등으로 감소하였다.

선물회사는 선물거래의 자기거래, 위탁거래, 위탁의 중개, 주선, 대리 업무를 영위한다. 선물회사는 위탁자로부터 선물거래의 위탁을 받는 경우 수량, 가격 및 매매의 시기에 한하여 그 결정을 일임받아 선물거래를 할 수 있다. 또한 선물회사는 선물거래 등과 관련한 고객예탁금을 자기재산과 구분하여 증권금융회사에 예치하여야 하며, 채무불이행이나 임직원의 위법 또는 위규 등에 의하여 위탁자가 입은 손실을 보전하기 위하여 책임준비금을 적립하여야 한다. 2016년 9월말 현재, 우리나라의 선물회사 수는 5개사이다.

2) 집합투자업자

집합투자업자는 자본시장법 시행에 따라 집합투자를 수행하는 자로서 2003년 12월 간접투자자산운용업법 제정을 계기로 종래의 증권투자신탁업법에 의한 투자신탁회사와 증권투자회사법에 의한 자산운용회사를 통합, 개편함으로써 새롭게 도입된 자산운용회사가 이에 해당된다. 2015년 1월말 현재 86개사의 자산운용사가 있다. 집합투자기구는 설립형태에 따라 계약형(contractual type)과 회사형(corporate type)으로 나눌 수 있다. 우리나라의 집합투자기구 가운데 투자신탁은 계약형 집합투자기구이며 투자회사, 투자유한회사, 투자합자회사 등은 회사형 집합투자기구이다. 계약형은 위탁자인 집합투자업자가 수탁회사와의 신탁계약에 의거 발행하는 수익증권을 수익자인 투자자가 취득하는 형태의 신탁제도로서 일본과 유럽국가들이 주로 채택하고 있다. 회사형은 투자전문가가 투자전문회사를 설립하고 이 회사의 주식을 투자자가 매입하는 형태로 미국의 뮤추얼펀드에서 발전된 제도이다.

집합투자업자는 투자신탁, 투자회사 등의 방식으로 집합투자기구의 재산을 운용하는 것을 주된 업무로 한다. 집합투자기구의 설립형태를 보면 투자신탁은 수익증권을 발행하고 이를 통해 다수의 투자자로부터 자금을 모아 증권 등의 자산에 투자하여 그 수익을 투자자에게 분배하는 방식이며 국내 집합투자기구 대부분이 투자신탁 방식으로 이루어지고 있다.

3) 투자자문업자 · 투자일임업자

투자자문업자 및 투자일임업자로는 투자자문회사가 있다. 1987년 11월 증권거래법 개정으로 투자자문업이 제도화된 금융업의 하나로 자리를 잡게 되었다. 1988년 25개 투자자문회사가 등록하였고 1989년에 4개 회사가 추가 설립되었다. 그 후 1995년말 개정된 증권투자신탁업법에 의거 증권투자신탁의 위탁회사도 투자자문업을 영위할 수 있게 되어 1996년 중 29개 투자자문회사 가운데 15개 회사가 투자신탁운용회사로 전환하였다.

투자자문업무는 금융투자상품의 투자에 관하여 구술이나 문서 기타의 방법으로 조언을 하는 업무이다. 투자일임업무는 고객으로부터 금융투자상품가치 등의 분석에 기초한 투자 판단의 전부 또는 일부를 위임받아 고객을 위하여 투자를 행하는 업무이다. 2016년 9월말 현재, 우리나라의 투자자문회사 수는 159개사이다.

4) 신탁업자

　신탁업자로는 은행, 금융투자업자(증권회사), 보험회사 등 신탁겸업사와 부동산신탁회사가 있다. 신탁업무는 신탁관계인, 신탁재산 등의 개념과 수탁자의 권리의무 등 신탁에 관한 일반적인 법률관계를 민사적 차원에서 규정하고 있는 신탁법과 신탁업자 업무의 내용, 감독 등을 규정하고 있는 자본시장법령에 의하여 운영된다.

　신탁법에 의하면 신탁이란 신탁설정자(위탁자)와 신탁인수자(수탁자)와의 특별한 신임관계에 기초하여 위탁자가 특정 재산권을 수탁자에게 이전하거나 기타 처분을 하고 수탁자로 하여금 일정한 자(수익자)의 이익 또는 특정의 목적을 위하여 그 재산권을 관리, 처분하는 법률관계를 말한다. 신탁업자는 일반적으로 자본시장법에 따라 신탁의 인수, 신탁재산의 관리, 운용, 처분 등에 관한 업무 및 이에 부수하는 업무를 영위하며 또한 신탁법, 담보부사채신탁법 등에 의한 신탁업무도 수행하고 있다.

7. 기타 금융회사

1) 금융지주회사

　금융지주회사라 함은 주식 또는 지분의 소유를 통하여 금융업을 영위하는 회사 또는 금융업의 영위와 밀접한 관련이 있는 회사를 지배하는 것을 주된 사업으로 하는 회사를 말한다. 우리나라에서는 금융회사의 대형화와 겸업화 추세를 반영하여 2000년 10월 금융지주회사법이 제정되었으며 이에 따라 2001년 4월 우리금융지주회사가 최초로 설립되었다.

　금융회사의 대형화와 겸업화를 추진하는 과정에서 금융회사간 합병의 경우 조직문화, 인사문제 등으로 부작용을 겪을 가능성이 큰데 금융지주회사가 자회사를 두는 방식을 활용하면 이를 예방할 수 있는 이점이 있다. 또한 금융지주회사는 자기자본 대비 출자한도가 은행 등에 비해 높다는 점도 대형화 등에 유리하다. 이와 같은 순기능으로 금융지주회사제도가 금융산업 발전에 기여하려면 자회사간 위험전이 가능성을 차단하는 수단을 지속적으로 점검해야 한다. 또한 부문별한 자회사 편입 제한, 금융지주회사 및 자회사를 포괄하는 연결기준에 의한 건전성감독 등을 통해 금융지주회사로 인한 부작용이 발생하지 않도록 할 필요가 있다.

　2016년 9월말 현재, 우리나라의 금융지주회사 수는 KB금융지주, 신한금융지주, 하나금융지주, 농협금융지주, BNK금융지주, DGB금융지주, JB금융지주, 한국투자금융지주, 메리츠금융지주의 9개사이다. 종전의 우리금융지주, 산은금융지주, 한국씨티금융지주, 한국스탠다드차타드금융지주, KNB금융지주, KJB금융지주는 해체되었다.

2) 벤처캐피탈회사

벤처캐피탈회사는 고수익, 고위험 사업을 시작하는 기업에 지분 인수를 대가로 투자자금을 공급하거나 기업인수합병 및 구조조정 등을 통해 수익을 추구하는 금융회사를 말한다. 이들 회사는 단순히 자금을 지원하는 데 그치는 것이 아니라 투자기업의 사업계획 수립, 마케팅, 경영관리 등에 능동적으로 개입하여 기업가치를 제고시킴으로써 수익을 창출한다. 우리나라의 벤처캐피탈회사로는 신기술사업금융회사와 중소기업창업투자회사가 있으며 이들은 신생기업에 대한 자본투자를 주된 업무로 한다.

신기술사업금융회사는 기술력과 장래성은 있으나 자본과 경영기반이 취약한 기업에 대해 자금지원, 경영 및 기술지도 등의 서비스를 제공하고 수익을 추구하는 회사이다. 신기술사업금융회사는 신기술사업자에 대한 투자 및 융자, 경영 및 기술지도, 신기술사업투자조합의 설립, 그리고 자금의 관리와 운용 등을 주된 업무로 한다. 2016년 9월말 현재, 우리나라의 신기술금융회사 수는 27개사이다.

중소기업창업투자회사는 중소기업 창업자 및 벤처기업에 대한 투자, 창업투자조합의 결성 및 업무집행, 해외기술의 알선과 보급을 위한 해외투자 등을 영위하는 회사이다. 중소기업창업투자회사는 중소기업창업지원법(1986년 4월 제정)에 의거 납입자본금이 50억원 이상인 상법상의 주식회사로 설립되고 중소기업청에 등록하여야한다. 중소기업창업투자회사는 주식, 전환사채, 신주인수권부사채를 인수하거나 약정투자 등을 통해 중소기업 창업자 등에게 자금을 지원하는 투자업무를 주로 하고 있다.

3) 증권금융회사

증권금융회사는 증권의 취득, 인수, 보유 및 매매와 관련하여 증권회사와 일반투자가에게 자금을 공급하거나 증권을 대여하는 증권금융업무를 전문적으로 취급하는 금융회사이다. 우리나라의 증권금융 전담기관은 한국증권금융이다.

한국증권금융은 1955년 10월 증권회사의 공동출자에 의하여 한국연합증권금융으로 설립되었다가 1962년 증권거래법상의 금융기관으로 지정되면서 현재의 명칭으로 바뀌었다. 1968년에는 자본시장육성책의 일환으로 정부투자기업으로 운영되기도 하였으나 이후 순수 민간영리 법인으로 바뀌었으며 현재는 자본시장법에 의거 금융위원회인가를 받아 증권금융업무를 영위하고 있다. 증권금융회사는 증권인수자금 대출, 증권유통금융, 증권담보대출, 금전신탁, 집합투자재산의 수탁업무 등을 영위하고 있다. 본사는 광주광역시 서구 죽봉대로 52에 있다.

4) 한국무역보험공사

무역보험은 수출보험과 수입보험으로 나누어진다. 수출보험은 국내 수출자가 물품을 수출하고 수출대금을 지급받지 못함으로써 입게 되는 손실을 보상하는 보험이다. 수입보험은 국내 수입자가 해외 수출자의 계약불이행으로 적기에 화물을 인도받지 못하거나 선불금을 회수하지 못하는 경우 발생하는 손실을 보상하는 보험이다. 무역보험은 무역거래의 불안을 해소하고 수출 및 수입 대금 미회수에 따른 손실위험을 부담함으로써 금융기관으로 하여금 무역금융을 공여하게 하는 기능을 수행한다. 본사는 서울특별시 종로구 종구14에 있다.

5) 한국주택금융회사

한국주택금융공사는 장기 안정적인 주택금융공급을 촉진하기 위하여 2004년 3월 한국주택금융공사법에 따라 설립되었다. 한국주택금융공사는 은행, 보험회사 등 금융기관으로부터 주택저당채권을 양도받아 이를 담보로 주택저당채권담보부채권 또는 주택저당증권(MBS)을 발행하고, 양도받은 주택저당채권의 관리, 운용 및 처분으로 발생한 수익으로 채권원리금 또는 증권배당을 지급한다. 또한 공사에 설립된 주택금융신용보증기금은 주택수요자가 주택의 건축, 구입 등에 필요한 자금을 금융기관으로부터 대출받을 때 신용보증을 제공하는 주택금융신용보증과 노후생활자금의 원활한 공급을 위한 주택담보노후연금보증업무를 수행한다. 본사는 부산광역시 남구 문현금융로 40에 있다.

6) 한국자산관리공사

한국자산관리공사는 1999년 12월 금융기관의 부실자산정리 및 부실징후기업의 경영정상화 지원을 위하여 종전의 성업공사를 확대, 개편하여 설립되었다. 당초 성업공사는 1962년 4월 한국산업은행이 연체대출금 회수업무를 수행할 목적으로 한국산업은행법에 의거 설립한 기관이었다.

한국자산관리공사는 부실자산 인수와 정리를 위한 기금운용, 부실징후기업 정상화지원, 국유재산관리, 개인신용지원 등의 업무를 수행한다. 금융기관 부실자산 등의 효율적 처리 및 성업공사의 설립에 관한 법률은 1999년 12월 금융기관 부실자산 등의 효율적 처리 및 한국자산관리공사의 설립에 관한 법률로 명칭이 변경되었다. 본사는 부산광역시 남구 문현금융로 40에 있다.

7) 한국투자공사

한국투자공사는 외환보유액 및 공공기금의 효율적 운용을 위하여 2005년 7월 한국투자공사법에 따라 설립되었다. 한국투자공사는 정부, 한국은행 및 각종 기금 등으로부터 자산을 위탁받아 관리, 운용한다. 공사는 위탁받은 자산을 증권 및 외국환, 파생금융거래, 국내외 금융기관 예치, 국내외 부동산 등에 직접 운용하며 외부 자산운용사에 재위탁할 수 있다. 위탁자산의 운용수익은 위탁기관에 귀속되며 운용수수료는 위탁기관과 공사가 협의하여 결정한다. 본사는 서울특별시 중구 퇴계로 100에 있다.

8. 금융보조회사

1) 금융결제원

금융결제원은 1980년대 중반 개별 은행별로 운영하던 전산망을 하나의 네트워크로 연결하고자 당시 어음교환과 지로업무를 각각 전담하여 수행하던 전국어음교환관리소와 은행지로관리소를 통합하여 1986 년 6월 민법상 비영리사단법인으로 설립되었다. 이후 1988년 CD[7]공동망가동을 시작으로 타행환공동망, 전자금융공동망, 자금관리서비스(CMS[8])공동망, 직불카드공동망, 지방은행공동망, 전자화폐(K-CASH) 공동망 등 금융공동망을 차례로 구축하였다.

---

7) Cash Dispenser : 현금자동지급기. 예금주가 은행이 발행하는 예금자용카드를 집어넣고 미리 정해진 번호로 기계를 누르면 현금이 자동적으로 나오는 기계를 말한다.
8) 은행이 기업을 대상으로 실시하는 기업금융서비스의 하나로 일종의 펌뱅킹서비스이다. 기업이 자사의 자금상황을 어느 때든 파악하여 자금을 정밀하고 효율적으로 관리하게 하는 것이 목적이다. 대량자금이체, 실시간 이체, 다수 은행 거래내역조회 및 통지 등이 주요 기능으로, 외국환, 채권 등 각종 시세동향이나 금리동향 등의 종합적인 은행정보를 기업별로 설치한 단말기로 입수할 수도 있다.

금융결제원은 금융공동망, 어음교환시스템, 지로시스템 등 우리나라 대부분의 소액결제시스템을 운영한다. 은행과 공동으로 신규 지급결제서비스를 개발하는 업무를 수행하기도 한다. 본사는 서울특별시 강남구 테헤란로 202에 있다.

2) 한국예탁결제원

한국예탁결제원은 유가증권 예탁결제기관이다. 우리나라의 증권예탁결제제도는 1970년대 초 증권시장의 규모가 확대되고 거래량이 급증하자 실물유통에 따른 분실 및 도난 위험 방지, 매매거래 결제업무 간소화 및 효율화 등을 도모하기 위하여 1973년 증권거래법을 개정하여 집중예탁 및 대체결제업무 영위에 관한 사항을 신설하고 증권거래소가 동 업무를 영위할 수 있도록 하면서 도입되었다. 1974년 한국증권대체결제(주)가 설립되었으며 1975년 증권거래소가 동 업무를 위임함에 따라 본격적인 증권예탁결제업무를 시작하였다. 1994년에는 증권거래법에 의한 중앙예탁기구(CSD : Central Securities Depository)가 됨에 따라 증권예탁원으로 개원하였고, 2005년 증권예탁결제원을 거쳐 2009년 현재의 한국예탁결제원으로 명칭이 변경되었다. 본사는 서울특별시 영등포구 여의나루로4길 23에 있다.

3) 한국거래소

한국거래소는 증권 및 장내파생상품의 공정한 가격형성과 매매 등 거래의 안정성 및 효율성을 도모하고자 설립된 상법상의 주식회사이다. 한국거래소는 2005년 1월 기존의 한국증권거래소, 한국선물거래소 및 ㈜코스닥증권시장과 한국증권업협회의 코스닥위원회를 합병하여 한국증권선물거래소로 설립되었으며 2009년 2월 한국거래소로 상호를 변경하였다.

한국거래소는 당초 1956년 2월 비영리법인인 대한증권거래소로 설립되었다가 1962년 4월 증권거래법 제정에 의하여 주식회사로 개편되었다. 증권파동으로 인하여 1년 후인 1963년 5월 정부 및 증권회사가 공동출자한 공영제 조직인 한국증권거래소로 다시 개편되었다. 1988년 3월부터 증권회사를 회원으로 하는 회원제 조직의 사단법인으로 개편되어 유가증권시장의 개설 및 관리, 유가증권 상장 및 관리, 공정거래질서 유지 등의 업무를 수행해 왔다. 본사는 서울특별시 영등포구 여의도동 33에 있다.

4) 신용보증기관

신용보증기금은 담보능력이 미약한 기업의 채무를 보증하여 자금융통을 원활히 하고 신용정보의 효율적인 관리운용을 통하여 건전한 신용질서를 확립하고자 신용보증기금법에 의하여 설립되었다. 신용보증기금은 1975년 3월 특수법인으로 신설되었으나 초기에 잠정적으로 중소기업은행이 그 업무를 대행하다가 1976년 6월 독립기구로 발족하였다. 신용보증기금이 취급하는 보증에는 대출보증, 지급보증의 보증, 사채보증, 납세보증, 어음보증, 제2금융보증, 시설대여보증, 이행보증, 무역어음인수 보증, 상거래담보용보증 등이 있다. 본점은 서울특별시 마포구 아현동 254-5에 있다.

기술신용보증기금은 1989년 4월 중소기업의 기술개발을 촉진하고 담보력이 미약한 기업의 자금조달을 지원하기 위하여 신기술사업금융지원에 관한 법률에 의거 설립되었다. 기술신용보증기금은 담보능력이 부족한 기업의 채무를 보증한다는 면에서 신용보증기금과 유사한 업무를 수행하지만, 보증의 중점대상이 신기술사업자인 점에서 차이가 있다. 본점은 부산광역시 남구 문현금융로 33에 있다.

5) 신용정보회사

신용정보란 금융거래 등 상거래시 상대방의 신용도, 신용거래능력 등을 판단할 수 있는 정보를 말한다. 신용정보업의 종류에는 신용평가업, 신용조회업, 신용조사업, 그리고 채권추심업이 있다.

신용평가는 유가증권 및 특정 채무의 원리금이 상환될 가능성 또는 기업의 신용도를 평가하는 행위를 말한다. 신용조회업은 개인 및 기업의 신용정보를 수집 및 정리하고 의뢰인의 요청에 따라 동 정보를 제공하는 업무를 말한다. 신용조사업이란 고객의 의뢰를 받아 개인이나 기업의 신용정보를 조사하여 제공하는 업무를 말한다. 채권추심업은 채권자의 위임을 받아 채무불이행자에 대한 재산조사, 변제 촉구, 변제금 수령 등을 통해 채권자를 대신하여 채무에 대한 권리를 행사하는 업무를 말한다. 2016년 9월말 현재, 우리나라의 신용정보회사 수는 29개사이다.

6) 자금중개회사

자금중개회사는 금융회사간의 자금거래 중개를 전문으로 하는 회사이다. 자금중개회사를 설립하기 위하여 금융위원회의 인가를 받아야 하며 2015년 1월말 현재 한국자금중개, 서울외국환중개, KIDB자금중개의 3개사가 있다. 또 개인간의 금전대차 같은 민사채권은 법원으로부터 확정판결, 지급명령결정 등을 받은 경우에만 가능하다.

□ 우리나라의 권역별 금융회사수(2016. 9.말 기준)

구 분		회사수
은행	국내은행	17
	외국은행 지점	42
보험회사	생명보험	25
	손해보험	32
금융투자회사	증권사	55
	선물사	5
	자산운용사	148
	투자자문사	159
	부동산신탁회사	11
	종합금융회사	1
여신전문금융회사	신용카드사	8
	리스사	25
	할부금융사	21
	신기술금융회사	27
저축은행		79
상호금융회사	신용협동조합	906
	농업협동조합	1,132
	수산업협동조합	91
	산림조합	142
금융지주회사		9

(자료) 금융감독원. 상호금융회사는 2016. 6월말 기준.

문제 1 다음 지문을 읽고 ( ) 안에 적절한 내용을 기재하시오.

1. 한국은행은 효율적인 통화신용정책의 수립과 집행을 통하여 (   )을 도모함으로써 국민경제의 건전한 발전에 이바지함을 목적으로 설립되었다.

2. 금융감독원은 금융기관에 대한 검사, 감독업무 등의 수행을 통하여 건전한 신용질서와 공정한 금융거래관행을 확립하고 예금자 및 투자자 등 (   )를 보호함으로써 국민경제의 발전에 기여함을 목적으로 한다.

3. 은행은 설립근거법에 따라 일반은행과 특수은행, 그리고 외국은행 국내지점으로 구분한다. 은행법에 의하여 설립된 은행이 (   )이고 개별 특수은행법에 따라 설립된 은행이 (   )이다. 일반은행은 시중은행과 지방은행으로 구분한다.

4. 여신전문금융회사는 (   )은 없고 여신업무만을 취급하는 금융회사이다. 여신전문금융회사는 주로 채권 발행과 금융회사 차입금 등에 의하여 자금을 조달하여 다른 금융회사가 거의 취급하지 않는 소비자금융, 리스, 벤처금융 등에 운용한다.

5. 생명보험은 미리 약정한 금액을 보험금으로 지급하는 (   )인 반면 손해보험은 피보험자가 사고로 입은 손해를 보험금으로 지급하는 (   )이라는 점에서 차이가 있다.

6. 금융투자업자는 경제적 실질을 기준으로 한 금융기능에 따라 투자매매업, 투자중개업, (   ), 투자자문업, 투자일임업, (   ) 등으로 분류하고 있다.

7. (   )라 함은 주식 또는 지분의 소유를 통하여 금융업을 영위하는 회사 또는 금융업의 영위와 밀접한 관련이 있는 회사를 지배하는 것을 주된 사업으로 하는 회사를 말한다.

8. 우리나라의 벤처캐피탈회사로는 신기술사업금융회사와 (   )가 있으며 이들은 신생기업에 대한 자본투자를 주된 업무로 한다.

9. (   )는 부실자산 인수와 정리를 위한 기금 운용, 부실징후기업 정상화 지원, 국유재산 관리, 개인신용지원 등의 업무를 수행한다.

10. 신용보증기금은 담보능력이 미약한 기업의 채무를 보증하여 자금융통을 원활히 하고 신용정보의 효율적인 관리운용을 통하여 건전한 신용질서를 확립하고자 신용보증기금법에 의하여 설립되었다. (   )은 1989년 4월 중소기업의 기술개발을 촉진하고 담보력이 미약한 기업의 자금조달을 지원하기 위하여 신기술사업금융지원에 관한 법률에 의거 설립되었다.

풀 이

1. 물가안정
2. 금융수요자
3. 일반은행, 특수은행
4. 수신기능
5. 정액보상, 실손보상
6. 집합투자업, 신탁업
7. 금융지주회사
8. 중소기업창업투자회사
9. 한국자산관리공사
10. 기술신용보증기금

제2절 금융상품

1. 은행상품

금융상품 중 예금상품은 예금상품, 대출상품, 카드상품, 그리고 외환상품으로 구분할 수 있다. 예금상품은 여유자금을 은행에 맡기는 상품이며 대출상품은 은행으로부터 소요자금을 빌려가는 상품이다. 카드상품은 신용으로 용역과 재화를 구입하는 상품이고 외환상품은 해외와의 거래시 필요한 상품이다.

1) 예금상품

예금상품은 입출금이 자유로운 예금과 저축성예금으로 구분할 수 있다. 또 저축성예금은 적립식예금과 거치식예금으로 구분한다.

(1) 입출금이 자유로운 예금

입출금이 자유로운 예금이란 예금주의 지급요구가 있으면 언제라도 무조건 지급에 응하여야 하는 예금으로, 저축성예금(거치식, 적립식)에 비하여 이율이 낮은 경우가 보통이다. 보통예금, 저축예금, 기업자유예금, 당좌예금, 가계당좌예금, 별단예금, 그리고 공금예금 등 예치기간을 정하지 않은 예금이다. 가장 전형적인 인출이 자유로운 예금으로 개인 및 기업체의 출납을 위한 예금이며 급여수령 및 온라인 송금, 신용카드 결제계좌 등으로 이용된다. 은행에서 지급하는 이율이 낮아 저원가로 조달되는 자금이므로 거래실적이 많을수록 마이너스통장 대출시 대출가능금액이 많이 산정되며 정확한 의미는 조금씩 다를 수 있으나 실무적으로 요구불예금, 핵심예금, 저원가성예금, 수시입출식 예금 등 다양하게 통칭되고 있다.

보통예금은 대표적인 요구불예금으로서 가입대상, 예치금액, 예치기간 등의 제한이 없이 입출금이 자유로운 예금이다. 따라서 주로 중소상인이나 기업체의 일상적인 수입금 및 지출금의 출납장부의 역할을 한다. 현금보관의 부담을 덜기 위한 일시적인 자금관리와 불특정다수인으로부터 송금을 받거나 여러가지 금융거래의 모계좌로 사용하기 위한 목적으로 개설되며, 통장이나 현금카드를 사용하여 거래한다. 이 예금의 특징은 입출금이 자유롭고 예금거래의 대상, 금액, 기간 등의 제한이 없으며 소정의 이자를 부리하고 양도나 담보제공이 금지된다.

저축예금은 가계저축의 증대를 목적으로 한 통장식 저축성예금으로서 보통예금과 같이 입출금이 자유로우나 예치기간 또는 매일의 예치잔액에 따라 단계별로 정해진 해당이율을 적용함으로써 장기고액예금에 대하여는 이율을 우대하여 주는 예금이다. 저축예금은 가계저축자원의 흡수를 위한 예금이므로 거래대상은 실명의 개인에 한하며 단체 또는 법인 명의로는 거래할 수 없으며 최고예치한도는 제한이 없다.

기업자유예금은 입금액마다 입금일 또는 지난 원가일로부터 원가일 또는 지급일전날까지를 이자 계산기간으로 영업점에 게시한 예치기간별 이율로 셈하고, 계속 예치로 인하여 이미 적용된 이율보다 더 높은 이율을 적용할 경우에는 그 이율차 만큼 더하여 지급하는 예금이다.

MMDA(Money Market Deposit Account)는 수시입출이 자유로운 예금의 편리성과 수익성을 결합한 금융상품으로 종합금융회사의 어음관리구좌(CMA : Cash Management Account), 투자신탁회사의 단기금융펀드(MMF : Money Market Fund) 등과 경쟁상품이다.

공금예금은 지방자치단체와 공과금수납대행계약에 의거 취급하는 공과금과 시금고업무 대행점포의 각 회계별 공금으로 예치한 예금을 말한다.

(2) 적립식 예금

저축성예금이란 예치기간에 일정한 제약을 가하여 비교적 장기간 예치되는 것이 보통이며, 이율도 입출금이 자유로운 예금에 비하여 높게 적용하는 예금을 말한다. 적립식예금은 기간을 정하고 그 기간 중에 미리 정한 금액이나 불특정금액을 정기 또는 부정기적으로 입금하는 예금을 말한다.

적립식예금이란 정기적금, 상호부금, 근로자장기저축, 장기주택마련저축 등과 같이 기간을 정하고 그 기간 안에 미리 정한 특정액이나 불특정액을 정기나 부정기로 입금하는 예금을 말한다.

정기적금이란 일정한 기간을 정하고 그 기간 중에 미리 정한 금액이나 불특정 금액을 정기 또는 부정기적으로 입금하는 예금을 말한다. 정기적금은 정액적립식과 자유적립식으로 구분한다. 정액적립식은 일정금액을 정기적으로 적립하는 적금이고 자유적립식은 가입한도 및 입금기일 범위 내에서 금액을 달리하여 수시로 입금하는 적금이다.

상호부금은 제도상 정기적금과 성격이 비슷하나 일정한 기간을 정하여 부금을 납입한 경우에는 일정 금액을 대출받을 수 있는 권리가 보장되는 것이 특징이다. 과거에는 대출 목적으로 상호부금에 가입하였으나, 최근에는 대출할 수 있는 방법이 많아짐에 따라 대출보다는 저축목적으로 많이 이용하고 있다.

(3) 거치식 예금

거치식예금은 거래를 시작할 때 예치기간을 정하고 맡긴 돈을 만기에 찾는 예금으로 정기예금, 시장성 수신 상품으로 환매조건부채권(R/P : Repurchase Agreements), 양도성예금증서(CD : Certificate of Deposit), 표지어음 등이 있다 .

정기예금이란 예금주가 미리 일정한 기간을 정하고 그 기간 만료 전에는 원칙적으로 환급받지 않을 것을 약정하여 금전을 은행에 예입하는 기한부예금이다. 은행은 일정한 이율에 의한 이자를 지급할 것을 약정하고 증서 또는 통장을 교부하는 가장 대표적인 저축성 예금이며 그 법적 성질은 기한부 요물소비임치계약이다. 은행 측에서 보면 약정된 일정 예치기간 동안 지급청구에 응해야 할 부담이 없으므로 자유로이 자금을 운용할 수 있다는 점에서 다른 예금보다 안전성이 보장되는 한편, 예금주 측에서 보면 높은 이율이 적용되고 있어 재산증식을 위한 유리한 저축수단이 된다.

환매조건부채권(R/P)은 일정기간 경과 후 채권매도액에 이자를 합한 금액으로 환매수할 것을 조건으로 채권을 매도하는 상품으로서 은행이 보유한 우량채권을 담보로 하여 고객에게 판매하는 상품이다.

양도성예금증서(CD)는 할인식으로 발행되며, 발행형식에 따라 증서발행과 은행등록발행으로 나뉜다. 증서식은 증서의 교부만으로 언제나 자유로이 제3자에게 양도가능하며, 은행등록발행은 증서가 발행되지 않고 등록필증, 즉 통장을 교부하므로 증서보관 및 관리에 따른 번거로움을 없앨 수 있다.

표지어음은 유가증권의 매출업무의 일종으로 볼 수 있으나 거치식예금약관에 의하여 거치식예금으로 분류되어 있다. 표지어음은 할인하여 보유하고 있는 상업어음 또는 무역어음을 분할 또는 통합하여 은행이 발행인이 되어 고객 앞으로 새로 발행하는 약속어음으로서 단기간에도 비교적 높은 수익이 보장되는 대표적인 단기 금융상품으로 반드시 어음발행이 전제가 된다. 발행한도 범위 내에서 은행을 발행인으로 하여 고객앞으로 할인식으로 발행하는 어음이다.

2) 대출상품

여신은 좁은 의미의 여신과 넓은 의미의 여신으로 구분한다. 좁은 의미의 여신은 은행이 직접 자금을 부담하는 금전에 의한 신용공여이며 어음대출, 증서대출, 할인어음, 당좌대출, 신탁대출, 카드론 등으로 구분한다. 넓은 의미의 여신은 좁은 의미의 대출에 지급보증, 사모사채인수, 대여유가증권을 추가한 개념이다. 대출상품은 고객에 따른 분류, 취급형식에 따른 분류, 거래방식에 따른 분류, 사용용도에 따른 분류, 그리고 상환방법에 따른 분류로 나누어 볼 수 있다.

(1) 고객에 따른 분류

대출상품은 영리법인 및 사업자등록증을 소지한 개인기업에 대한 여신인 기업자금대출과 사업자로 등록되지 않는 일반 개인에 대한 여신인 가계자금대출, 그리고 정부, 지방자치단체 등 공공기관과 학교법인 등 비영리법인 및 단체에 대한 여신인 공공 및 기타자금대출 등으로 구분한다.

(2) 취급형식에 따른 분류

증서대출은 고객으로부터 어음이 없이 여신거래 약정서 또는 대출거래 약정서 등만을 받고 취급하는 대출이다. 할인어음은 고객으로부터 만기가 도래하지 않은 상업어음을 환매청구권이 있는 어음매매 계약으로 할인매출하는 대출을 말하며 당좌대출은 당좌계정 보유고객이 발행한 어음 또는 수표를 당좌예금잔액을 초과하여 일정한 약정한도까지 은행이 지급하는 대출이다.

(3) 거래방식에 따른 분류

개별거래대출은 약정액 범위 내에서 일괄 또는 분할하여 대출이 발생하고 상환한 금액을 재사용할 수 없는 방식의 여신이며 한도거래대출은 한도약정액 내에서 동일과목의 여신을 회전사용하고 여신만료일에 한도를 회수하는 여신을 말한다.

(4) 사용용도에 따른 분류

운전자금대출은 기업의 생산 및 판매활동 등에 사용하는 자금을 지원하는 대출이며 시설자금대출은 기업의 사용목적에 부합된 부동산의 매입, 신축, 증축 및 개축에 사용하는 자금 및 기업의 설비취득, 신설, 확장, 복구 및 기술개발자금 등에 사용되는 자금을 지원하는 대출이다.

(5) 상환방법에 따른 분류

일시상환대출은 여신금액을 여신만료일에 전액 상환하는 조건으로 약정하는 대출이며 분할상환대출은 대출금액을 약정내용에 따라 분할하여 상환하는 대출을 말한다. 수시상환대출은 여신한도금액 범위 내에서 수시로 상환 및 취급이 가능한 여신을 말한다.

3) 카드상품

카드상품은 거래당사자에 따른 구분, 사용지역에 따른 구분, 대금결제방법에 따른 구분, 정보매체 기능에 의한 구분, 기타로 구분할 수 있다.

(1) 거래당사자에 따른 구분

거래당사자 즉, 계약형태에 의한 구분을 하면 양당사자 카드와 3당사자 카드 그리고 다당사자 카드로 구분할 수 있다.

양당사자카드(Dual-Party Card, Two Party Card)는 카드회사와 카드회원 두 당사자만 존재하고 가맹점이 없는 신용카드의 유형을 말한다. 우리나라의 경우에 백화점계 신용카드가 이에 해당한다.

3당사자카드(Three Party Card)는 카드회사와 카드회원 이외에 가맹이 존재하며 이들 사이에는 카드회사와 회원간의 회원계약, 카드회사와 가맹점간의 가맹점계약 및 회원과 가맹점간의 원인행위, 즉 거래에 따른 법률관계가 성립한다.

다당사자카드(Multy-Party Card)는 다수의 은행이 참가하여 카드발행회사를 설립하고, 이 발행회사의 명의로 신용카드가 공동으로 발행되며, 공동의 가맹점에서 그 카드의 사용이 이루어지지만 개개의 참가은행은 독자적으로 회원을 모집하고, 그 회원의 카드이용대금의 결제도 각각의 참가은행의 자금부담하에 이루어지는 형태의 카드를 말하며 비씨카드가 이에 해당한다.

(2) 사용지역에 따른 구분

사용지역에 의한 구분을 하면 국내전용카드와 국내외겸용카드로 구분한다. 국내전용카드는 국내에 소재한 가맹점에서만 사용이 가능하고 국내외겸용카드는 해외가맹점에서도 사용이 가능하나 해외사용수수료가 부과된다.

(3) 대금결제방법에 따른 구분

대금결제방법에 의한 구분을 하면 일시급결제카드(Monthly Clear Card), 분할결제카드(Installment Credit Card), 회전결제카드(Revolving Credit Card)가 있다. 일시급결제카드는 매월 사용금액을 일시에 결제하여야 하는 카드를 말하며 분할결제카드는 할부로 결제를 하며 회전결제카드는 사용금액 중 한도금액내 일부결제가 가능한 카드를 말한다.

(4) 정보매체 기능에 의한 구분

정보매체 기능에 의한 구분은 양각카드(Embossing Card), 자기카드(Magnetic Stripe Card, M/S Card), IC카드(Integrated Circuit Card), 레이저카드(Laser Card), 모바일카드(Mobile Card)가 있다.

(5) 기타 구분

이용대금 후불로 결제하는 신용카드, 통장 범위내에서 신용카드 가맹점에서 사용하는 체크카드, 통장 범위내 직불카드 가맹점에서 사용하는 직불카드, 이용대금을 선불로 결제하고 사용하는 선불카드, 기프트카드 그리고 ATM기를 이용한 통장 범위 내 현금인출 및 이체거래를 하는 현금카드가 있다.

4) 외환상품

일반적으로 환(Exchange)이란 격지간의 채권·채무관계를 당사자가 직접 현금을 수수하지 않고 제3자인 은행에 지급 위탁하여 결제하는 방법을 말한다. 멀리 떨어져 있는 사람에게 돈을 보낼 경우 현금 대신에 송금, 수표, 증서에 의하여 송금하는 방법이다. 외국환이란 환업무가 국제간에 또는 내국인과 외국인 간에 또는 이종통화간에 이루어지는 것이다. 외국환업무란 무역외거래, 무역거래, 자본거래와 관련해서 그 결제를 위하여 은행이 취하는 일련의 업무이다.

고객에게 외국환을 매도한다는 것은 외화를 고객이 요청하는 대로 지급하고 그 대가로 원화를 받는다는 것을 의미하고 고객의 외국환을 매입한다는 것은 고객의 외화를 매입하고 그 대가로 원화로 지급한다는 것을 의미한다. 외국환매도는 외국통화 매도, 당발 전신송금, 외화수표 발행, 수입대금 결제를 말하며 외국환매입은 외국통화 매입, 타발 전신송금, 외화수표 매입, 수출대금 매입을 말한다. 그리고 각국 통화간의 교환비율 즉 환율이 개입되어야 결제가 이루어진다.

(1) 송금 및 추심

송금(Remittance)이란 자금을 송금함으로써 국제간의 자금을 결제시키는 방법이다. 대금을 지급할 입장인 사람이 은행에 의뢰하여 대금을 받을 입장인 사람에게 송금하는 것이다. 고객에게 매도한 외국환 중 당발전신송금, 수입대금결제는 고객이 요청한 상대은행(지급은행)에 내용을 통보하며, 해외 예치환거래은행을 통하여 해당 대금을 상대은행의 예치환거래은행 당좌계좌로 이체 지시함으로써 해당 외국환매도 업무는 종결된다.

추심(Collection)이란 자금을 역청구함으로써 국제간의 자금을 결제시키는 방법이다. 지급지가 외국으로 되어 있는 외화수표 등을 고객으로부터 의뢰를 받아 지급은행 등에 대금을 청구하는 것이다. 외화수표 등을 의뢰 받은 은행은 외국의 지급은행에 외화수표 등을 송부하여 예치환거래은행을 통하여 대금을 결제받게 된다. 고객으로부터 의뢰받은 외화수표 등은 상대은행(추심은행)에 추심하여 대금을 회수하게 되는데, 이때 상대은행은 해당 대금을 의뢰받은 은행의 해외예치환거래은행에 입금하여 주며, 이러한 입금사실이 확인되면 해당 외국환추심업무는 종결된다.

(2) 외국통화

우리나라의 환율제도에는 한국은행 기준환율, 재정환율, 그리고 매매기준율 등이 있다. 한국은행 기준환율은 외환회계 및 외국환수수료 계산의 기준이 되는 환율이다. 재정환율(USD 이외통화 매매기준율)은 미달러화 이외의 통화는 국내외환시장이 형성되어 있지 않으므로, 미달러화 이외통화의 기준율은 원 - 미달러화의 기준환율을 국제금융시장에서 형성된 미달러화 - 이외통화(이종통화)간의 매매중간율로 재정하여 결정한다. 매매기준율은 외환시장에서 환율 고시시점에 은행간에 거래되고 있는 환율로 대고객매매율 산정의 기준이 된다.

환율의 종류는 전신환매매율(Telegraphic Transfer rate), 현찰매매율(Cash rate), 여행자수표매매율 그리고 환가료율이 있다. 전신환매매율(Telegraphic Transfer rate)은 매매기준율에 전신환매매마진율을 곱하여 얻어진 대고객마진을 매매기준율에 가산하여 전신환매도율로, 차감하여 전신환매입률로 한다. 외국통화매매와 여행자수표판매 이외의 외국환매매 대금을 원화로 지급 또는 수납하는 경우에 적용한다.

현찰매매율(Cash rate)은 매매기준율에 현찰매매마진율을 곱하여 얻어진 대고객마진을 매매기준율에 가산하여 외화현찰매도율로 차감하여 외화현찰매입률로 한다. 외화현찰을 매매하는 경우에 적용하는 환율로서, 외화현찰은 보관비용, 운송비용이 소요되며 외화자산의 운용면에서도 비수익적이기 때문에 전신환매매율보다 높은 대고객마진율이 적용된다.

여행자수표매매율은 매매기준율에 여행자수표 매매마진율을 곱하여 얻어진 대고객마진을 매매기준율에 가산하여 산출한다. 환가료율은 국제금융시장에서 해당 통화의 실질조달금리를 감안하여 통화별로 결정 고시하는 해당통화의 이자율을 말한다.

(3) 여행자수표

여행자수표(T/C : traveler's check)는 여행하는 동안 도난, 분실 또는 사고 등의 위험을 방지하기 위하여 고안된 것이다. 현금처럼 언제든지 물품을 구입할 수 있고 각종 서비스에 대한 대가로도 지급이 가능하며 현금과 교환할 수도 있다. 여행자수표는 정액권인 자기앞수표의 형태로 발행되며 코레스계약을 통해 세계 각지에 설치된 은행들이 여행자에게 파는 유가증권의 일종이다. 코레스계약이란 각국의 은행이 자국 거래당사자들의 의뢰를 받아 송금 등의 업무를 대행해주기로 약속한 외국환은행간 상호계약이다.

여행자수표(T/C)는 해외여행자의 현금휴대에서 오는 불편함과 위험을 방지하기 위하여 고안된 것으로 은행에서 구입이 가능하다. 여행자수표(T/C)를 사용할 때 통상 하단 서명란에 서명하고 여행지의 은행이나 상점 등에서 사용할 때 은행의 창구직원 혹은 점원면전에서 'Counter signature'란에 서명함으로써 본인확인을 할 수 있도록 되어 있다.

여행자수표(T/C)는 수표에 유효기일이 없으며 액면금액이 일정하게 발행되므로 필요한 권종을 선택해서 구매하면 된다. 분실이나 도난 등의 사고가 발생하면 재발급이 가능하지만 이때 여행자수표(T/C)구입 때 구입자가 사인을 한 경우만 재발급을 해 준다. 여행자수표(T/C)를 구입하면 수표번호를 따로 적어 보관하는 것이 안전하다.

(4) 외화예금

우리나라 사람이나 국내에 거주하는 외국인이 달러, 엔 등 외화로 맡겨놓는 예금이다. 외화예금은 외화예금 이자가 있지만 환율의 변동에 따르는 환리스크도 부담을 하여야 한다. 외화예금의 종류는 외화보통예금, 외화당좌예금, 외화별단예금, 외화통지예금, 그리고 외화정기예금 등이 있다.

2. 보험상품

1) 상품의 분류

(1) 「상법」및「보험업법」에 따른 분류

① 「상법」상 분류

	손해보험	인보험(人保險)
보험의 목적	물건 또는 경제적 이익	사람
보험종류	• 화재보험 • 운송보험 • 해상보험 • 책임보험 • 자동차보험	• 생명보험 • 상해보험

② 「보험업법」상 분류

	손해보험	생명보험	제3보험
보험종류	• 화재보험 • 해상보험(항공, 운송보험) • 자동차보험 • 보증보험 • 재보험 • 책임보험 • 기술보험 • 부동산권리보험 • 도난보험 등	• 생명보험 • 연금보험, 퇴직보험	• 상해보험 • 질병보험 • 간병보험

(2) 보험가입대상에 따른 분류

① 재물(財物) : 건물, 선박, 화물에 대한 보험/화재보험, 도난보험, 기계보험, 선박보험, 적하보험

② 인신(人身) : 사람의 신체상 상해, 질병에 대한 보험/상해보험, 여행자보험

③ 책임(責任) : 제3자에 대하여 부담하는 법률상 배상책임보험/영업배상책임보험, 근로자재해보상 책임보험, 자동차보험 중 대인배상(Ⅰ) 및 일정금액의 대물배상책임보험

(3) 운영형태에 따른 분류

① 임의보험 : 보험계약자의 자유의사에 따라 가입하는 보험

② 의무보험 : 특수건물화재보험, 가스배상책임보험, 유조선업자배상책임보험, 원자력보험, 자동차보험 중 대인배상(Ⅰ) 및 일정금액의 대물배상책임보험

(4) 보험기간에 따른 분류

① 단기보험 : 보험기간이 1년 이하인 소멸성 보험 ⇒ 자동차보험, 일반화재보험

② 장기보험 : 보험기간이 1년 초과(보통 3년 이상)인 위험과 저축기능 보험⇒ 연금보험

③ 구간보험 : 장소로 정해지는 보험 ⇒ 적하보험

④ 혼합보험 : 보험 기간과 구간이 혼합되는 보험⇒ 조립보험, 건설공사보험, 여행자보험

2) 상품의 내용

(1) 손해보험상품

손해보험은 재난으로부터 발생하는 재산상의 손실위험에 대비하기 위한 상호보장적 성격의 제도로서 재산보험과 책임보험으로 구분된다. 재산보험은 화재, 도난, 해손 등 우발적 사건에 따른 재산상의 손실을 보상하며, 책임보험은 피보험자가 제3자에게 법적으로 부담하는 재산상의 배상책임을 보상한다.

① 재산보험

㉮ 화재보험 : 화재로 인하여 발생한 손해를 보상하는 재산보험. 손해보험의 범위는 화재에 따른 손해는 물론, 소방손해 및 피난손해까지 보상한다. 화재보험은 원래 그 원인 여하를 막론하고 화재에 의해 발생하는 손해를 보상하여야 하나 실제로는 보험약관에 의해 그 보상범위가 상당히 제한된다. 보험의 종류로는 보통화재보험, 주택화재보험,

장기종합보험 등이 있다.

㉯ 자동차보험 : 자동차를 소유, 사용 또는 관리하는 동안에 발생한 사고로 생긴 손해를 보상할 것을 목적으로 하는 보험. 자동차 사고에 대한 불안감을 경제적 측면에서 해소하기 위해 일정한 액수의 보험료를 내고 사고가 발생할 경우 인적 · 물적 손해를 보상받는 제도이다.

우리나라의 자동차보험에는 (a)「자동차손해배상책임법」에 규정된 자동차운행에 따른 인체치상으로 인한 손해를 배상하기 위해 계약의 체결이 강제되는 자동차손해 배상책임보험, (b) 계약자의 자유의지에 따라 임의로 보험에 가입하는 차량손해 및 재산손해 배상책임을 담보하는 자동차보험의 두 종류가 있다.

㉰ 해상보험 : 가장 역사가 오래된 손해보험으로서 선박의 운항이나 화물의 수송과 관련하여 폭풍우, 침몰, 좌초, 충돌, 화재 등의 해상사고에 의해서 발생하는 손해를 보상한다. 보험의 대상은 정확히 선박 및 화물이라는 선박 자체가 부보되는 것이 아니라, 그 선박, 화물에 대하여 손해를 입을 염려가 있는 경제상의 이해 관계에 보험을 부보하는 것이라 할 수 있다.

해상보험의 종류로는 선박보험과 화물보험이 있다. 한편 항공기 · 육상운송물 · 인공위성 등의 사고로 인하여 생긴 손해를 보상하는 항공 · 운송 보험은 보험종목 구분 시 해상보험으로 본다.

㉱ 신용보험 : 상품, 서비스, 금융을 신용으로 제공한 채권자가 채무자의 지급불능이나 채부불이행 등으로 채권을 회수하지 못하여 입게 되는 경제적 손실을 보상하는 실손보상보험의 일종이다. 종류로는 상업신용보험, 금융신용보험, 신원신용보험 등이 있다.

㉲ 장기보험 : 보험기간 만료 시 보험급부가 전혀 없는 일반손해보험과는 달리 만기 시에 이미 납입한 보험료를 되돌려 받을 수 있는 보험으로서 보험과 저축을 겸비한 형태로 화재보험과 상해보험 분야에서 주로 활용된다.

㉳ 보증보험 : 보험자가 보험료를 받고 채무자인 보험계약자가 채권자인 피보험자에게 계약상의 채무불이행 또는 법령상의 의무불이행으로 인한 손해를 입힌 경우에 그 손해를 보상하게 된다.

보증보험의 형태는 보통 입찰, 매매, 도급, 금전소비대차, 특약점판매계약 등 다양한 형태가 있으며, 종류로는 입찰보증, 이행보증, 선수금보증, 하자유보보증, 납입보증 등이 있다.

⑷ 재보험 : 보험자가 피보험자로부터 인수한 책임의 일부 또는 전부를 위험분산을 통해 사업의 안전성을 높일 목적으로 다시 타보험업자에게 부보시키는 제도이다. 이 때 재보험자는 원보험자로부터 인수받은 위험을 타보험자에게 재부보시킬 수 있는데 이를 재재보험이라고 한다.

② 책임보험

㉮ 기술보험 : 전자기기, 기계설비 및 장치, 전자기기, 조립공사, 건설공사 등의 목적과 관련된 사고로 인하여 생긴 손해를 보상한다.

㉯ 부동산권리보험 : 부동산에 대한 권리상의 하자로 인하여 생긴 손해를 보상한다.

㉰ 도난보험 : 도난으로 인하여 생긴 손해를 보상한다.

㉱ 원자력보험 : 원자력손해배상법에 의한 배상책임을 지게 됨으로써 생긴 손해를 보상한다.

㉲ 비용보험 : 소송비용, 상품, 상금 및 기타비용을 발생시키는 사고로 인해 발생한 손해를 보상한다.

(2) 생명보험상품

생명보험은 사망 등 불의의 사고로 인한 경제적 손실을 보전하기 위한 상부상조적 성격의 제도로서 보험금 지급조건에 따라 다음과 같이 나눈다.

① 사망보험 : 예기치 못한 사망으로 인한 경제적 손실에 대해 보상하는 보험이다. 보험금 지급방식에 따라 (i) 피보험자가 보험기간 만료일까지 생존했을 때 보험금은 물론 만기환급금도 지급되지 않는 순수 보장성보험 (ii) 피보험자가 보험기간 만료일까지 생존했을 때 납입한 보험료 범위내에서 만기환급금이 지급되는 일반보장성보험으로 구분된다.

또한 보험계약기간에 따라 정기보험과 종신보험으로 구분되기도 한다. 정기보험은 약정한 보험기간 중에 피보험자가 사망한 경우에 한하여 보험금이 지급되는 사망보험으로서 특정기간 중에만 보험이 필요한 경우에 이용되며, 사망보험금이 일정한 정액보험과 기간 경과에 따라 보험금이 체감하는 체감정기보험 등이 있다. 종신보험은 피보험자가 사망하면 보험기간에 상관없이 보험수익자에게 약정된 사망급부금을 지급하는 보험으로서 보험료납부방법에 따라 전기(全期)납종신보험, 단기납종신보험, 일시납종신보험으로 나눈다.

② 생존보험 : 피보험자가 보험기간 만료일까지 살아있어야만 보험금이 지급되는 보험으로서 연금보험이나 교육보험 등이 여기에 해당된다.

③ 생사혼합보험 : 피보험자가 보험기간 만료일 전에 사망했을 때는 사망보험금을 지급하고, 만기까지 생존했을 경우는 만기보험금 또는 약정된 환급금을 지급하는 보험으로서 정기보험과 생존보험의 성격이 혼합된 형태이다.

④ 연금보험 : 피보험자가 일정기간까지 살아있는 경우 정기적으로 연금을 지급하고, 연금 지급 개시 이전에 피보험자가 사망할 때는 사망급부금을 지급하는 보험이다.

□ **단체생명보험**

일정한 조건을 갖춘 단체의 구성원을 피보험자로 하는 집합보험. 고용주가 보험기간 중 피보험자의 사망, 질병, 상해 등의 재해를 당하거나 퇴직할 경우를 대비하여 가입한다.

□ **배당상품과 무배당상품**

생명보험상품의 경우 계약자에게 배당금을 지급하는가의 여부에 따라 배당상품과 무배당상품으로 나눈다. 배당상품은 보험회사가 생명보험계약의 장기성과 경영의 불확실성 등을 고려하여 예정위험률, 예정이율, 예정사업비율 등이 안전하게 설계된 계산기초에 의거하여 산정된 보험료율과 실제 보험금 지급액의 차액을 정산하여 보험계약자에게 반환하는 성격이다. 무배당상품은 배당요소가 포함되어 있지 않기 때문에 보험료가 배당상품에 비해 낮다.

---

(3) 제3보험상품

제3보험은 생명보험(정액보상)과 손해보험(실손보상)의 성격을 모두 갖춘 제도로서 사람이 질병에 걸리거나 재해로 인해 상해를 당했을 때, 또는 질병이나 상해가 원인이 되어 간병이 필요한 상태를 보장한다.

예컨대 질병보장상품의 경우 보험대상은 사람이므로 생명보험의 영역이나, 질병으로 인한 소득상실 보장, 각종 질병치료비의 실손보상 등은 손해보험의 영역에 속한다.

⇒ 이 같은 종류의 위험을 담보하는 보험상품을 제3보험이라 하며, 제3보험은 상법상 인보험(人保險)에 해당된다.

□ 보험의 구분

구 분	손해보험	생명보험	제3보험
보험사고	재산상 손해	사람의 생존 또는 사망	신체의 상해, 질병, 간병
피보험이익	존재	원칙적으로 없음.	원칙적으로 없음. 실손보상 급부에는 존재
중복보험 (보험가액 초과)	존재	없음	실손보상 급부에는 존재
보상방법	실손보상	정액보상	정액보상, 실손보상
보험대상자	손해 보상을 받을 권리자	보험사고의 대상	생명보험과 동일
보험기간	단기	장기	장기

□ 피보험이익 : 보험계약의 목적(화재보험의 건물, 선박보험의 선박 등)을 금전으로 환산할 수 있는 가치
□ 상해보험 : 우연하고도 급격한 외래 사고로 인한 상해치료에 소요되는 비용 보장
□ 질병보험 : 질병 또는 질병으로 인한 입원, 수술, 통원 등을 보장
□ 간병보험 : 상해, 질병으로 인한 활동불능, 인식불능 등 타인 간병이 필요한 상태를 보장

3) 보험계약 관계자

(1) 보험계약자
① 자기이름으로 보험회사와 계약을 체결하고, 계약이 성립되면 보험료 납입의무를 지는 자
② 보험계약자 자격 : 제한이 없음(자연인, 법인, 복수도 가능)
* 20세 미만자는 친권자나 후견인(법정대리인)의 동의가 필요

(2) 피보험자(보험대상자) : 인(人)보험에 한함
① 특정인의 사망, 상해 또는 생존 등의 조건에 관해서 보험계약이 체결된 대상자
② 피보험자수 : 1인이든 2인 이상이든 상관없고, 보험계약자 자신이 피보험자가 될 수도 있
   으며, 제3자로 할 수도 있다.

(3) 보험수익자(보험금을 받는 자)
① 보험계약자로부터 보험금 청구권을 지정받은 사람(인원수나 자격제한 없음)

(4) 보험회사

① 보험계약자와 보험계약을 체결하고 보험사고 발생시 보험금 지급책임이 있는 보험 계약 당사자

② 금융위원회의 인가를 받아야 한다.

* 보험설계사는 계약관계자가 아니다.

3. 증권회사의 금융상품

증권회사는 자본시장과금융투자업에관한법률(이하 '자본시장법'이라 한다)상 금융투자업을 영업으로 하는 금융투자업자이다. 금융투자업상 금융투자상품을 취급하며, 관련 겸영업무, 부수업무도 취급하고 있다. 금융투자상품은 크게 증권과 파생상품으로 구분된다. 증권회사의 금융상품을 알아보기 전에 먼저 금융투자상품 중 증권과 파생상품에 대해 간단히 살펴본다.

□ 금융투자업(자본시장법 제5조) : 투자매매업, 투자중개업, 집합투자업, 투자자문업, 투자일임업, 신탁업

1) 증권과 파생상품

(1) 증권(證券, Securities)이란? 투자 원본까지만 손실발생 가능성이 있는 것이다.

① 증권이란 내국인 또는 외국인이 발행한 금융투자상품으로서 투자자가 취득과 동시에 지급한 금전 등 외에 어떠한 명목으로든지 추가로 지급의무를 부담하지 않는 것이다. (자본시장법 제4조 1항). 종전에 구 증권거래법에서 '유가증권'이라고 하던 것을 자본시장법은 '증권'이라고 명칭을 변경하였다.

② 은행·보험 상품 : 통상 원본 손실이 없다(각각 은행법, 보험업법이 적용된다).

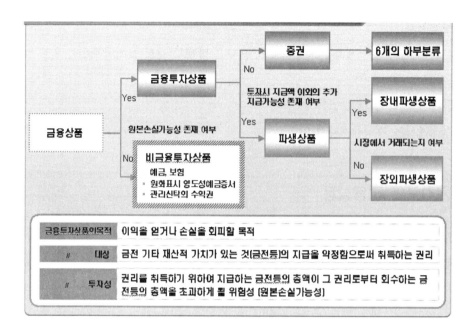

③ 증권의 종류(자본시장법 제4조 2항) : 채무증권, 지분증권, 수익증권, 증권예탁증권, 투자계약증권, 파생결합증권

증권의 종류	정 의	예
지분증권	출자지분을 나타내는 것	주식, 신주인수권, 출자증권, 출자지분 등
채무증권	지급청구권을 나타내는 것	국채, 지방채, 회사채, 기업어음(CP) 등
수익증권	수익권을 나타내는 것	신탁수익증권, 투자신탁수익증권 등
증권예탁증권	증권을 예탁받은 자가 발행하는 증권	KDR, ADR, GDR 등
투자계약증권 (Investment Contract)	이익을 기대하여 공동사업에 금전을 투자하고 타인의 노력 결과에 따라 손익을 귀속받는 계약	집합투자기구 형태를 이용하지 않을 것. 지분증권, 채무증권, 수익 증권 등 정형적 형태를 취하지 않는 비정형증권
파생결합증권 (Securitized Derivatives)	기초자산의 가격 등의 변동과 연계하여 이익을 얻거나 손실을 회피할 목적의 계약상의 권리	주가연계증권(ELS), 환율연계증권 등

(2) 파생상품(Derivatives)이란? 투자 원본을 초과하여 손실가능성이 있는 것이다.

파생상품이란 기초자산이나 기초자산의 가격이자율지표단위 또는 이를 기초로 하는 지수 등에 의하여 산출된 금전 등을 장래의 특정 시점에 인도할 것을 약정하는 계약상의 권리이다 (자본시장법 제5조 1항 내지 3항).

□ 파생상품의 종류

	정 의	예
장내파생상품	한국거래소에서 거래되는 파생상품	선물, 옵션 등
장외파생상품	증권회사 등에서 장외로 거래되는 파생상품	

□ 파생결합증권 및 파생상품에 있어서 기초자산의 범위 확대

[종전 증권거래법]　　　　　　　　　　[자본시장법]

• 유가증권, 통화, 일반상품, 신용위험 ⇒ 금융투자상품, 통화, 일반상품, 신용위험
　　　　　　　　　　　　　　　　그 밖에 자연적 환경적 경제적 위험 등으로서 평가 가능한 것

2) 주식

주식(株式, share, stock)은 주식회사가 자본조달을 위하여 발행한 증권으로서, 증권회사의 대표적 금융투자상품중 하나이다. 이러한 주식의 소유자를 주주(株主, shareholder)라고 하며, 주주는 회사에 대하여 지분을 가진다(지분증권). 주식발행에 의하여 회사의 자본이 구성된다(상법 제451조).

상장주식(KOSPI, KOSDAQ, KONEX)에 대하여는 증권회사(위탁매매인)에 가서 위탁매매계좌를 개설하고 한국거래소 회원사인 증권회사를 통하여 KOSPI(KOrea Stock Price Index), KOSDAQ(Korea Securities Dealers Automated Quotation), KONEX(Korea new Exchange) 유가증권시장에서의 매매거래가 가능하다. 비상장주식에 대하여는 일부는 증권회사(중개인)에서 K-OTC(over the counter)시장(장외시장, 店頭市場) 매매거래가 가능하며, 기타 직접거래에 의하여 매매할 수도 있다.

□ 참고 : 주식의 종류

① 상법상 종류주식(제344조) : 보통주, 우선주, 후배주(열후주), 혼합주

⑦ 보통주(common stock)

보통주는 이익배당이나 잔여재산의 분배, 의결권 등에 있어서 우선적 지위 또는 후배적 지위를 결정하는 기준이 되는 주식을 말한다.

㉯ 우선주(preference stock)

우선주는 이익배당 또는 잔여재산의 분배 등과 같은 재산적 이익을 받는데 있어서 보통주에 비하여 우선적 지위가 인정된 주식이다.

㉠ 누적적 우선주(cummulative preference stock)와 비누적적 우선주

누적적 우선주란 회사의 경영사정에 의하여 어떤 사업년도에 우선 배당률 이하의 배당을 하거나 전혀 배당을 하지 못하는 경우 미지급된 배당분을 다음 결산기에 보상하는 누적적 조건을 붙인 우선주이다. 따라서 다음 결산기에는 전기의 미지급 배당 이월분과 당기의 우선배당분과의 합계액이 보통주에 우선하여 배당된다. 비누적적 우선주는 이러한 부족 배당이 보전되지 않고 당해 결산기가 경과하면 소멸되는 우선주이다.

㉡ 참가적 우선주(participating preference stock)와 비참가적 우선주

참가적 우선주와 비참가적 우선주의 구분은 우선주가 일정률의 우선배당을 받은 다음에 보통주와 같이 주주로서의 권리에 참가하느냐 않느냐에 따른 구분이다. 일반적으로 배당률에 제한이 없는 보통주의 배당액이 우선주보다 높은 경우 그 차액에 대한 참여가 가능한 것이 참가적 우선주이며, 우선배당률이 동시에 배당의 최고한도가 되어 잔여이익이 아무리 높아도 이에 참가할 수 없는 주식이 비참가적 우선주이다.

㉰ 후배주(deferred stock)는 이익이나 이자의 배당, 잔여재산의 분배 등에 있어 타종의 주식에 비해 불리한 조건이 인정되는 주식이며, 혼합주는 어떤 권리에 대하여는 우선적 지위가, 다른 권리에는 열후적 지위가 부여된 주식이다.

② 의결권 여부에 따른 분류 : 의결권주와 무의결권주

⑦ 의결권주(voting right)

의결권이라 함은 주주총회에 상정되는 여러 의결사항에 대한 결정권을 뜻하는데 주식에는 의결권이 부여되는 것이 일반적이다. 우리나라는 1주에 하나의 의결권만을 부여

하고 있다.

㉯ 무의결권주

무의결권주는 통상 경영지배가 아닌 배당에만 관심이 있는 투자자를 대상으로 발행된다. 무의결권주는 우선적 배당을 전제로 의결권을 부여하지 않는 것이므로 소정의 배당 우선권이 실현되지 아니할 때에는 의결권이 부활된다. 또한 상법은 무의결권 주식이 너무 많이 발행될 경우 소수의 주주에 의하여 회사가 지배될 우려가 있으므로 무의결권 주식의 총수는 발행주식 총수의 1/4을 넘지 못하도록 하고 있다. 또한 자본시장법에서는 주권상장법인 및 협회등록법인이 해외증권의 발행을 통하여 의결권 없는 주식을 발행하는 경우에는 발행주식총수의 1/2까지 의결권 없는 주식을 발행할 수 있도록 하고 있다(자본시장법 제165조의 15 ②항). 의결권 없는 주식은 주주총회의 정족수 계산에서 발행주식 총수에 산입하지 아니한다.

③ 상환조항 또는 전환조항 여부 : 상환주식, 전환주식

상환주는 그 발행시부터 회사의 이익으로써 일정기간 후에 소각하도록 예정되어 있는 주식이다. 따라서 원금이 상환된다는 점에서 사채적 성격을 가지고 있다. 우리나라 상법에서는 우선주에 한하여 상환주식을 발행할 수 있도록 하고 있다. 전환주식이란 다른 종류의 주식으로 전환할 수 있는 권리가 인정된 주식이다.

④ 액면가 기재여부에 따른 분류 : 액면주식, 무액면주식

㉮ 액면주식

액면주란 주권에 그 주식의 액면가액이 기재되어 있는 주식을 말한다. 액면가액의 의미는 첫째, 회사 자본금의 구성 단위이고 둘째, 회사에 최초로 자본을 출자한 주주의 출자자본액의 기초인 동시에 주주의 유한책임 한도를 표시한다. 우리나라 상법 상 액면주식의 금액은 균일하여야 하며 100원 이상이어야 한다(상법 제329조 3항). 실제로 5,000원, 2,500원, 1,000원, 500원, 200원, 100원 등의 소액 단위로 되어 있다.

㉯ 무액면주식

주권에 주금액이 기재되어 있지 않고 주식수만이 기재되어 있는 주식이다(상법 제329조 1항). 현재 미국과 같은 선진국에서는 무액면 주식의 발행이 보편적이다.

3) 채권

채권은 발행자가 매입자에게 미리 약정된 이율과 상품 만기시 원금 지급을 약속하는 확정수익 추구 금융상품이다. 발행주체에 따라 국공채, 특수채(금융채), 회사채 등으로 나눌 수 있다. 또한 이자지급 방법에 따라 이표채, 할인채 및 복리채로 나뉘고, 보증유무에 따라 보증채, 무보증채, 담보부사채로 구분된다. 상환기간별로는 1년 이하 단기채, 1년에서 5년 미만인 중기채, 5년 이상인 장기채로 나뉘며, 지급 이자율 변동여부에 따라 확정금리부채권과 금리연동부채권으로도 구분된다. 기타 특수한 사채로서 전환사채, 신주인수권부사채, 교환사채, 이익참가부 사채, 옵션부사채가 있다. 국내 채권뿐 아니라, 브라질, 인도 등 외국 정부채에의 투자도 가능하다.

□ 참고 : 채권의 발행방법 등

① 채권의 발행 방법은 발행회사가 직접 판매하는 직접발행 과 증권회사·은행·종합금융회사 등 금융기관을 통하여 모집수탁 또는 판매하는 간접발행의 경우가 있다.

② 위험 정도는 상품에 따라 국공채의 경우 무위험, 신용등급(bond-rating)이 높은 회사 채권의 경우 저위험, 기타 신용등급이 높지 않은 회사 채권은 중위험 정도이다.

③ 후순위채권 ; 금융기관이 자기자본을 늘리기 위해 부정기적으로 일정금액 한도 내에서 발행하는 채권이다. 후순위채권은 후순위라는 표현대로 은행이 파산할 경우 다른 예금이나 채권들에 비해 가장 늦은 순위로 돈을 회수하는 채권이다.

(삼성전자 이표채의 견양, 자료 : 한국예탁결제원, 증권박물관)

4) 펀드

(1) 일반펀드

① 증권펀드 : 집합투자재산(펀드재산)의 50%를 초과하여 증권(대통령령으로 정하는 증권을 제외하며, 대통령령으로 정하는 증권 외의 증권을 기초자산으로 한 파생상품을 포함한다.)에 투자하는 집합투자기구(펀드)를 말한다. 흔히 주식형, 채권형, 혼합형으로 구분한다.

    ㉮ 주식형펀드 : 펀드재산의 60% 이상을 주식에 투자하는 펀드

    ㉯ 채권형펀드 : 펀드재산의 60% 이상을 채권에 투자하는 펀드. 실제 채권형펀드는 안정성에 역점을 두기 때문에 펀드재산의 대부분은 채권으로 운용되고 있다.

    ㉰ 혼합형펀드

        ㉠ 채권혼합형 : 주식편입비율이 50%를 밑도는 펀드 상품

        ㉡ 주식혼합형 : 주식편입비율이 50~60%되는 펀드

② 부동산펀드 : 집합투자재산의 50%를 초과하여 부동산(부동산을 기초자산으로 한 파생상품, 부동산 개발과 관련된 법인에 대한 대출, 그 밖에 대통령령으로 정하는 방법으로 부동산 및 대통령령으로 정하는 부동산과 관련된 증권에 투자하는 경우를 포함한다.)에 투자하는 집합투자기구이다.

③ 특별자산펀드 : 집합투자재산의 50%를 초과하여 특별자산(증권 및 부동산을 제외한 투자대상자산)에 투자하는 집합투자기구이다.

④ 혼합자산펀드 : 투자대상에 제한이 없는 펀드이다.

⑤ MMF(단기금융펀드, money market fund) : MMF는 주로 증권회사에서 취급하는 초단기 채권형 펀드로서, 집합투자재산 전부를 남은 만기가 6개월 이내인 양도성예금증서(CD), 남은 만기가 5년 이내인 국채증권, 남은 만기가 1년 이내인 지방채증권·특수채증권·사채권·기업어음(CP. 다만, 환매조건부매수의 경우에는 남은 만기의 제한을 받지 않는다)·콜론(call loan) 등 주로 단기금융상품에 집중 투자하여 얻은 수익을 고객에게 되돌려주는 만기 30일 이내의 초단기금융상품(집합투자기구)이다.

(2) 특수형 펀드

① 환매금지형펀드 : 환매금지형펀드는 흔히 폐쇄형펀드로 불린다. 통상적인 환매가 금지되며, 환매금지형펀드의 수익증권을 최초로 발행한 날부터 90일 이내에 그 수익증권을 증권시장에 상장하여야 한다.

② 종류형펀드 : 종류형집합투자기구는 판매보수의 차이로 인하여 기준가격이 다르거나 판매수수료가 다른 여러 종류의 집합투자증권을 발행하는 집합투자기구이다.

③ 전환형펀드 : 전환형펀드는 복수의 펀드간에 각 펀드의 투자자가 소유하고 있는 집합투자증권을 다른 펀드의 집합투자증권으로 전환할 수 있는 권리를 투자자에게 부여하는 구조의 펀드이다.

④ 모자형펀드 : 모자형펀드는 모펀드가 발행하는 집합투자증권을 취득하는 구조의 집합투자기구(자펀드)를 설정·설립하는 경우를 말한다.

⑤ 상장지수펀드(ETF, exchange traded fund) : ETF는 기초자산의 가격 또는 기초자산의 종류에 따라 다수 종목의 가격수준을 종합적으로 표시하는 지수의 변화에 연동하여 운용하는 것을 목표로 한다. 수익증권 또는 투자회사 주식이 해당 투자신탁의 설정일 또는 투자회사의 설립일부터 30일 이내에 증권시장에 상장되어야 한다.

(3) 증권형 펀드와 파생형 펀드

자본시장법의 펀드 구분상, 파생상품펀드는 없으나, 실무상 파생상품에 투자할 수 있는가 정도에 따라 증권형 펀드, 파생형 펀드로 구분하기도 한다. 통상 집합투자기구 자산총액의 100분의 10을 초과하여 파생상품을 매매하고 그 목적이 위험회피 이외의 목적인 경우 파생형으로 구분된다.[9]

5) 환매조건부채권(RP, repurchase agreement)

'환매채'라고도 한다. 일정 기간이 지난 후에 다시 매입하는 조건으로 채권을 매도함으로써 수요자가 단기자금을 조달하는 금융거래 방식의 하나인데 콜 자금과 같이 단기적인 자금수요를 충족시키기 위해 생긴 것이다. 채권의 만기 이전에 현금화할 필요가 있을 때에 그 유동성을 높이기 위한 제도가 RP이다. RP거래는 단기 금융시장과 채권유통시장을 연결하여 장단기 금융시장의 조화에 큰 역할을 하고 있다. 한국은행도 통화조절용 수단으로 RP를 활용하고 있다. 증권회사에서는 수신상품의 하나로 일정 기간 후 재매입 조건으로 고객에게 판매하고 있다.

---

9) 금융투자교육원, 펀드투자상담사 1권, 234면.

6) ELS(equity linked securities, 주가연계증권)

주식 또는 주가지수나 개별주식, 원자재 등에 연동하여 상품투자수익을 받도록 고안된 파생결합증권 상품이다. 일반적으로 만기 3년, 6개월 조기상환조건으로 구성되어 있다. 원금보장 여부에 따라 원금보장형과 원금손실 가능형으로 구분된다.

□ 참고 : ELS의 원금보장 관련 상품특성

① 조달 자금은 원금 보장을 위해 대부분 국공채 및 우량 등급의 채권에 투자하고, 자금의 일부를 주식 또는 선물·옵션 등 파생상품에 투자하여 초과수익을 확보하는 상품이다. 또한 수익실현 방식에 따라 녹아웃형(knock-out model ; 계약기간 중 주가지수가 한번이라도 약정된 수준에 도달하면 사전 약정 확정수익률에 의한 수익을 지급), 리버스컨버터블형(reverse convertible model ; 만기일의 주가지수가 사전에 약정된 수준이하로 하락하지 않으면 일정 수익 보장) 등으로 구분된다. 현재 기초자산이 일정한 수준까지 하락하지 않는 한 대체로 6~13% 정도의 수익을 추구할 수 있도록 상품이 고안되어 있다.

② 증권회사가 공모 또는 사모 방식으로 발행하며, ELS는 증권(파생결합증권)이어서 여타 주가지수 연동 금융상품과 달리 중도환매가 되지 않으며, 대신에 한국거래소에 상장하여 환금성을 보장하고 있다. 증권업계는 주가지수연계(연동)증권(ELS)을, 은행은 주가지수연동예금(ELD, equity linked deposit), 자산운용회사는 주가지수연동펀드(ELF, equity linked fund)를 판매하고 있다.

□ 주가지수연동 금융상품 비교

	주가지수연동증권(ELS)	주가지수연동예금(ELD)	주가지수연동펀드(ELF)
형 태	증권(공모, 사모)	정기예금	수익증권(펀드)
자금 운용	채권, 선물·옵션 등	대출, 증권, 옵션	국공채, 파생상품
원금 보장	만기 원금 보장 또는 부분 보장(95%, 90%) 혹은 비보장	원금 100% 보장	원금보존 추구 (운용실적 배당)
중도 해지	중도 환매 불가 (거래소 상장 ⇒ 매각)	중도 해지 허용 (환매수수료)	중도 해지 허용 (환매수수료)
예금자보호	5,000만원까지 보호	비보호	비보호

③ 투자수익에 대하여는 15.4%의 배당소득세가 원천징수 되며, 위험 정도는 고위험군으로 분류된다.

6-2) ELB(equity linked bond, 원금보장형 주가연계파생결합사채)

ELB(파생결합사채)는 ELS 중 원금보장형이어서 위험이 적고 보수적인 파생상품으로 설계되어, 그 구조가 채권과 유사하다. 통상 수익률이 정기예금이나 정기적금보다 1% 이상 높기 때문에 원금 손실의 우려 없이 투자수익을 기대할 수 있다. 주가지수나 개별주식, 원자재 등에 연동하여 투자수익을 받는 투자상품으로서 일반적으로 만기 3년, 6개월 조기상환조건으로 구성되어 있고, 통상 투자기간이 6개월 단위로 ELS 또는 DLS에 비해서 짧으므로 목돈을 단기간 운용하고자 하는 경우에 적합한 상품이다. 원금보장형이므로 수익률은 ELS보다 다소 낮게 제시된다. 수익에 대해 15.4%의 배당소득세가 부과되며, 저위험군으로 분류된다.

7) DLS(derivatives linked securities, 파생연계증권)

저금리시대에 고수익을 추구하는 상품 중 하나로서, 기초자산이나 기초자산의 가격, 이자율, 통화(환율), 실물자산(금, 원유 등), 신용위험(기업 신용등급의 변동, 파산 등) 등의 변동과 연계하여 미리 약정된 방법에 따라 장래의 특정 시점에 이익이 결정되는 증권(계약상의 권리)이다(자본시장법 제5조 ①항~③항)이다. 기초자산은 금융투자상품, 통화, 일반상품(commodity), 신용위험 및 합리적이고 적정한 방법에 의하여 가격, 단위 등으로 산출이나 평가가 가능한 위험 등이다. 투자 자산의 일부는 우량채권에, 잔부는 옵션투자 등에 투자된다. DLS의 기준가격은 기초자산의 가격, 변동성, 이자율, 지표, 단위 또는 이를 기초로 하는 지수 등 복합적인 변수에 의하여 산정된다. 100% 원금보장형은 물론, 95% 등 부분보장형 또는 원금손실 가능형으로 상품을 다양하게 설계할 수 있다. 7% 내외의 수익률이 제시되고 있으며 15.4%의 배당소득세가 부과된다. 고위험군으로 분류된다.

7-2) DLB(derivative linked bond, 파생결합사채)

DLB(파생결합사채)는 ELS 또는 DLS 중 원금보장형이어서 그 구조가 채권과 유사하며, 위험이 적고 보수적인 파생상품으로 설계되었다. ELS나 ELB와 달리 주식옵션이 아니라, 통화, 달러·엔 환율, 금, 브렌트유선물 등 원자재선물 외 다양한 기초자산에 투자된다. 만기 1년 또는 3년, 수익률은 2.2%에서부터 11%까지 다양하게 제시되고 있다. 통상 수익의 15.4% 상당액이 배당소득세로 부과된다. 저위험군으로 분류된다.

8) 랩(wrap, wrap account)

고객이 일임한 자산에 대하여 회사가 투자자에게 가장 적합한 자산운용 포트폴리오를 제공하고(wrap ; 자산운용 서비스 통합을 의미), 그 대가로 사전에 정해진 수수료(fee)를 받는 금융상품이다. 주식에 관심은 있지만, 잦은 매매거래에 따른 수수료가 부담되는 거액의 투자자나, 직접 투자로 실패를 경험한 고객 등에게 적합한 상품이다. 그 종류로는 증권회사와 계약하여 증권회사가 고객의 자산 포트폴리오를 도맡아 구성하고 운용하는 일임형랩(어카운트), 투자자문회사와 계약하여 투자자문 서비스를 제공받는 자문형랩(어카운트), 그리고 펀드로 포트폴리오를 구성하는 펀드형랩(어카운트)로 구분된다.

증권회사나 투자자문회사와 고객과의 관계가 긴밀화되고 장기화될 수 있는 장점이 있다. 반면에 수수료는 통상 절감되는 편이나, 주가 하락시에는 상대적으로 그렇치 않다는 단점이 있다. 통상 고객은 최소한 수수료 이상의 수익을 원한다. 고객위험 정도는 고위험군으로 분류된다.

9) CMA(cash management accoun, 어음관리계좌)

하루만 맡겨놔도 높은 이자가 발생하는 수시입출금식 금융상품으로서, 급여이체, 주식·채권·펀드·신탁매입자금으로의 이체가 가능하다. CMA 연계 신용카드도 발급 가능하며, 카드 결제대금 및 공과금 이체, 은행ATM기 이용 등이 가능하다. 고수익의 제공을 위해 MMF, RP(환매조건부채권), MMW(수시입출금식 랩)[10] 등에 투자된다. 종금형 CMA(우리종합금융, 메리츠종합금융)는 5,000만원 한도에서 예금보험공사의 원금보장이 되고 있으나, 기타 CMA는 원금보장이 되지 않는다. 초저위험군에 속한다.

10) 신탁(信託, Trust)

신탁은 자산을 자산운용전문가에게 맡겨서 본인을 대신하여 증권, 부동산, 기타 상품 등에 투자하도록 하는 상품이다. 신탁업은 신탁을 수탁(인수)하는 업으로서 종전에 신탁회사(은행)

---

10) 투자일임형으로서 증권금융예수금, 콜론, RP 등에 투자된다.

가 영위하였는데, 2005년 12월 대우·대신·삼성·우리투자·한국투자·미래에셋·신한·동양종금(현 유안타증권) 등 9개 증권회사에도 신탁업 겸영이 인가되었고, 그 후 2009년 2월 4일 자본시장과금융투자업에관한법률에 의하여 금융투자회사(증권회사)가 신탁업을 금융투자업의 한 부류로 취급할 수 있도록 하여 수익구조의 다변화가 도모되었다. 현재 위 9개 증권사 외 교보·NH투자·한화·메리츠종금·신영·유진투자 HMC투자·동부·SK증권 등 21개 증권사가 신탁업을 영위하고 있다. 그 종류로는 금전신탁(특정금전신탁,[11] 불특정금전신탁,[12] 개인연금신탁[13]),[14] 재산신탁(금전채권신탁,[15] 증권신탁,[16] 부동산신탁[17]), 연금신탁이 있다. 위험 분류는 저위험에서부터 고위험까지 다양하다.

□ 참고 : 원금보장 관련 신탁상품

자본시장법상 금융투자업에 신탁을 포함시킬 것인가에 대해 논란이 있었는데, 원본손실 가능성이 있는 처분·운용신탁을 제외한 투자와 관련성이 없는 관리신탁·원본보전신탁의 수익권의 경우에는 투자자보호의 필요성이 적으므로 금융투자업에서 배제하였다(자본시장법 제3조 ①항 2호).

11) CD(certificate of deposit, 양도성(정기)예금증서)

CD는 은행의 정기예금 중에서 해당 증서의 양도를 가능케 하는 무기명 상품으로 은행에서 발행되지만, 증권회사도 CD의 중개나 매매는 허용된다.

1961년 미국의 씨티은행이 처음 도입한 이후, 우리나라에서는 1974년 1차 도입되었다가 폐지되었고 1984년 6월 재도입되었으며, 1990년대 이후 급속한 신장세를 보이고 있다. CD는

---

11) 특정금전신탁(MMT, money market trust) : 고객이 직접 특정 기업의 주식이나, 기업어음(CP), 회사채, 양도성예금증서(CD), 환매조건부채권(RP) 등에 자산운용 방법을 지정하는 금융상품이다.
12) 신탁단위(펀드) 별로 일정한 판매기간을 정하여 다수의 고객으로부터 금전을 신탁받아 대출, 채권, 주식 등 자산에 운용하는 금융상품이다.
13) 노후생활 및 장래의 생활안정을 목적으로 일정금액을 적립하여 연금으로 원리금을 수령하는 금융상품이다.
14) 고객이 운용대상(부동산, 국채, 선물, 옵션 등), 운용조건 등을 지정하고, 수탁회사는 고객의 지시에 따라 운용하는 주문형 신탁상품이다. 최저예탁한도는 5,000만원이고, 예탁기간은 3개월 이상이다. 랩어카운트형으로 판매되고 있다.
15) 위탁자가 보유하는 양도가능 채권을 신탁하고, 그 추심, 관리, 처분 등을 목적으로 하는 재산신탁의 일종이다.
16) 고객 소유의 증권을 신탁재산으로 수탁하고, 그 배당금의 수령, 증자대금의 납입 등을 관리 운용하는 재산신탁의 일종이다.
17) 고객 소유의 부동산을 수탁받아 수익자의 이익 또는 신탁계약에 따라 관리·처분·담보제공·개발 등의 운용을 하는 신탁상품이다.

최소 1,000만 원부터 최소 30일 이상 270일까지로 발행이 가능해 규모가 큰 자금의 단기투자에 적합하며, 발행시장보다 유통시장에서의 수익률이 높아 유통시장을 통한 투자가 유리하다(최저발행액이 있어서 통상 1억 원 이상으로 발행되고 있다).

12) CP(commercial paper, 기업어음)

기업어음(CP)은 기업체가 자금조달을 목적으로 발행하는 어음인데 증권회사도 CP업무를 취급하고 있다. CP는 상거래에 수반하여 발행되고 융통되는 진성어음(眞性어음)과는 달리 단기자금을 조달할 목적으로 신용상태가 양호한 기업이 발행한 약속어음으로서, 기업과 어음상품투자자 사이의 자금수급관계에서 금리가 자율적으로 결정된다. 우리나라에서는 1981년부터 발행되고 있다. CP를 발행하려면 신용평가기관으로부터 B급 이상의 신용등급을 얻어야한다. 그러나 통상 시장에서는 A급 이상 우량기업어음 만이 유통된다. CP의 할인 및 매매업무는 종전에 종합금융회사가 주로 취급하는 업무이었으나, 1997년 4월 CP가 유가증권으로 지정되면서 은행과 증권회사에서도 취급되고 있다. CP를 발행하면 은행, 종합금융회사, 증권사 등이 선이자를 뗀 다음 매입(할인)하거나, 중개수수료를 받고 개인이나 기관투자가들에게 매출하게 된다. 보통 무보증어음으로 거래되지만 중개금융기관이 지급보증하기도 한다. 발행기일은 1일부터 365일까지 있는데, 통상 30일, 90일, 180일 등으로 되어 있는 경우가 많다. 이자는 CP를 발행할 때 할인방식으로 미리 지급되며, 만기가 되면 액면금액을 상환한다.

(출처 : 뉴데일리 http://biz.newdaily.co.kr/news/article.html?no=25314)

13) 증권저축

　정기 또는 수시로 일정액 이상의 저축금을 납입한 후 저축자 자신이 증권에 투자하는 상품이다. 가입대상, 투자단위, 투자기간에는 제한이 없다. 투자대상에는 국채, 공채, 금융채, 회사채, 주식 등이 있다. 그 종류로는 일반증권저축, 근로자증권저축, 근로자장기증권저축, 비과세근로자주식저축 등이 있다.

(출처 : http://blog.naver.com/kec94?Redirect=Log&logN...)

(출처 : http://blog.naver.com/figur8524?Redirect=Log...)

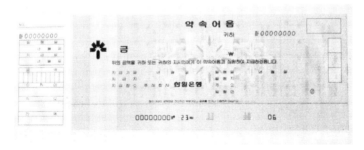

(출처 : http://terms.naver.com/entry.nhn?docld=539...)

문제 1 다음을 지문을 읽고 ( )안에 적절한 내용을 기재하시오.

1. 금융상품 중 예금상품은 예금상품, 대출상품, 카드상품, 그리고 (   )으로 구분할 수 있다. 예금상품은 여유자금을 은행에 맡기는 상품이며 대출상품은 은행으로부터 소요자금을 빌려가는 상품이다. 카드상품은 신용으로 용역과 재화를 구입하는 상품이고 (   )은 해외와의 거래시 필요한 상품이다.

2. (   )이란 예금주의 지급요구가 있으면 언제라도 무조건 지급에 응하여야 하는 예금으로서, 저축성예금(거치식, 적립식)에 비하여 이율이 낮은 경우가 보통이다.

3. 적립식예금이란 정기적금, 상호부금, 근로자장기저축, (   ) 등과 같이 기간을 정하고 그 기간 안에 미리 정한 특정액이나 불특정액을 정기나 부정기로 입금하는 예금을 말한다.

4. 표지어음은 할인하여 보유하고 있는 상업어음 또는 무역어음을 분할 또는 통합하여 은행이 발행인이 되어 고객앞으로 새로 발행하는 (   )으로서 단기간에도 비교적 높은 수익이 보장되는 대표적인 단기 금융상품이다.

5. 대출상품은 영리법인 및 사업자등록증을 소지한 개인기업에 대한 여신인 기업자금대출과 사업자로 등록되지 않는 일반 개인에 대한 여신인 (   ), 그리고 정부, 지방자치단체 등 공공기관과 학교법인 등 비영리법인 및 단체에 대한 여신인 공공 및 기타 자금대출 등으로 구분한다.

6. 운전자금대출은 기업의 생산 및 판매활동 등에 사용하는 자금을 지원하는 대출이며 (   )은 기업의 사용목적에 부합된 부동산의 매입, 신축, 증축 및 개축에 사용하는 자금 및 기업의 설비취득, 신설, 확장, 복구 및 기술개발자금 등에 사용되는 자금을 지원하는 대출이다.

7. 카드를 사용지역에 의한 구분을 하면 국내전용카드와 (   )로 구분한다. 국내전용 카드는 국내에 소재한 가맹점에서만 사용이 가능하고 (   )는 해외가맹점에서도 사용이 가능하나 해외사용수수료가 부과된다.

8. 대금을 지급할 입장인 사람이 은행에 의뢰하여 대금을 받을 입장인 사람에게 보내는 것을 (   )이라고 한다.

9. 여행자수표(T/C)를 사용할 때 통상 하단 서명란에 서명하고 여행지의 은행이나 상점 등에서 사용할 때 은행의 창구직원 혹은 점원면전에서 (   )란에 서명함으로써 본 인확인을 할 수 있도록 되어 있다.

10. 외화예금의 종류는 외화보통예금, 외화당좌예금, 외화별단예금, 외화통지예금, 그리고 (   ) 등이 있다.

풀 이

1. 외환상품, 외환상품　　　　　2. 입출금이 자유로운 예금
3. 장기주택마련저축　　　　　　4. 약속어음
5. 가계자금대출　　　　　　　　6. 시설자금대출
7. 국내외겸용카드, 국내외겸용카드 8. 송금
9. Counter signature　　　　　　10. 외화정기예금

문제2 다음 문제를 읽고 ○, X로 답하시오.

1. 보험은 상법상으로 손해보험과 생명보험으로 분류한다.(   )
2. 손해보험은 물건 또는 그 물건의 경제적 이익을 목적으로 한다.(   )
3. 보험법상으로 보험의 종류는 생명보험, 손해보험 및 제3보험으로 구분한다. (   )
4. 상법상의 인(人)보험에는 보험업법상의 생명보험만이 해당한다.(   )
5. 보험 가입 대상은 크게 재물, 인신, 책임으로 분류할 수 있다.(   )
6. 보험은 운영형태에 따라 보험계약자의 자유의사에 따라 가입하는 임의보험과 의무보 험으로 구분할 수 있다.(   )
7. 자동차보험은 운영형태 기준으로 의무보험에 해당한다.(   )
8. 재산보험으로는 화재보험, 자동차보험, 해상보험, 신용보험, 보증보험 등(   )
9. 사망보험은 보험계약기간에 따라 정기보험과 종신보험으로 구분된다.(   )

10. 생명보험상품의 경우 계약자에게 배당금을 지급하는가의 여부에 따라 배당상품과 무배당 상품으로 구분되는데, 무배당상품은 배당요소가 포함되어 있지 않기 때문에 보험료가 배당상품에 비해 높다.(　　)

11. 기업어음(CP)은 기업체가 자금조달을 목적으로 발행하는 어음으로서, 상거래에 수반하여 발행되고 융통되는 진성어음(眞性어음)과는 달리 단기자금을 조달할 목적으로 신용상태가 양호한 기업이 발행한 약속어음이다.(　　)

풀이

1. X	2. O	3. O	4. X
5. O	6. O	7. X	8. O
9. O	10. X	11. O	

4. 보험법상의 제3보험은 상법상의 인(人)보험에 해당

7. 「자동차손해배상책임법」에 따른 자동차손해 배상책임보험(의무보험)과 계약자의 자유의지에 따라 임의로 가입하는 차량손해 및 재산손해배상책임보험(임의보험)이 있다.

10. 무배당상품은 배당요소가 포함되어 있지 않기 때문에 보험료가 배당상품에 비해 낮다.

문제3 다음 내용을 읽고 (　　) 안에 적절한 내용을 기재하시오.

1. 손해보험은 재난으로부터 발생하는 재산상의 손실위험에 대비하기 위한 상호 성격의 제도로서 (　　　)과 책임보험으로 구분된다.

2. 책임보험은 피보험자가 (　　　)에게 법적으로 부담하는 재산상의 배상책임을 보상한다.

3. 화재보험은 화재에 따른 손해는 물론, 소방손해 및 피난손해까지도 보상하여야 하나, 실제로는 (　　　)에 의해 그 보상범위가 상당히 제한된다.

4. 우리나라의 자동차보험에는 「자동차손해배상책임법」에 규정된 자동차운행에 따른 (　　　)으로 인한 손해를 배상하기 위해 계약의 체결이 (　　　)되는 자동차손해배상책임보험과 계약자가 임의로 보험에 가입하는 차량손해 및 재산손해배상책임을 담보하는 자동차보험의 두 종류가 있다.

5. 해상보험은 선박 및 화물이라는 선박 자체에 부보되는 것이 아니라 그 선박, 화물에 대하여 손해를 입을 염려가 있는 경제상의 이해관계에 보험을 부보하는 것으로서 (　　　)보험과 (　　　)보험이 있다.

6. 신용보험은 상품, 서비스, 금융을 신용으로 제공한 채권자가 채무자의 지급불능이나 채무불이행 등으로 채권을 회수하지 못하여 입게 되는 경제적 손실을 보상하는 (　　)보험의 일종이다.

7. 보증보험은 보험계약자가 피보험자에게 계약상의 (　　)불이행 또는 법령상의 (　　)불이행으로 인한 손해를 입힌 경우에 그 손해를 보상하는 제도로서 입찰보증, 이행보증, 선수금보증, 하자유보보증, 납입보증 등이 있다.

8. 재보험은 보험자가 피보험자로부터 인수한 책임의 일부 또는 전부를 위험분산을 통해 사업의 (　　)을 높일 목적으로 다시 (　　　)에게 부보시키는 제도를 말한다.

9. 생명보험은 우연한 사고를 대비하는 (　)기능과 재산을 마련하는 (　)기능을 가지고 있다.

10. 생명보험은 사망 등 불의의 사고로 인한 경제적 손실을 보전하기 위한 (　　)적 성격을 가지고 있다.

11. 사망보험은 보험금지급방식에 따라 (　)보장성보험과 (　)보장성보험으로 구분된다.

12. 종신보험은 피보험자가 (　　)하면 보험기간에 상관없이 보험 수익자에게 약정된 (　)급부금을 지급하는 보험이다.

13. (　)생명보험은 일정한 조건을 갖춘 단체의 구성원을 피보험자로 하는 집합보험으로 고용주가 피보험자의 사망, 질병, 상해 등의 재해를 당하거나 퇴직할 경우를 대비하여 가입한다.

14. 질병으로 인한 소득상실의 보장은 (　)보험의 성격이다.

15. 제3보험은 대부분 상법상의 (　　)보험을 준용하면서 일부조항에 대해 특수한 지위를 갖는 형태이다.

16. 주식형 집합투자기구는 자산총액의 (　　)% 이상을 주식에 운용한다.

풀 이		
1. 재산보험	2. 제3자	3. 보험약관
4. 인체치상, 강제	5. 선박, 화물	6. 실손보상
7. 채무, 의무	8. 안전성, 타보험업자	9. 보장, 저축
10. 상부상조	11. 순수, 일반	12. 사망, 사망
13. 단체	14. 제3	15. 인(人)
16. 60		

다음 문제에 적당한 답을 선택하시오.

1. 다음 중 보험의 사회적 기능에 해당하지 않는 것은? ( )

   ① 사회보장제도의 보완

   ② 국가경제발전에 기여

   ③ 개인의 최저생활을 보장

2. 다음 중 공영보험과 민영보험의 관계에 대해 맞게 설명한 것은? ( )

   ① 공영보험과 민영보험은 상호보완의 관계에 있다.

   ② 공영보험과 민영보험은 서로의 보장분야가 다르므로 경쟁하지 않는다.

   ③ 민영보험의 축소에 따라 정부는 민영보험을 공영보험으로의 전환을 적극 추진한다.

□ 공영보험과 민영보험의 비교

구 분	공영보험(사회보험)	민영보험
가입형태	의무가입	임의가입
급여결정	법률로 규정	계약에 의해 결정
보장수준	사회적 최저수준 보장	보험료 부담수준에 따라 보험 급여수준 증감
운영주체	정부(독점)	민간(자유경쟁)
기금운영	정부에 의해 적립기금의 투자방법 결정	민간에 의해 적립기금의 투자방법 결정
운영취지	사회적 형평성	개인별 적정성
의견합치	목적 및 결과에 대한 이해당사자간 의견불일치	목적 및 결과에 대한 이해당사자간 의견일치

3. 다음 중 사회보험에 대해 틀리게 설명한 것은? ( )

   ① 사회보험은 의무적으로 가입해야 한다.

   ② 사회보험은 보험사고에 대해 사회적 최저수준으로 보장한다.

   ③ 사회보험은 목적 및 결과에 대해 당사자간 의견일치를 토대로 이루어진다.

4. 다음 중 민영보험에 대해 맞게 설명한 것은? (　)

　① 민영보험의 급여는 법률로 규정된다.

　② 민영보험의 적립기금은 민간에 의해 투자방법을 결정한다.

　③ 민영보험은 개인별 적정성 평가를 통해 보장수준을 결정한다.

5. 다음 중 (　)에 들어갈 내용으로 알맞은 것은? (　)

> (　)은 국민에게 발생하는 사회적 위험(질병, 사망, 부상, 노령 등)을 보험 방식에 의해 대처함으로써 국민 건강과 소득을 보장하는 제도이다.

　① 사회복지서비스　　② 사회보험　　③ 공공부조

6. 다음 중 보험계약 관계자끼리 맞게 묶은 것은? (　)

　① 보험계약자, 보험회사, 피보험자(보험대상자), 보험설계사

　② 보험계약자, 보험수익자, 피보험자(보험대상자), 보험중개인

　③ 보험계약자, 피보험자(보험대상자), 보험수익자, 보험회사

7. 다음 중 생명보험상품의 특징에 대해 맞게 설명한 것은? (　)

　① 보험계약자의 청약과 보험회사의 승낙으로 계약이 성립한다.

　② 과거의 발생했던 보험사고에 대한 보상을 주내용으로 한다.

　③ 보험상품 구매에 따른 효과를 바로 느낄 수 있다.

8. 다음 중 생명보험 가입의 주목적에 따른 보험의 분류에 해당하는 것은? (　)

　① 개인보험, 단체보험

　② 보장성보험, 저축성보험

　③ 단생보험, 연생보험

　* 보험대상자 수에 다른 분류 : 단생보험(1인), 연생보험(2인 이상)

9. 다음은 보험업법상 제3보험의 정의다. (　)안에 들어갈 말을 순서대로 나열한 것은? (　)

> 사람의 질병·상해 도는 이로 인한 (　)에 관하여 약정한 급여를 제공하거나 (　)의 보상을 약속하고 금전을 수수하는 것을 업으로 행하는 것

　① 치료, 손해　　② 간병, 채권　　③ 간병, 손해

10. 다음 중 상법 및 보험업법에 대한 설명으로 맞는 것은? ( )

　　① 보험업법은 보험업을 인보험과 손해보험으로 구분한다.

　　② 상법에서 상해보험은 인보험의 내용을 모두 준용한다.

　　③ 생명보험회사가 제3보험을 영위하기 위해서는 별도의 허가를 받아야 한다.

　　④ 생명보험회사가 별도의 허가를 받더라도 손해보험업을 영위할 수 없다.

　＊ 보험업은 원칙적으로 생명보험업(장기 안정적 위험)과 손해보험업(단기 거대위
　　험)으로 겸영금지. 단 제3보험업은 겸영허용

　　　□ 생명보험-제3보험 : 가능, 손해보험-제3보험 : 가능, 생명보험-손해보험 : 불
　　　가능 (종신보험-질병보험 : ○ 화재보험-간병보험 : ○ 정기보험-보증보험 : ×)

11. 다음 ( )에 적합한 답들의 순으로 타당한 것은?

┌───┐
│ ◦ 은행의 정기예금 중에서 해당 증서의 양도를 가능케 하는 무기명 상품 :
│ 　( )
│ ◦ 일정 기간이 지난 후에 다시 매입하는 조건으로 채권을 매도함으로써 수요
│ 　자가 단기자금을 조달하는 금융거래 방식 : ( )
│ ◦ 하루만 맡겨놔도 높은 이자가 발생하는 수시입출금식 금융상품으로서, 급
│ 　여이체, 수식·채권·펀드·신탁매입자금으로의 이체가 가능하고 연계 신용
│ 　카드도 발급 가능하다. : ( )
└───┘

　① CD, RP, CMA　　　　　　　　② MMF, RP, CMA

　③ CD, MMF, RP　　　　　　　　④ ELS, RP, CMA

풀 이

1. ③　　　2. ①　　　3. ③　　　4. ②

5. ②　　　6. ③　　　7. ①　　　8. ②

9. ③　　　10. ④　　　11. ①

제3장

금융자산 선택이론

금융자산 선택이론은 금융소비자가 어느 종류의 금융자산을 어느 정도 보유할 것인가에 대한 문제를 분석하는 이론이다.

제1절 저축이론

1. 예산선과 무차별곡선

예산선은 소비자가 주어진 소득으로 구입할 수 있는 X재와 Y재의 조합을 그림으로 나타낸 직선을 말한다. 무차별곡선은 소비자에게 동일한 효용을 주는 두 재화의 결합을 나타내는 곡선이다.

2. 소비자 선택의 균형조건

주어진 소득 내에서 가장 합리적인 X재와 Y재의 소비의 조합은 예산선과 무차별곡선이 접하는 접점 E에서 이루어지며, E점은 소비자균형점이 된다. E점에서 두 선분의 기울기는 같다. 예산선의 기울기는 X재와 Y재의 비용의 효율이고, 무차별곡선의 기울기는 X재와 Y재의 효용의 비율이다. 예산선과 무차별곡선의 기울기가 같다는 것은 X재와 Y재의 비용의 효율과 효용의 효율이 같다는 것이 된다.

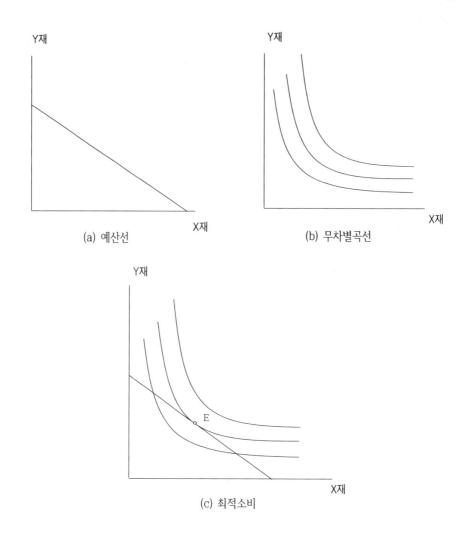

(a) 예산선

(b) 무차별곡선

(c) 최적소비

제2절 채권매입자의 의사결정

1. 기대수익률과 위험

기대수익률은 채권매입에 따르는 수익률을 말한다. 채권매입의 위험은 실제수익률이 기대수익률과 어느 정도 격차가 있는지 그 차이의 정도를 의미하고, 그 크기는 분산 혹은 표준편차로 측정하는데 편의상 흔히 표준편차가 이용된다. 기대수익률은 채권매입에 따르는 수익률을 말한다.

2. 채권매입의 예산선과 무차별곡선

채권매입의 예산선은 채권매입 시의 기대수익률(E_p)과 표준편차(σ)의 조합을 이어 놓은 선이다. 채권매입 시의 무차별곡선은 채권매입 시 기대수익과 위험에 있어서 동일한 만족도를 주는 조합을 이어놓은 선이다. 채권매입자의 균형점은 채권매입 시의 예산선과 무차별곡선이 접하는 접점이 된다.

□ 채권매입자 균형

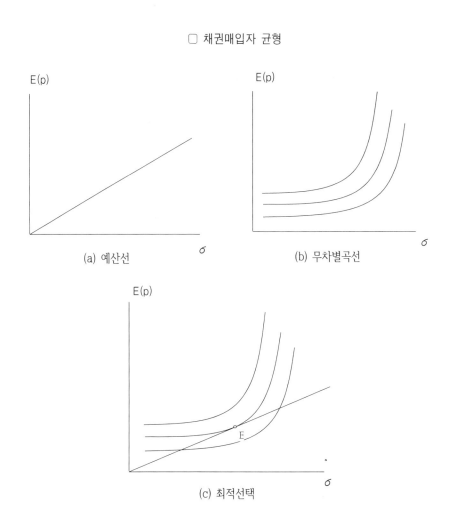

(a) 예산선   (b) 무차별곡선

(c) 최적선택

제3절 포트폴리오 이론

1. 포트폴리오 이론

금융자산 선택이론은 포트폴리오 이론이라고도 한다. 포트폴리오 이론은 경제 주체들이 금융자산을 어떤 형태로 어느 정도 보유할 것인가를 분석하는 이론이다.

1) 기대수익률과 위험

(1) 포트폴리오의 기대수익률과 투자비율
포트폴리오의 기대수익률은 각 투자비율과 기대수익률의 곱의 합을 구하면 된다.

> 포트폴리오 기대수익률(E_p) = A주식 투자비율 × A주식 기대수익률
>
> + B주식 투자비율 × B주식 기대수익률

만일 1,000만원으로 A주식에 600만원, B주식에 400만원을 투자하기로 하였다고 하자. A주식 기대수익률이 20%, B 주식 기대수익률이 10%일 경우 A주식과 B주식으로 조합된 포트폴리오 전체의 기대수익률을 얼마인가를 구하는 경우를 살펴본다.

풀이 　포트폴리오의 기대수익률 = (600만원/1,000만원) × 0.2 + (400만원/1,000만원) × 0.1
= 0.16

(2) 포트폴리오의 위험
두 투자대상 1과 2로 구성된 포트폴리오의 위험을 구하는 산식은 다음과 같다.

$$\sigma_p^2 = (\omega_1)^2 \times (\sigma_1)^2 + (\omega_2)^2 \times (\sigma_2)^2 + 2 \times \omega_1 \times \sigma_1 \times \omega_2 \times \sigma_2 \times \rho$$

ω_1 : 1의 투자비율

ω_2 : 2의 투자비율

σ_1 : 1의 변동성(=표준편차)

σ_2 : 2의 변동성(=표준편차)

ρ : 상관계수

만일 1,000만원으로 A주식에 600만원, B주식에 400만원을 투자하기로 하였다고 하자. A주식 기대수익률의 일일변동성(표준편차)은 20%, B 주식 기대수익률의 일일변동성(표준편차)은 10%, 두 주식 A, B 간 상관계수가 0.5일 경우에 A주식과 B주식으로 조합된 포트폴리오의 위험(분산)은 얼마인가?

풀이

$$\sigma^2 = (0.6)^2 \times (0.2)^2 + (0.4)^2 \times (0.1)^2$$
$$+ 2 \times (0.6) \times (0.2) \times (0.4) \times (0.1) \times (0.5) = 0.0208$$

제4절 위험관리와 VaR

1. VaR

VaR(Value at Risk)는 정상적인 시장여건하에서 주어진 신뢰수준으로 목표기간 동안 투자에서 발생할 수 있는 최대 손실금액을 말하며, 위험관리에 있어 자주 이용된다. 구체적으로 VaR는 노출규모 1단위당 최대위험폭을 산출해 내는 것이다.

$$\text{VaR} = N \times z \times \sigma \times \sqrt{T}$$

N : 노출규모

z : 신뢰수준값

σ : 표준편차

T : 일수

다만 외화의 경우 달러를 원화로 나타내는 경우이므로 환율이 추가된다.

$$VaR = N \times z \times \sigma \times \sqrt{T} \times (S)$$

N : 노출규모
z : 신뢰수준값
σ : 표준편차
T : 일수
S : 환율

예제 홍길동이라는 투자자는 1,000달러를 보유중이다. 환율은 1달러가 1,000원, 표준편차(σ)는 0.2라고 가정할 경우, 95%신뢰수준에서 홍길동이 보유한 1,000달러의 1일간 최대손실위험(VaR)을 나타낸 산식은?(95% 신뢰수준, z(신뢰수준값)=1.65임)

풀이 산식 : $1,000$달러 $\times 1.65 \times 0.2 \times \sqrt{1} \times 1,000$원 $= 330,000$(원)

연습문제

문제1 다음 문제를 읽고 ○, X로 답하시오.

1. 위험은 분산 혹은 표준편차로 나타낼 수 있다. (   )

2. 분산은 편차 자승의 합을 평균한 것이다. (   )

풀 이   1. ○   2. ○

문제2 다음 내용을 읽고 (   ) 안에 적절한 내용을 기재하시오.

1. 편차자승을 총사례수로 나눈 것은 (   )이다.

2. 최대위험을 구하기 위한 대표적인 수치는 (   )이다.

3. 1,000만원으로 A주식에 600만원 투자(기대수익률 10%), B주식에 400만원(기대수익률 20%) 투자 시 A주식과 B주식으로 구성된 포트폴리오의 기대수익률을 구하는 산식은, '(   ) × (   ) + (   ) × (   )'이다.

풀 이   1. 표준편차   2. VaR

3. 0.6, 0.1, 0.4, 0.2 ⇒ A주식 투자비율은 600만원/1,000만원=0.6, B주식 투자비율은 400만원/1,000만원=0.4, 여기에 각각의 기대수익률을 곱하면 된다.

문제3 다음 문제에 대해 적당한 답을 선택하시오.

1. 주어진 소득으로 소비할 수 있는 두 상품간 조합을 이어 놓은 선은 무엇인가? (   )

    ① 예산선   ② VaR

    ③ 무차별곡선   ④ 수요곡선

2. 채권매입과 관련된 바른 설명은? (   )

    ① 표준편차보다 분산이 더 많이 사용된다.

    ② 위험의 크기를 나타내는 수치로 분산은 해당되지 않는다.

    ③ 채권매입에서의 위험은 '실제수익률이 기대수익률보다 얼마나 벗어나 있는가' 하는 정도를 말한다.

    ④ 채권매입시의 무차별곡선은 좌상향 방향을 띤다.

3. 채권매입자의 균형과 관련된 틀린 설명은? (   )

   ① 균형점은 예산선과 무차별곡선의 접점이다.

   ② 채권매입자 균형점에서 채권매입점을 왼쪽으로 이동시킨다는 것은 채권의 매입을 증가시키는 것을 의미한다.

   ③ 채권매입자 균형에서 효용은 극대화된다.

   ④ 채권매입자는 가능한 한 원점에서 먼 무차별곡선을 만나고 싶어 한다.

4. 투자관리의 3요소가 아닌 것은? (   )

   ① 분산투자의 방법　　　　② 개별종목 선택

   ③ 투자시점의 선택　　　　④ 기술적 분석

5. 자산배분(asset allocation)과 관련된 틀린 설명은? (   )

   ① 자산배분은 결국 분산투자와 통하는 말이다.

   ② 기대수익률과 위험수준이 다양한 여러 자산집단을 대상으로 투자자금을 배분하여 최적의 자산포트폴리오를 구성하는 일련의 과정이다.

   ③ 해리 마코위츠가 선구자이다.

   ④ 투자에 있어 단기적인 수익률 획득에 비중을 두고 있다.

풀 이

1. ①

2. ③

   ① ⇒ 표준편차가 분산보다 더 많이 사용된다.

   ② ⇒ 분산도 위험의 크기를 나타내는 수치이다.

   ④ ⇒ 채권매입시의 무차별곡선은 우상향 방향을 띤다.

3. ② ⇒ 채권매입자 균형점에서 채권매입점을 왼쪽으로 이동시킨다는 것은 채권의 매입을 감소시키는 것을 의미한다.

4. ④ ⇒ 투자관리의 3요소는, 분산투자의 방법, 개별종목 선택, 투자시점 선택이다.

5. ④ ⇒ 투자에 있어 중장기적인 수익률 획득에 중점을 두고 있다.

문제4 다음 문제를 약술하시오.

1. 예산선

2. 무차별곡선

3. 소비자균형점

풀 이

1. 예산선은 소비자가 주어진 소득으로 구입할 수 있는 X재와 Y재의 조합을 그림으로 나타낸 직선을 말한다.

2. 무차별곡선은 소비자에게 동일한 효용을 주는 두 재화의 결합을 나타내는 곡선이다.

3. 소비자균형점은 주어진 소득으로 가장 합리적인 X재와 Y재의 소비조합은 예산선과 무차별 곡선이 접하는 접점 E에서 이루어져 E점을 소비자균형점이라 한다. E점에서는 X재와 Y재의 비용의 효율과 효용의 효율이 같다는 것이 된다.

제4장

금융제도

제1절 금융과 금융제도

금융이란 경제주체 간의 자금의 융통을 의미한다. 금융제도(financial system)는 이러한 금융거래에 관한 일체의 체계와 규범을 총칭하는 개념으로서, ① 금융거래가 이루어지는 금융시장, ② 금융거래를 중개하는 금융기관, ③ 금융거래를 지원하고 감시하는 금융하부구조의 세 가지로 구분된다.

제2절 금융제도의 유형[1]

1. 은행중심 금융제도와 자본시장중심 금융제도

금융제도에는 은행중심 금융제도(bank-based financial system)와 자본시장중심 금융제도(capital market-based financial system, 시장중심 금융제도)가 있다. 은행중심 금융제도는 한국, 일본, 독일 등과 같은 간접금융위주의 금융제도이고, 자본시장중심 금융제도는 미국 영국 등과 같은 직접금융위주의 금융제도이다. 지난 20년간 시장중심 금융제도와 은행중심 금융제도의 상대적 우월성에 대한 논쟁이 꾸준히 있어 왔으며, 이를 뒷받침하기 위한 이론 및

---

1) 한국은행, 「한국의 금융제도」(2011. 12.), 6면 이하

실증분석 연구들도 많이 이루어졌으나, 연구 결과는 특정 금융제도의 선택이 경제성장이나 기업의 외부자금 조달능력에 영향을 주지 않는 것으로 나타났다. 그보다는 계약관련 법체계의 발전 정도 그리고 투자자 권리의 보호 정도가 영향을 미치는 것으로 확인되었다. 또한 금융방식의 차이보다는 오히려 금융하부구조의 효율성이 전체 금융제도의 효율성을 결정하는 중요한 요소인 것으로 평가되었다.

한편 직접금융은 자금의 공급자와 수요자가 계약당사자로서 직접 금융거래를 하는 형태이고, 간접금융은 금융기관이 자금공급자나 수요자를 대신하여 계약의 일방이 됨으로써 자금의 공급자와 수요자를 연결하는 금융형태를 말한다. 최근에는 직접금융과 간접금융이 상호 경쟁적일 뿐 아니라 보완적이기도 하다는 인식이 높아지면서, 직접금융과 간접금융 모두 필요하며 두 금융방식이 균형적으로 발전하여야 한다는 쪽으로 의견이 모아지고 있다.

2. 전업주의와 겸업주의

금융제도는 금융기관의 업무영역을 제한하는 정도에 따라 전업주의 금융제도(specialized banking)와 겸업주의 금융제도(universal banking)로 분류되기도 한다. 전업주의 금융제도에서는 한 금융기관이 은행, 증권, 보험 등 여러 금융서비스를 함께 취급할 수 없으며, 각 금융서비스가 해당 전문 금융기관에 의해서만 제공될 수 있다. 반면 겸업주의 금융제도에서는 권역간 업무영역의 규제가 없는 제도를 말한다.

전업주의와 겸업주의 금융제도는 금융기관 업무범위에 대한 규제 형태와 관계가 있다. 미국의 경우 1933년 은행업과 증권업의 겸영 규제를 골자로 하는 글래스-스티걸법(Glass-Steagall Act)을 제정한 것이 전업주의 도입의 근거가 되었다. 동 법 제정에는 은행업과 증권업 겸영이 이익상충 문제를 심화시켜, 1930년대 초 금융공황으로 발전하였다는 판단이 크게 작용하였다. 여기에서 이익상충(conflict of interests)이란 금융기관이 여러 고객과 거래하면서 한 고객의 이익을 위해 다른 고객을 희생시키거나, 고객의 이익보다 금융기관 스스로의 이익을 위해 거래하는 것을 말하는 것으로서, 겸업주의에서 나타나는 부작용으로 널리 거론되고 있다. 이외에도 겸업을 반대하는 또 다른 이유는 겸업이 금융제도의 불안정성을 높인다는 것이다. 즉 일반적으로 겸업 금융기관은 그렇지 않은 금융기관보다 규모가 크기 때문에 도산 시 전체 금융제도가 불안정해질 가능성이 높다는 것이다. 또한 지급결제에 있어서 중추적 역할을 하는 은행의 특성으로 인하여 은행이 위험성이 높은 증권업무를 함께 취급할 경우 증권부문의 부실이 은행부문으로 이전이 되어 금융부문 전체가 위기에 빠질 수 있다는 점도 지적되었다. 아울러 겸업주의는 대형화에 따른 대마불사(too-big-to-fail) 등을 통해 금융기관의 위험추구 유인을 강화하여 금융불안 가능성을 높일 수 있다고도 한다.

반면 겸업주의의 장점으로는 정보생산의 우월성이 주로 거론된다. 즉 여러 금융업무를 취급하는 겸업 금융기관은 다양한 금융서비스를 통해 거래기업의 경영실태를 좀 더 정확히 파악할 수 있다는 것이다. 또한 기업의 설립부터 성숙에 이르는 과정에 필요한 여러 가지 자금조달 행태에 부응할 수 있기 때문에, 기업과 영속적으로 거래관계를 유지할 수 있다. 기업의 자금조달 패턴을 보면 시장인지도가 낮은 설립초기단계에는 내부유보나 은행대출 등 간접금융에 주로 의존하지만, 인지도가 어느 정도 쌓인 성숙단계에 이르면 회사채나 주식 등 직접금융을 통한 자금조달의 비중을 높이는 것이 일반적이다. 따라서 전업주의 금융제도 하에서는 은행과 증권사가 각각 설립초기단계 및 성숙단계의 기업과 주로 거래하게 되지만, 겸업주의 금융제도 하에서는 하나의 금융기관이 직·간접금융을 모두 취급하므로 기업의 설립초기단계부터 성숙단계에 이르기까지 장기간에 걸쳐 거래관계를 유지할 수 있게 된다. 겸업주의 금융제도의 또 다른 장점으로 범위의 경제가 있다. 범위의 경제란 여러 업무를 동시에 취급할 경우 따로 취급할 때에 비해 업무취급 비용을 절감할 수 있다는 것이다.

지난 수십년 동안 학계에서는 겸업주의의 장점과 단점을 실증분석을 통해 입증하려고 노력하여 왔으나, 겸영에 따른 금융위기 가능성의 증가나 범위의 경제 여부 등에 대해 통일된 결론에 이르지는 못하였다. 1990년대 이후 금융혁신과 금융기관 간의 경쟁 격화 등으로 업무범위 규제의 실효성이 저하되는 상황에서, 각국의 금융제도는 업무영역 규제를 완화하는 방향으로 가고 있다. 우리나라의 경우 한 금융기관이 모든 금융업무를 취급하는 독일식 겸영방식보다는, 자회사나 지주회사 형태를 통한 겸영을 허용하는 방향이다.

3. 글로벌 금융위기 이후 세계금융제도의 개편 논의

지난 1980년대 이후 대다수 국가에서는 규제완화, 금융자유화가 적극 추진되었으나, 2008년 글로벌 금융위기를 계기로 미국, 영국 등 주요 선진국에서는 금융혁신과 금융규제의 완화의 부작용이 재인식되면서, 금융위기 억제 및 재발방지를 위하여 그동안의 금융완화 기조를 재점검하고, 시스템리스크를 예방하기 위한 규제강화 방안이 논의되고 있다.

1) 금융기관의 겸업 제한

1990년대 이후 각국은 자국의 금융경쟁력을 강화하기 위해, 겸업주의를 적극 도입·추진하였다. 전통적으로 전업주의 원칙을 고수하던 영국, 미국 및 일본 등이 금융기관의 업무범위 제한을 완화하는 움직임을 보였다. 영국은 1986년 빅뱅(Big Bang)을 통해 일찍이 은행의 증권사 인수를 허용함으로써, 전업주의 원칙을 수정하였다. 일본은 1993년 금융개혁 관련법률의 시행을 통해 은행의 증권자회사 취득을 허용한데 이어, 1998년 금융지주회사법을 도입하여 금융겸업화를 본격적으로 도입하였다. 미국도 1999년 금융서비스현대화법(Gramm-Leach-Bliley Act)을 제정하여, 1933년 은행업·증권업의 겸업을 금지한 글래스-스티걸법을 사실상 폐지하고, 금융지주회사가 은행 이외에 증권회사를 자회사로 둘 수 있게 하였다. 독일 등 유럽 대부분의 국가들에서는 금융산업이 은행 중심으로 발전함에 따라 영미권 국가보다 훨씬 이전부터 겸업주의를 유지·발전시켰는데, 독일은 1990년대 수차례에 걸쳐 자본시장 진흥법을 정비하여 투자자보호와 자본시장의 투명성을 높이는 조치를 취하였다. 우리나라도 금융환경 변화에 대응한 금융산업의 경쟁력 강화를 위하여, 2000년에 금융지주회사법을 제정하고 금융지주회사를 통한 금융겸업화를 추진하였다.

그러나 2000년대 초 글로벌 금융위기를 계기로 금융겸업의 부작용 우려가 다시 부각되면서 이를 억세하기 위한 논의가 미국, 영국 등에서 진행되었다. 미국에서는 겸업은행들이 예금보장제도 및 중앙은행의 자금지원 등에 대한 기대를 바탕으로 과도한 리스크를 추구하고, 투자은행 부문의 위험이 상업은행 부문으로 전이되면서 겸업은행들이 도산하였다는 비판이 제기되었다. 이에 따라 2010년 7월 제정된 미국의 닫-프랭크법(Dodd-Frank Wall Street Reform and Consumer Protection Act)에서는 은행·은행지주회사 및 계열 자회사가 고객서비스와 관련없는 자기매매거래(proprietary trading), 헤지펀드 및 PEF(private equity fund, 사모투자펀드) 투자 등의 투자은행업무의 겸업을 원칙적으로 금지하는 일명 '볼커 룰(Volcker Rule)'을 도입하였다. 다만 국공채 매매, 유가증권의 인수, 시장조성 및 리스크 관리 관련 자기매매 등에 대해서는 예외를 허용하였다. 또한 영국에서는 은행부문 개혁방안을 마련하기 위해 설치된 은행개혁위원회(Independent Commission of Banking)가 2011년 9월 겸업은행에서 소매금융부문을 은행그룹 내의 자회사로 존치시키되, 독립된 이사회와 별도의 자본금을 보유하도록 하여 여타 부문과 엄격히 격리하도록 하는 안을 발표하였다. 여타 유럽지역 국가들은 이러한 움직임에 대한 지지 의사를 밝혔으나, 아직 실질적인 도입은 추진되지 않았고 향후 귀추가 주목된다.

2) 시스템리스크 관리 강화 및 대형화 규제

금융규제가 금융시스템의 안정에 충분치 않았다는 지적이 제기되면서, 국제기구에서는 시스템리스크 관리를 강화하기 위한 방안이 활발히 논의되고 있다. 먼저 금융시스템에 불안을 초래할 수 있는 시스템상 중요 금융기관(SIFIs, Systemically Important Financial Institutions)에 대한 별도의 규제 도입이 추진되고 있다. 특히 2009년 4월 G20 정상회의에서 시스템상 중요 금융기관의 도덕적 해이(moral hazard)를 억제하기 위한 규제·감독을 실시하기로 합의하면서, 국제적 논의가 본격화되었다. 규제의 초점은 동 금융기관을 선정하고 감독하는 방안, 동 금융기관의 파산시 금융시장의 붕괴를 예방하고 납세자의 부담을 줄이기 위한 정리(resolution) 방안의 마련 등이었다.

국제기준 제정기구인 금융안정위원회(FSB, Financial Stability Board)와 바젤은행감독위원회(BCBS, Basel Committee on Banking Supervision)가 2011년 7월 발표한 시스템상 중요 금융기관의 규제 강화에 대한 공개권고안이 같은 해 11월 G20 정상회의에서 채택됨에 따라, 2016년부터 동 금융기관에 대한 규제가 도입될 예정이다. 이와 함께 유사은행업(shadow banking)에 대한 규제 도입이 FSB를 중심으로 추진되고 있다. 유사은행업은 전통적 은행과 달리, 중앙은행의 대출과 예금보험제도의 지원대상은 아니지만 은행과 유사한 금융중개기능을 수행하는 기관을 지칭한다. 2010년 11월 G20 정상회의에서는 FSB에 유사은행업에 대한 규제강화 권고안을 마련하도록 요청함에 따라, 동 기구는 유사은행업의 동향 파악 및 리스크 억제 방안 등을 담은 보고서를 2011년 10월에 발표하였다. 유사은행업에 대한 최종적인 규제는 실무그룹의 추가 논의를 거쳐, 추진될 예정이다. 금융기관의 규모 및 자산집중도가 커질수록 파산 시 금융시장 및 실물경제에 미치는 영향이 증대되므로, 금융기관의 규모를 제한해야 한다는 주장이 제기되고 있다. 이는 대형금융회사가 파산할 경우 정책당국이 그 경제적 충격을 줄이기 위해 구제금융을 실시할 것이라는 기대로 인해, 금융부문의 대형화와 위험추구 경향이 심화되는 대마불사 현상을 해소하는 데에 목적이 있다. 미국에서는 닫-프랭크법에서 은행지주회사, 예금취급기관 및 동 기관의 지배회사 등의 인수·합병을 통한 대형화를 제한하는 규제를 도입하였다. 금융기관 대형화 억제에 대한 국제적 논의도 계속 진행중이다.

3) 거시건전성 정책 논의 및 감독체계 개편

최근 금융위기가 특정 금융기관의 부실보다는 신용팽창 및 자산가격의 거품 등 거시경제 불균형과 그 조정과정에서 발생함에 따라, 종래의 미시적 금융감독만으로는 금융안정을 도모하기 어렵다는 인식이 확산되었다. 이에 따라 세계적으로 개별 금융기관에 대한 건전성 규제와는 별도로 국가경제 전체 또는 금융시스템의 차원에서 거시건전성(macro prudential) 정책이 필요하다는 공감대가 형성되었다. 글로벌 금융위기 이후 주요국 중앙은행제도 및 금융감독체계의 개편은 ① 중앙은행의 금융안정기능 강화, ② 이원적 금융감독기구 방식(twin peaks approach)으로 특징 지워진다. 미국은 재무부, 중앙은행, 감독기구 등이 참여하는 기관 간 협의체를 구성하였고, 연방준비이사회(FRB)가 금융시스템에 큰 영향을 미치는 대형 금융회사에 대한 건전성 기준을 제정하여, 필요시 직접 자료요구 및 검사를 할 수 있도록 하였다. 중앙은행으로부터 감독기능을 분리시켰던 영국의 경우 중앙은행 내에 거시건전성 감독을 총괄하는 위원회(FPC, Financial Policy Committee)를 신설하고, 금융감독원(Financial Services Authority)을 중앙은행 산하로 통합하여 2012년부터 시행하고 있다. EU는 거시건전성에 관한 정보를 수집하고 대응조치를 권고하는 등의 기능을 담당하는 유럽시스템리스크위원회(European Systemic Risk Board)를 신설하고, 유럽중앙은행(ECB)이 동 사무국 역할을 수행하도록 하였다. 최근 금융감독체계를 개편한 국가들은 대부분 미시건전성 규제와 금융소비자보호를 별개의 기구에서 담당하는 이원적 감독기구방식을 채택하고 있다.

제3절 금융하부구조

금융하부구조(financial infrastructure)란 금융거래가 원활히 이루어지도록 금융시장 및 금융기관을 지원·감시하는 법률체계 또는 기관을 의미하며, 중앙은행제도, 지급결제제도, 금융감독제도, 예금보험제도 등이 여기에 해당된다. 중앙은행제도는 중앙은행과 그 조직 및 의사결정 체계, 업무범위 등을 포괄한다. 중앙은행은 발권력을 가진 최종대부자(lender of last resort)로서 금융기관 예금에 대하여 지급준비금을 부과하고, 필요시 금융기관에 부족자금을 공급하는 기능을 수행한다. 이러한 기능은 금융제도 안정뿐만 아니라 물가안정에도 기여한다. 우리나라에서는 1950년 6월 12일 설립된 한국은행이 이러한 중앙은행 역할을 담당하고 있다.

① 지급결제제도는 실물 기타 금융 거래에서 발생한 채권·채무를 완결시키는 기능을 수행하며 지급수단, 참가기관 및 결제시스템으로 구성된다. 지급수단에는 현금과 비현금 지급수단인 어음, 수표, 신용카드 등이 있다. 참가기관은 은행, 우체국, 카드회사 등 비현금 지급수단을 제공하는 금융기관, 금융기관 간 채권과 채무를 상계 처리하는 금융결제원 등 청산기관(clearing house), 그리고 금융기관의 당좌계정 간 차액이체를 통해 지급결제를 완결시키는 한국은행 등이 있다. 결제시스템은 결제방식에 따라 차액결제시스템과 총액결제시스템으로, 대상거래에 따라 소액(retail)결제시스템과 거액(large value)결제시스템으로 나누어지는데 거래 특성상 소액결제는 차액결제시스템으로, 거액결제는 총액결제시스템으로 운영되는 것이 일반적이다. 우리나라의 경우 총액·거액결제시스템으로 한국은행이 운영하는 한국은행금융결제망(BOK-Wire)과 소액·차액결제시스템으로 금융결제원이 운영하는 어음교환시스템, 지로시스템, 은행공동망 등이 있다.

② 금융감독제도는 금융기관으로 하여금 금융중개를 공정하게 하고 경영건전성을 유지하도록 함으로써 금융소비자의 재산을 보호하고, 금융거래를 활성화하는 것을 목적으로 한다. 금융감독기관은 이를 위해 금융기관의 설립을 인가하고, 금융기관이 업무수행시 지켜야 할 각종 규칙을 제정하며 이의 준수 여부를 감시하는 기능을 수행한다. 우리나라의 금융감독제도는 금융위원회 및 금융감독원이 거의 모든 금융기관을 감독하는 통합형 금융감독제도이다. 금융위원회는 금융감독 관련 정책 및 금융기관 인·허가 등 금융감독과 관련한 중요 사항을 심의·의결하며, 금융감독원은 금융위원회가의 결정한 사항을 집행하거나 금융기관을 검사·감독하는 업무를 수행한다. 이 밖에 금융감독원에 대한 검사 요구나 공동검사 참여 등을 통해 제한적인 금융감독기능을 보유하는 한국은행과 예금보험공사 등도 부분적으로는 금융감독기능을 수행하고 있다.

③ 예금보험제도는 금융기관이 경영부실 등으로 예금 원금이나 이자를 지급할 수 없을 때 예금보험기구가 해당 금융기관을 대신하여 예금주에게 원리금의 전부 또는 일부를 지급하는 일종의 보험제도이다. 예금보험제도는 소액 예금주들을 금융기관의 경영부실로부터 보호하고, 예금인출 사태가 발생하지 않도록 방지하는 금융안전망(financial safety net) 구실을 한다. 우리나라의 예금보험제도는 1996년 예금보험공사의 설립을 계기로 체계화되었는데, 현재 은행예금은 물론 증권사, 보험회사 등의 일부 금융상품도 예금보호 대상에 포함되어 있다. 한편 신용협동조합, 새마을금고, 농업협동조합, 수산업협동조합, 산림조합 등의 서민금융기관은 조합원 간 상호부조를 목적으로 하는 기관이라는 점에서, 해당 금융

권별로 자체 예금보호제도를 두고 있다. 그리고 우체국 예금보험은 관련 법령에 의거 국가가 지급을 보장하고 있어, 예금보험공사의 부보대상에 포함되지 않는다.

제4절   중앙은행제도

1. 중앙은행

일반적으로 중앙은행은 독점적 발권력을 바탕으로 금융기관에 부족자금을 대출하는 은행의 은행 기능과 정부의 세입 및 세출을 관리하고 필요시 부족자금을 대출하는 정부의 은행 기능을 수행한다. 아울러 통화량 및 금리 조절을 통해 물가안정을 포함한 거시경제의 안정을 도모하는 한편, 최종대부자 역할, 거시건전성 정책 등을 통해 금융안정에도 기여한다. 현재 우리나라의 중앙은행은 한국은행이다.

2. 한국은행의 정책목표

1) 물가안정

한국은행법은 '한국은행을 설립하고 효율적인 통화신용정책의 수립과 집행을 통하여 물가안정을 도모함으로써 국민경제의 건전한 발전에 이바지함을 목적으로 한다'(한국은행법 제1조 1항)라고 규정하여, 한국은행의 설립목적이 '물가안정'임을 명규하고 있다. 그리고 '한국은행은 통화신용정책을 수행함에 있어 금융안정에 유의하여야 한다'(동법 동조 2항)고 하여 통화신용정책의 수립과 집행을 통하여 물가안정을 도모하고, 이 과정에서 금융안정에도 유의하여야 한다고 하고 있다.

통화신용정책의 목표, 정책수단 및 조직 등을 망라하여 통화신용정책 운용체계라고 한다. 동 운용체계는 정책목표 설정방식에 따라 통화량 지표를 목표로 하는 통화량 목표제(monetary targeting system), 환율을 목표로 하는 환율 목표제(exchange rate targeting system) 및 물가상승률을 목표로 하는 물가안정 목표제(inflation targeting system)의 세 가지로 분류된다. 이 중 물가안정 목표제는 중앙은행이 일정기간 동안 달성해야 할 물가상승률 목표를 설정·공표하고 이에 맞추어 통화신용정책을 운용하는 방식으로서, 1990년대 들어 다수 국가의 중앙은행들이 도입한 통화신용정책 운용체계이다.

목표대상 물가지수는 물가안정목표제의 기본 목적인 기대 인플레이션 안정을 위해, 소비자 물가지수를 목표대상 물가지수로 운용하고 있다.

2) 금융안정의 유지

1990년대 이후 금융안정은 물가안정과 함께 중앙은행의 주요한 정책목표로서 새롭게 부상하였다. 이는 통화신용정책을 통해 총수요관리에 노력한 결과 물가는 안정된 반면, 금융자유화, 개방화 및 금융혁신의 진전 등으로 인하여 세계적으로 크고 작은 금융위기가 빈발함에 따라 금융안정을 바라는 기대가 커졌기 때문이다. 금융안정은 금융시스템을 구성하고 있는 '금융기관의 안정'(institution stability)과 '금융시장의 안정'(market stability)으로 구분된다. 전자는 개별 금융기관의 부실 방지가 목표라는 점에서 미시적 금융안정이라고도 하고, 후자는 금융제도 전반의 안정 유지가 목표라는 점에서 거시적 금융안정이라고도 한다. 2011년에 한국은행법을 개정하면서 한국은행법의 목적조항에 '한국은행은 통화신용정책 수행시 금융안정에 유의하여야 한다'(법 제1조 2항)고 규정함으로써, 중앙은행의 금융안정 책무를 중앙은행법에 명시하기에 이르렀다.

3) 지급결제제도의 총괄 및 감시

한국은행은 한국은행법에 의거 주요 지급결제제도에 대한 감시 및 제도개선방안 강구 등 지급결제제도의 총괄업무를 담당하고 있다. 이와 함께 우리나라 지급결제제도의 중핵인 한국은행금융결제망(BOK-Wire)을 운영하고 있으며, 일부 금융기관의 결제자금 부족이 연속적으로 결제불이행을 초래하여 금융제도 전체를 위기에 빠뜨리지 않도록 하기 위하여, 결제자금이 일시적으로 부족한 은행 및 비은행금융기관에게 부족 자금을 대출하는 제도를 운영하고 있다.

3. 의사결정 및 집행체계

한국은행은 금융통화위원회, 총재를 정점으로 하는 집행기관, 그리고 감사로 구성되어 있다. 금융통화위원회는 통화신용정책과 한국은행의 운영에 관한 사항을 심의·의결하며, 총재,

부총재, 부총재보 등 집행기관은 금융통화위원회가 결정한 정책을 집행하는 기능을, 감사는 집행기관의 업무수행에 대한 감사 기능을 각각 담당하고 있다.

■ 금융통화위원회

금융통화위원회는 한국은행의 정책결정기구로서 통화신용정책과 한국은행의 운영에 관한 사항을 심의·의결하는 권한을 가지고 있다. 금융통화위원회는 한국은행 총재와 부총재, 그리고 경제 각계의 대표에 의해 운영되는 합의제 기구이다. 금융통화위원회를 합의제 기구로 설치·운영하는 취지는 중앙은행의 기능이 국민경제에 미치는 영향이 막중하다는 점에서, 정책결정의 민주화와 정치적 중립성을 견지하려는 데 있다.

금융통화위원회는 한국은행 총재와 부총재, 그리고 5인의 상임위원 등 총 7인의 위원으로 구성된다. 5인의 상임위원은 금융·경제 또는 산업에 관하여 풍부한 경험이 있거나 탁월한 지식을 지닌 자로서 추천기관의 추천을 받아 대통령이 임명한다. 위원의 임기는 당연직인 한국은행 부총재(3년)를 제외하고는 모두 4년이며 1회에 한해 연임할 수 있다. 금융통화위원회 의장은 한국은행 총재가 겸임한다. 금융통화위원회 위원은 정치활동이나 겸직을 금지하고 있으며, 특수한 경우를 제외하고는 그 의사에 반하여 해임할 수 없도록 신분을 보장하고 있다. 금융통화위원회의 회의는 정기회의와 임시회의로 나누어진다. 임시회의는 의장이 필요하다고 인정하는 때 또는 위원 2인 이상의 요구가 있을 때 의장이 소집한다. 의안에 대해서는 특별한 경우를 제외하고는 위원 5인 이상의 출석과 출석위원 과반수의 찬성으로 의결한다. 위원은 2인 이상의 찬성으로 의안을 발의할 수 있으나 의장은 단독으로 의안을 발의할 수 있다.

한편 기획재정부장관은 금융통화위원회의 의결이 정부의 경제정책과 상충된다고 판단되는 경우 금융통화위원회에 재의를 요구할 수 있다. 기획재정부장관이 재의를 요구하는 경우 이를 즉시 공표하여야 하며, 금융통화위원회가 위원 5인 이상의 찬성으로 종전과 같은 의결을 한 때에는 대통령이 최종 결정한다. 아울러 정부가 금융통화에 관한 중요한 정책을 수립하는 경우에는 금융통화위원회의 의견을 들어야 한다.

연습문제

문제1 다음 문제를 읽고 ○, X로 답하시오.

1. 외국환관리는 통화정책수단 중 하나이다. (   )

2. 금융기관보유 시재금도 필요지급준비금의 35% 이내에서 지급준비금으로 인정받는다. (   )

3. 한국주택금융공사는 단기주택자금 공급을 위해 설립되었다. (   )

4. 자본시장중심 금융제도는 한국, 일본, 독일 등과 같은 간접금융 위주의 금융제도이다. (   )

5. 1999년 금융서비스현대화법(Gramm-Leach-Bliley Act)은 전업주의를 추구하자는 법이다. (   )

6. 2010년 7월 미국에서 은행·은행지주회사 및 계열 자회사가 고객서비스와 관련없는 자기매매거래(proprietary trading), 헤지펀드 및 PEF 투자 등의 투자은행업무의 겸업을 원칙적으로 금지하는 일명 '볼커 룰'(Volcker Rule)을 도입한 것을 금융서비스현대화법(Gramm-Leach-Bliley Act)이라 한다. (   )

풀이 1. X ⇒ 외국환관리는 한국은행의 기능중 하나이지만 통화정책수단은 아니다.

2. ○

3. X ⇒ 단기주택자금이 아닌 장기주택자금이다.

4. X. 자본시장중심 금융제도는 미국 영국 등과 같은 직접금융위주의 금융제도이다.

5. X. 1999년 미국의 금융서비스현대화법(Gramm-Leach-Bliley Act)은 겸업주의를 추구하자는 법이다. 전업주의를 추구하는 것은 1933년 은행업과 증권업의 겸영규제를 골자로 하는 글래스-스티걸법(Glass-Steagall Act)이다.

6. X. 금융서비스현대화법(Gramm-Leach-Bliley Act)이 아니고 닫-프랭크법(Dodd-Frank Wall Street Reform and Consumer Protection Act)이다.

문제2 다음 내용을 읽고 ( ) 안에 적절한 내용을 기재하시오.

1. 한국은행 설립의 가장 큰 목적은 ( ) 이다.

2. 한국은행법은 물가안정을 위해 한국은행에게 통화신용정책의 수립과 집행권한을 부여하였으나, 2011년 한국은행법의 개정에서는 이에 덧붙여 ( ) 유의 의무를 새로이 부과하였다.

3. 통화신용정책의 목표, 정책수단 및 조직 등을 망라하여 ( )라고 한다.

4. 기준금리란 ( )에서 결정되는 금리이다.

5. 물가안정목표제의 물가지수는 ( )이다.

6. 글로벌 금융위기 이후 세계금융제도 개편 논의는 ( )리스크를 예방하기 위한 규제 강화 방안이 논의되고 있다.

풀 이

1. 물가안정　　　　　　　　　　　2. 금융안정
3. 통화신용정책 운용체계　　　　　4. 금융통화위원회
5. 소비자물가지수　　　　　　　　6. 시스템

문제3 다음 문제에 대해 적당한 답을 선택하시오.

1. 통화신용정책 운용체계가 아닌 것은? ( )
   ① 통화량 목표제　　　　　　　② 환율 목표제
   ③ 물가안정 목표제　　　　　　④ 외환보유 목표제

2. 우리나라의 겸영 허용과 가장 거리가 먼 것은? ( )
   ① 독일 방식　　　　　　　　　② 자회사 방식
   ③ 지주회사 방식　　　　　　　④ 일본 방식

3. 거시건전성(macroprudential) 정책과 거리가 먼 것은? ( )
   ① 최근 금융위기를 특정 금융기관의 부실이 근원이라 본다.
   ② 신용팽창
   ③ 자산가격 거품
   ④ 국가경제 전체 또는 금융시스템 차원에서의 필요한 정책

풀 이

1. ④　　　　　　　　　　　　　2. ①
3. ①

문제4 다음 문제를 약술하시오.

1. 금융하부구조(financial infrastructure)
2. 거시건전성(macroprudential) 정책
3. 글래스-스티걸법(Glass-Steagall Act)

풀 이 1. 금융하부구조란 금융거래가 원활히 이루어지도록 금융시장 및 금융기관을 지원·감시하는 법률체계 또는 기관을 의미하며, 중앙은행제도, 지급결제제도, 금융감독제도, 예금보험제도 등이 여기에 해당된다.

2. 최근 금융위기가 특정 금융기관의 부실보다는 신용팽창 및 자산가격 거품 등 거시경제 불균형과 그 조정 과정에서 발생함에 따라, 종래의 미시적 금융감독만으로는 금융안정을 도모하기 어렵다는 인식이 확산되었다. 이에 따라 세계적으로 개별 금융기관에 대한 건전성 규제와는 별도로 국가경제 전체 또는 금융시스템 차원에서의 정책이 필요한데 이를 거시건전성 정책이라고 한다.

3. 1933년 미국에서 은행업·증권업의 겸업을 금지한 법이다.

제5절 지급결제제도

1. 지급결제와 지급결제제도

거래당사자 간의 채권·채무관계를 지급수단을 사용하여 자금을 이전시킴으로써 청산하는 제도적 장치를 지급결제제도라고 한다.

지급(Payment)은 물건을 사거나 서비스 등을 이용할 때 그 대가를 주는 것을 말하고, 결제(Settlement)[2]는 채권·채무관계가 종료되는 것을 말한다. 지급 시 사용하는 수단을 지급수단이라고 하는데 현금, 수표, 상품권, 신용카드, 계좌이체, 어음 등 다양하다. 흔히 시장에서 현금을 주고 물건을 살 때는 지급과 결제가 동시에 일어나지만, 신용카드나 수표 사용 시에 결제는 지급 이후에 이루어진다. 이렇게 지급과 결제는 별개의 개념이다.

'지급결제'는 '실물 또는 금융거래의 결과 발생한 거래당사자간의 채권·채무관계를 지급수단을 사용하여 화폐적 가치를 이전함으로써 종료하는 것'이고, '지급'(payment)은 '현금, 수표 또는 카드의 제시나 계좌이체를 통해 정당한 수취인에게 화폐청구권을 이전하는 행위', '결제' (settlement)는 '비현금지급수단의 사용으로 발생한 금융기관 간 채권과 채무를 상계하고, 상계후 남은 차액을 각 금융기관의 한국은행 내 당좌계정 간 이체를 통해 처리하는 것'이다.[3]

지급결제제도는 금융시스템의 하부구조로서 지급수단, 참여기관, 업무처리규정, 그리고 전산시스템 등으로 구성된다. 지급시 사용되는 지급수단에는 현금, 어음, 수표, 신용카드, 계좌이체 등이 있으며 장표의 실제 이동 여부에 따라 어음, 수표, 지로 등 장표(莊票, 문서)방식 지급수단과 신용·직불·선불카드 및 계좌이체 등 전자방식 지급수단으로 구분할 수 있다. 참여기관은 지급서비스 제공기관, 지급결제제도 운영기관, 그리고 한국은행 등으로 구분할 수 있다.

지급수단을 제공하는 지급서비스 제공기관에는 은행, 우체국, 금융투자회사, 신용카드회사 등이 있으며, 청산과 결제를 담당하는 지급결제제도 운영기관은 금융결제원, 한국거래소, 한국예탁결제원, 외환결제 관련 운영기관 등을 말한다. 한국은행은 거액결제시스템의 운영기관

---

2) 여기서 말하는 결제란 청산과 결제를 합친 개념이다. 지급에 따라 발생하는 금융기관간 채권과 채무를 상계처리하는 것을 청산(clearing)이라고 하고, 채무의 전액 또는 청산되지 않은 차액을 금융기관이 한국은행 당좌계정을 통해 이체함으로써 채권·채무관계를 종료시키는 것을 협의의 결제(settlement)라 한다.
3) 한국은행, 전게서, 303면.

인 동시에 화폐 발행, 최종결제서비스의 제공, 최종대부자로서 결제부족자금의 지원, 지급결제제도에 대한 감시 및 개선·확충 등 지급결제제도의 중추적인 역할을 하고 있다.

결제방식에는 채권과 채무를 상계하고 남은 차액만을 결제하는 차액결제방식, 채권과 채무의 집계 및 상계과정 없이 거래금액 전체를 결제하는 총액결제방식, 그리고 이 둘의 장점을 혼합한 혼합형결제방식이 있다. 차액결제방식은 소액결제시스템에, 총액결제방식은 거액결제시스템에 이용된다.

2. 결제시스템

1) 거액결제시스템 : 한국은행 금융망

우리나라의 거액결제시스템은 1994년 12월 가동한 한은금융망(BOK-Wire)이다. 이는 한국은행과 금융기관의 전산시스템을 상호 연결하여 금융기관 간 거액의 자금이체를 실시간 처리할 뿐 아니라, 소액결제시스템에서의 금융기관 간 채권·채무를 지정시점에 최종 결제하는 등 우리나라 지급결제시스템의 중추적인 역할을 수행하고 있다. 또한 증권대금 동시결제와 외환 동시결제에 연계하여 증권 및 외환거래에서의 결제리스크 감축에도 기여하고 있다.

한은금융망의 결제시스템은 총액결제시스템과 혼합형 결제시스템으로 구분되는데 전자는 순수 총액결제방식만이 적용되는 반면, 후자는 순수 총액결제방식과 양자 간 및 다자 간 동시처리방식이 모두 적용된다. 또한 금융기관이 일중에 신청하는 거액의 자금이체거래는 접수 즉시 처리되지만, 금융결제원이 다자간 차액결제금액을 산출하여 의뢰하는 차액결제업무, 상환기일이 명시된 콜자금의 상환, 금융기관이 수납한 국고자금의 회수 등은 특정시점을 지정하여 처리하고 있다.

2) 소액결제시스템

소액결제시스템으로는 어음교환시스템, 금융공동망, 지로시스템, 전자상거래 지급결제시스템 등이 있으며 소액의 결제를 다수 처리하기 때문에 주로 차액결제방식을 이용한다.

어음교환이란 다수의 은행이 일정한 시간에 어음교환소에 모여 자기은행이 수납한 어음 중 타은행을 지급지로 하는 어음과 타은행이 수납한 어음 중 자기은행을 지급지로 하는 어음을 서로 교환하고 대금을 결제하는 것을 말한다. 여기서 어음은 약속어음, 환어음 외에 당좌수표, 가계수표 및 자기앞수표 등을 포함한다. 최근에는 IT의 발전 및 '전자어음의 발행 및 유통에 관한 법률'의 제정 등으로 인해 어음 등을 실물로 교환하지 않고, 어음 등에 기재된 내용을 정보화하여 교환하는 방식으로 전환되었다.[4] 참가은행 간 어음교환에 따라 발생하는 교환차액은 한국은행에 개설된 참가은행의 당좌예금계정에서 대차결제된다.

금융공동망은 금융기관과 금융결제원의 전산시스템을 연결하여 고객에게 각종 금융거래서비스와 거래정보를 제공하는 지급결제시스템으로서, 우리나라 소액결제시스템의 중추를 담당하고 있다. 현재 운영되고 있는 금융공동망에는 현금자동인출기(CD)공동망, 타행환공동망, 직불카드공동망,[5] 자금관리서비스(CMS)공동망, 지방은행공동망, 전자화폐공동망, 전자금융공동망 등이 있다.

지로시스템은 지로를 통한 계좌이체가 지급결제중계센터에서 일괄처리되는 지급결제제도이며, 전기·전화요금 및 물품판매대금 등 대량의 수납·지급거래에 편리한 지급수단이다.[6] 지로이용업체는 금융결제원의 거래승인을 받아야 한다.

전자상거래 지급결제시스템은 인터넷 등을 통한 전자상거래에서 이용되는 지급결제시스템으로서, 거래 상대방에 따라 B2C 및 B2B 지급결제시스템으로 구분된다.

3) 증권결제시스템

증권결제란 증권시장에서 주식 또는 채권을 거래함에 따라 발생하는 매도자와 매수자간의 채권·채무관계를 증권의 인도와 대금의 지급을 통해 청산하는 것을 말한다. 증권결제시스템에는 한국거래소와 한국예탁결제원이 운영하는 유가증권시장 결제시스템 및 코스닥시장 결제시스템, 그리고 한국예탁결제원이 운영하는 채권기관투자자 결제시스템 및 주식기관투자자 결제시스템 등이 있다.

유가증권 및 코스닥시장 결제시스템은 한국거래소가 청산을 통해 증권회사별로 결제일에 수수할 증권과 대금을 확정하면 증권은 한국예탁결제원의 예탁계좌에서 계좌대체방식으로, 결제대금은 한국은행에 개설된 한국예탁결제원 계좌를 통해 자금이체방식으로 동시에 결제된다. 한편 채권기관투자자 결제시스템은 건별로, 주식기관투자자 결제시스템은 거래상대방별로 한

---

4) 2010년 11월에는 전국을 대상으로 실물이동 없이 전자정보의 전송만으로 어음·수표의 교환업무가 가능하게 되었다.
5) 신용카드의 경우에는 별도의 은행간 결제시스템은 없다. 은행계 카드는 카드회사가 매일의 은행간 결제차액을 계산하면 각 은행이 이를 어음교환에 회부하여 결제하고 있으며, 전문회사의 카드는 카드회사가 가맹점의 거래은행 계좌에 직접 입금하는 방식을 취하고 있다.
6) 지로(giro)는 회전이라는 의미의 희랍어 guros에서 유래한 말이다,

국예탁결제원이 청산하며, 증권수수는 장내시장과 같이 한국예탁결제원 계좌에서 대체되나 결제대금은 한국은행에 개설된 한국예탁결제원 계좌를 통해 증권과 동시에 결제된다.

4) 외환결제시스템

외환결제란 외환시장에서 외환거래에 따라 발생하는 채권·채무관계를 서로 다른 통화의 이전을 통해 해소하는 것을 말한다. 외환거래는 서울외국환중개주식회사 또는 한국자금중개 주식회사를 통한 장내거래 또는 거래당사자간 직접 접촉에 의한 장외거래로 한다. 장내거래는 중개회사가 실시간으로 제공하는 시황정보를 파악하여 직통전화로 거래가 주문·체결되는 전화주문방식이나 중개회사의 전자중개시스템(EBS, Electronic Brokering System)을 통해 거래가 체결되는 전자주문방식에 의해 이루어진다. 중개회사를 경유하지 않는 장외거래는 주로 로이터단말기의 딜링 머신 등을 통해 딜러 간 가격 및 거래조건을 결정하는 점두거래(店頭去來 over the counter transaction) 형태로 이루어진다. 외환시장은 거래 당사자에 따라 은행간시장과 대고객시장으로 구분되는데, 장내거래와 장외거래는 은행간시장에서의 거래 분류이다.

외환매매에 따른 외국환업무 취급기관 간 자금결제는 원화의 경우 대부분 한국은행에 설치된 외국환업무 취급기관의 당좌예금계정을 통해 이루어지고 있다. 외화의 경우 매도기관은 한은금융망을 이용하여 자신의 환거래은행 또는 CLS은행을 통해 자금을 결제한다. 환거래은행을 통한 외환결제는 은행간 외환거래에 있어서 가장 일반적인 결제방식으로서, SWIFT(Society for Worldwide Interbank Financial Telecommunication)망을 통해 자신의 환거래은행에 매도통화의 지급을 지시하면, 환거래은행이 해당 통화의 지급결제시스템을 통하여 거래상대방의 환거래은행에 자금을 이체함으로써 결제가 이루어진다.

CLS은행을 통한 외환동시결제는 국가간 시차로 인한 외환결제리스크 우려가 제기됨에 따라, 1999년 11월 국제결제은행(BIS)의 권고에 따라 미국 뉴욕시에서 외환동시결제의 구현을 목적으로 한 CLS(Continuous Linked Settlement)은행이 설립되었고, 이어 2002년 9월부터 CLS시스템이 가동되었다. 우리나라의 경우 2004년 원화가 CLS 결제적격통화로 지정된 이후, 한은금융망과 CLS은행을 연결하는 CLS연계시스템을 가동하고 금융결제원에 CLS공동망을 구축하여, 2004년 12월부터 CLS은행을 통한 원화·외화간 및 외화간 거래에 대해 동시결제를 할 수 있게 되었다.[7]

---

7) 한국은행, 전게서, 310면.

문제1 다음 문제를 읽고 ○, X로 답하시오.

1. 지급과 결제는 동일한 개념이다. (   )

2. 결제란 청산과 결제를 합친 개념이다. (   )

3. 차액결제방식은 거액결제시스템에서 이용된다. (   )

4. 어음교환 대상에 자기앞수표는 해당되지 않는다. (   )

풀이 1. X. 지급과 결제는 별개의 개념이다.

2. ○

3. X. 차액결제방식은 소액결제시스템에 이용되며, 거액결제시스템에 이용되는 것은 총액결제방식이다.

4. X. 해당된다. 어음교환대상은 약속어음, 환어음 외에 당좌수표, 가계수표 및 자기앞수표 등도 포함된다.

문제2 다음 내용을 읽고 (   ) 안에 적절한 내용을 기재하시오.

1. 지급에 따라 발생하는 금융기관 간 채권과 채무를 상계처리하는 것을 (   )이라 한다.

2. 채무의 전액 또는 청산되지 않은 차액을 금융기관이 한국은행 당좌계정을 통해 이체함으로써, 채권·채무관계를 종료시키는 것을 (좁은 의미의) (   )라 한다.

풀이 1. 청산(clearing)   2. 결제(settlement)

문제3 다음 문제에 대해 적당한 답을 선택하시오.

1. '금융공동망'은 금융기관과 (   )의 전산시스템을 연결하여 고객에게 각종 금융거래 서비스와 거래정보를 제공하는 지급결제시스템이다.

　　① 한국은행　　　　　　　　② 전국은행연합회

　　③ 금융감독원　　　　　　　④ 금융결제원

2. 지로이용업체는 어디로부터 거래승인을 받는가? (　)

　① 금융결제원　　　　　　　② 전국은행연합회

　③ 금융감독원　　　　　　　④ 한국은행

3. 채권기관투자자자 결제시스템과 관계된 것은? (　)

　① 금융결제원　　　　　　　② 한국은행

　③ 한국거래소　　　　　　　④ 한국예탁결제원

풀 이　1. ④　　　　　　　　　　2. ①

3. ④ ⇒ 채권기관투자자 결제시스템 및 주식기관투자자 결제시스템은 한국예탁결제원
이 운영한다.

문제4　다음 문제를 약술하시오.

1. 지로의 의미는?

2. CLS

3. CLS 공동망

4. BOK-Wire+

풀 이　1. 지로(giro)는 회전이라는 의미의 희랍어 guros에서 나온 말로서, 은행 등 금융권에
서 송금인의 위탁에 의하여 수취인 또는 수취단체의 예금계좌로 입금하는 것이다.

2. 1999년 11월 국제결제은행(BIS)의 권고에 따라 미국 뉴욕시에서 외환동시결제의 구
현을 목적으로 하여 설립된 은행이다(Continuous Linked Settlement).

3. 2004년 우리나라의 원화가 CLS 결제적격통화로 지정된 이후, 한은금융망과 CLS은
행을 연결하는 CLS연계시스템이 가동되면서 금융결제원에 구축된 공동망이다.
2004년 12월부터 CLS은행을 통한 원화·외화간 및 외화간 거래에 대해 동시결제를
할 수 있게 되었다.

4. BOK-Wire : 한국은행금융망을 말한다.

제6절   예금보호제도

1) 예금보호제도

금융기관이 경영부실 등으로 예금 원금이나 이자를 지급할 수 없게 된 때, 해당 금융기관을 대신하여 예금보험기구(=예금보험공사)가 예금주에게 원리금의 전부 또는 일부를 지급하는 제도이다.

2) 보험금의 지급

부보(負保)금융기관이 예금보험사고 발생시 예금보험위원회의 보험금지급 의결 등을 거쳐 보험금을 지급한다. 보험금 지급은 (1) 예금이 지급정지된 경우, (2) 인가취소·해산·파산의 경우, 3) 예금계약 이전의 경우 등에 이루어진다.

3) 예금보험료

예금자보호법에 의거 부보금융기관이 예금보험공사에 납부해야 할 예금보험료에는 보험료, 특별기여금, 출연금의 3가지가 있다.

4) 부보대상 금융기관

부보금융기관은 은행, 투자매매업자·투자중개업자, 보험회사, 종합금융회사, 상호저축은행 및 상호저축은행중앙회이다. 외국은행 국내지점 및 농업·수산업협동조합중앙회도 부보금융기관에 포함된다. 부보대상 은행에는 은행법에 의한 일반은행과 한국수출입은행을 제외한 특수은행이 해당된다. 투자매매업자·투자중개업자의 경우 증권을 대상으로 투자매매업 또는 투자중개업의 인가를 받은 회사, 보험회사에는 재보험회사를 제외한 모든 보험회사가 포함된다.

5) 보험금 한도

예금보험공사의 보험금 한도는 원금과 이자를 합쳐 예금자 1인당 5천만원이다.

6) 보호대상 금융상품

보호대상 금융상품은 예금, 보험계약, 예탁금 등의 원금 및 이자이며, 양도성예금증서(CD), 금융투자상품, 금융채 등은 보호대상에서 제외된다.

구분	보호대상 금융상품	보호대상 제외상품 [1]
은행	요구불예금, 저축성예금, 적립식예금, 원금보전형 금전신탁, 외화예금, 퇴직연금 및 개인퇴직계좌 적립금[2] 등	양도성예금증서(CD), 환매조건부채권(RP), 은행발행채권, 실적배당형 신탁, 금융투자상품[3], 농업·수산업협동조합중앙회 공제상품 등
투자매매업자·투자중개업자	증권 등의 매수에 사용되지 않고 고객계좌에 현금으로 남아 있는 금액, 자기신용대주담보금·신용거래계좌설정보증금 등의 현금 잔액, 원금보전형 금전신탁, 퇴직연금 및 개인퇴직계좌 적립금[2] 등	금융투자상품[3], 청약자예수금, 제세금예수금, 선물·옵션거래예수금, 유통금융대주담보금, 환매조건부채권(RP), 증권사 발행채권, CMA, 랩어카운트, 주가지수연계증권(ELS), 주식워런트증권(ELW) 등
보험회사	개인이 가입한 보험계약, 퇴직연금 및 개인퇴직 계좌 적립금[2], 원금보전형 금전신탁 등	법인인 보험계약, 보증보험계약, 변액보험계약 주계약, 재보험계약 등
종합금융회사	발행어음, 표지어음, CMA 등	금융투자상품[3], 양도성예금증서(CD), 환매조건부채권(RP), 종합금융회사 발행채권, 기업어음(CP) 등
상호저축은행	보통예금, 저축예금, 정기예금, 정기적금, 신용부금, 표지어음, 상호저축은행 중앙회 발행 자기앞수표 등	저축은행 발행채권 등

1) 정부·지방자치단체(국·공립학교 포함), 한국은행, 금융감독원, 예금보험공사, 부보금융기관이 가입한 금융상품은 2001년 1월 1일부터 보호대상에서 제외
2) 예금보호 대상 금융상품으로 운용되는 확정기여형 퇴직연금 및 개인퇴직계좌(IRA) 적립금만 해당. 개인퇴직계좌란 근로자가 받은 퇴직금 또는 중간정산으로 받은 퇴직급여를 개인계좌에 적립·운용하다가 연금 등으로 받는 형태이다.
3) 투자성(원본손실 가능성)이 있는 금융상품 : 주식, 회사채, 수익증권, 뮤추얼펀드, MMF 등

연습문제

문제1 다음 문제를 읽고 ○, X로 답하시오.
1. 예금보호는 원금만 해당된다. (   )
2. 계약이 이전되는 경우는 보험금 지급 사유가 되지 않는다. (   )

풀이 1. X. 이자도 포함된다.
2. X ⇒ 보험금 지급사유에 해당된다.

문제2 다음 내용을 읽고 (   ) 안에 적절한 내용을 기재하시오.
1. 예금의 보험금 지급의 의결은 (   )가 한다.
2. 예금의 보험사고는 (   )와 (   )로 구분한다.

풀이 1. 예금보험위원회
2. 제1종 보험사고, 제2종 보험사고

문제3 다음 문제에 대해 적당한 답을 선택하시오.
1. 예금보호대상인 것은? (   )
   ① CD   ② CP
   ③ RP   ④ 종금사 CMA
2. 예금보호대상이 아닌 것은? (   )
   ① 외화예금   ② MMF
   ③ 개인보험계약   ④ 표지어음

풀이 1. ④   2. ②

문제4 다음 문제를 약술하시오.

1. 제1종 보험사고
2. 제2종 보험사고

풀 이 1. 제1종 보험사고 : 부보금융기관의 예금 등 채권의 지급정지를 말한다.
2. 제2종 보험사고 : 부보금융기관의 영업인가·허가의 취소, 해산결의 또는 파산선고를
말한다.

제5장

금　리

제1절　이자, 이자율, 금리

1. 이자

이자는 원본의 사용대가로 받는 금전 기타의 물건으로서 법정과실(法定果實)이며, 법정과실은 수취할 권리의 존속기간일수의 비율로 취득한다(민법 제101조 2항, 제102조 2항). 쉽게 말하자면 남에게 돈을 빌려 쓴 대가로 치르는 일정한 비율의 돈이다.

2. 이자율

이자율은 원금에 대한 이자의 비율이다. 이자율은 실무상 '금리'라는 용어로 사용된다. 이율은 이자율의 준말이다.

3. 금리

금리는 원금에 대한 이자 또는 그 비율이다. 즉, 금리는 이자, 이자율의 의미를 모두 갖고 있다. 통상 '금리'는 이자율의 개념으로 사용되는 실무상의 용어로 볼 수 있다.

제2절 금리의 종류

1. 명목금리와 실질금리

명목금리는 금융 자산에서 액면금액에 대한 금리를 말한다. 물가상승율(=인플레이션율)을 공제하지 않은 금리이다. 실질금리는 명목금리에서 물가상승률을 뺀 것이다.

> 명목금리 = 실질금리 + 인플레이션율

(1) 피셔효과(Fisher effect)

명목금리가 실질금리와 예상 인플레이션율의 합으로 결정되는 현상을 피셔효과라고 한다.

(2) 국제피셔효과

두 나라의 금리 차이는 두 나라의 통화 간 예측되는 환율변동과 같다는 이론으로 금리와 환율의 상호관계를 나타내주는 개념이다. 두 나라 통화 간 현물 환율은 양국간 금리 격차와 반대 방향으로 움직인다고 가정한다. 즉, 표시통화만 다르고 위험과 만기가 동일한 금융상품 간의 금리 차이는 두 통화 간 환율의 기대변동률과 같다는 것이다.

2. 지표금리, 기준금리, 국제기준금리

(1) 지표금리

지표금리는 금융시장의 지표가 되는 금리로서, 3년 만기 국고채 수익률이 사용된다.

(2) 기준금리

기준금리는 매월 금융통화위원회가 결정하는 금리로서 통화정책의 운용 목표로 사용되며, 7일물 RP금리가 사용된다.

(3) 국제기준금리

국제금융시장에서 대출의 기준이 되는 금리로서 LIBOR가 대표적이다. LIBOR(London inter-bank offered rate)는 런던 은행 간의 대출금리이다.

3. 수익률

수익률(earning rate)은 자본에 대한 수익의 비율이다. 주로 채권매매 시 자주 사용되는 용어라서 수익률 하면 흔히 채권수익률을 말한다. 채권수익률과 채권가격은 역의 관계이다. 채권수익률은 채권할인율의 개념이다. 채권수익률에는 표면이자율, 실효수익률, 경상수익률, 만기수익률이 있다.

(1) 표면이자율

표면상의 이자율을 말한다. 채권액면가에 대한 이자액의 비율이다.

표면이자율 = 이자액 / 채권액면가

(2) 실효수익률

만기시 실제수익을 채권구입가로 나눈 것이다.

실효수익률은 원금, 표면이자, 재투자수익 등 3가지 수익을 모두 계산한 수익률로 볼 수 있다.

(3) 경상수익률

채권구입가에 대한 표면이자 수입의 비율을 말한다.

경상수익률 = 이자액 / 채권구입가

(4) 만기수익률

만기수익률은 채권을 만기까지 보유할 경우 투자원금에 대하여 1년당 어느 정도의 수익을 얻게 되는가를 나타내는 예상수익률이다. 최종수익률이라고도 불린다. 통상 채권수익률이라고

하는 것은 만기수익률을 말하며, 채권구입가에 대한 순수익의 비율을 말한다. 이 지표가 가장 대표적인 수익률이다.

만기수익률 = 총수익 / 채권구입가

제3절 이자율 결정이론

1. 고전학파의 저축·투자이론(실물적 이자율 결정이론)

고전학파의 대부자금설은 저축과 투자가 일치하는 균형점에서 이자율이 결정된다고 보았다. 이자율을 저축과 투자에 의해 이루어지는 실물적 현상으로 간주하고 있는 것이다. 그리하여 고전학파의 대부자금설은 실물적 이자율결정이론이라고도 한다. 근본적으로 대부자금의 공급은 가계의 저축에 의해 결정되고, 대부자금의 수요는 기업의 투자에 의해 결정된다. 이때 대부자금의 수요와 공급은 화폐 부문이 아닌 실물 부문에 의해 영향을 받는 것이므로, 고전학파에서는 이자율은 실물부문에 의해 결정된다고 본다.

2. 케인즈의 유동성 선호설(화폐적 이자율 결정이론)

유동성 선호설은 케인즈가 제시한 이자율 결정이론이다. 케인즈는 이자율 결정이 화폐적 현상이며, 이자는 기본적으로 유동성을 포기한데에 따른 대가라고 보았다. 화폐와 채권 등 여러 금융자산 중에서 화폐는 유동성은 높으나 수익이 없는 자산인 반면, 채권은 유동성이 낮으므로 채권을 선택하기 위해서는 유동성 포기에 대한 대가를 주어야 하고, 이것이 이자라는 것이다. 케인즈는 이자율이 화폐시장에서 경제주체들의 유동성에 대한 선호와 화폐공급의 상호작용에 의해서 결정된다고 파악하였다. 때문에 케인즈의 유동성 선호설을 화폐적 이자율 결정이론이라고도 한다.

화폐 수요에는 거래적 동기, 예비적 동기, 투기적 동기가 있고, 거래적 동기와 예비적 동기는 소득의 함수, 투기적 동기는 이자율의 함수로 보고 있다.

3. 대출자금설

대출자금설은 대출자금의 수요와 공급에 의해 이자율이 결정된다고 하는 설이다. 이자율을 다른 상품과 마찬가지로 자금의 가격으로 본다. 대출자금설은 일정 기간동안 유량(flow)인 대출자금의 수요와 공급에 의해 이자율의 결정을 설명하고 있다. 빅셀(J. G. K. Wicksell), 힉스(J. R. Hicks), 로버트슨(D. H. Robertson)이 주장하였다.

■ 유동성 함정(liquidity trap)

유동성 함정이란 이자율 수준이 상당히 낮아서 사람들이 채권을 구입하지 않고, 현금만 보유하려 하기 때문에 화폐수요가 무한대인 현상을 말한다. 대공황 당시 나타난 현상으로서 케인즈(J. M. Keynes ; 1883~1946, 영국의 경제학자)가 붙인 용어이다.

유동성 함정에 빠지면 아무리 돈을 풀어도 경기가 잘 살아나지 않는다. 돈을 빌리기 쉽고 이자가 내렸어도, 소비하고 싶은 욕구나 투자하고 싶은 마음이 들지 않기 때문이다. 케인즈는 거시적인 입장에서 경제의 실물면과 화폐면을 종합하여 실업의 존재를 설명할 수 있는 이론으로서, 『고용, 이자 및 화폐의 일반이론』(1936)을 발표하여 케인즈 학파를 창시하였다.

□ 유동성 함정

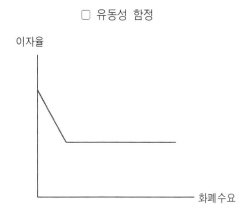

연습문제

문제1 다음 문제를 읽고 ○, X로 답하시오.

1. 투기적 동기는 소득의 함수이다. (   )

2. 케인즈의 유동성선호설은 실물적 이자율 결정이론이다. (   )

3. 채권액면가에 대한 이자액의 비율은 표면이자율이다. (   )

풀이 1. X ⇒ 이자율의 함수이다.

2. X ⇒ 화폐적 이자율 결정이론이다.

3. ○

문제2 다음 내용을 읽고 (   ) 안에 적절한 내용을 기재하시오.

1. 케인즈가 주장한 화폐수요는 거래적 동기, (   ), 투기적 동기이다.

2. 이자율이 너무 낮아 화폐수요가 무한대인 상황을 (   )이라 한다.

3. 빅셀, 힉스, 로버트슨이 주장한 이자율 결정이론은 (   )이다.

4. 대출자금설은 이자율을 자금의 (   )으로 본다.

풀이 1. 예비적 동기

2. 유동성 함정

3. 대출자금설

4. 가격

문제3 다음 문제에 대해 적당한 답을 선택하시오.

1. 대출자금설과 관계없는 사람은? (   )

   ① 빅셀   ② 힉스

   ③ 로버트슨   ④ 케인즈

2. 투기적 동기와 관계있는 것은? (   )

    ① 소득   ② 금리

    ③ 힉스   ④ 대출자금설

풀 이   1. ④   2. ②

문제4 다음 문제를 약술하시오.

1. 유동성 함정
2. 대부자금설

풀 이   1. 유동성 함정이란 이자율 수준이 상당히 낮아서 사람들이 채권을 구입하지 않고 현금만 보유하려 하기 때문에 화폐수요가 무한대인 현상이다.

2. 대부자금설은 고전학파의 주장으로서, 이자율이 저축과 투자가 일치하는 균형점에서 결정된다고 보는 학설이다.

제6장

통 화

제1절 통화지표

1. 통화와 화폐

통화와 화폐의 개념을 엄밀히 구분하자면, 사전적 의미로는 화폐가 더 넓은 개념으로서 기능이 중시된 개념이다.

① 통화 : 통화는 경제 내에 유통되는 돈을 의미하며, 지폐나 동전 같은 현금뿐만 아니라 현금으로 손쉽게 전환할 수 있는 은행 예금 등의 금융자산도 포함한다.

② 화폐 : 교환경제 사회에서 상품의 교환·유통을 원활하게 하기 위한 일반적 교환수단 내지 일반적 유통수단이다. 상품 교환 가치의 척도가 되며 그것의 교환을 매개하는 일반화된 수단으로 주화, 지폐, 은행권 등이 있다.

1) 화폐의 기능

화폐의 기능은 교환의 매개수단, 가치저장의 수단, 가치척도의 수단, 이연지급의 수단이 있다.[1]

---

1) 이연지급의 수단은 장래 지급해야 할 채무를 화폐로 표시할 수 있다는 것이다,

2) 화폐 발행제도

화폐발행제도는 경제 내에서 화폐의 발행량이 결정되는 메커니즘을 말한다. 과거 한때 금본위제도(gold standard system)를 채택했던 예도 있으나, 오늘날 대부분의 국가들은 관리통화제도(managed currency system)를 채택하고 있다. 금본위제도는 화폐단위의 가치와 금의 일정량의 가치를 연계시켜 등가관계를 유지하는 제도이다. 관리통화제도는 통화량을 통화당국의 재량에 의해 조절해 나가는 제도이다.

2. 우리나라의 통화지표

우리나라의 통화지표로는 협의통화(M1), 광의통화(M2), 금융기관유동성(Lf), 광의유동성(L)이 있다.

(1) 협의통화(M1) : 자금시장의 유동성파악 지표

협의통화(M1)는 민간이 보유중인 현금에 결제성예금을 더한 것이다. 결제성예금은 당좌예금, 보통예금 등 요구불예금과 저축예금, 시장금리부 수시입출식예금(MMDA, money market deposit account) 등으로 구성된다.

> 협의통화(M1) = 민간보유 현금 + 결제성예금(요구불예금, 저축성예금,
> 수시입출금식 정기예금)

(2) 광의통화(M2) : 시중통화량 파악 지표

광의통화(M2)는 협의통화(M1)에 약간의 이자소득만 포기하면 언제든지 인출이 가능한 정기예·적금, 시장형 금융상품 등을 포함하는 통화지표로서, 시중의 통화량을 잘 파악할 수 있는 지표이다.

> 광의통화(M2) = 협의의 통화(M1) + 정기예·적금 + 시장형금융상품
> (CD, RP, CMA, 표지어음) + 실적배당형금융상품(금전
> 신탁, 수익증권) + 금융채·기타 예금

(3) 금융기관 유동성(Lf) : 금융기관이 공급하는 유동성

금융기관 유동성(Lf)은 금융기관이 공급하는 유동성을 나타내는 지표이다.

> 금융기관 유동성(Lf) = 광의통화(M2) + 2년 이상 장기금융상품(정기예·
> 적금, 금융채 등), 생명보험 계약준비금, RP,
> 금융채 + 증권금융회사 예수금(고객예탁금) 등

(4) 광의유동성(L) : 국민경제 전체의 유동성

광의유동성(L)은 한 나라의 경제 전체가 보유중인 유동성이다.

> 광의유동성(L) = 금융기관유동성(Lf) + 기타 금융기관상품 + 국채, 지방
> 채, 회사채, CP 등

제2절 통화 공급

1. 개요

  시중의 통화 공급량은 본원통화와 예금은행의 신용창조 과정에서 파생된 예금통화에 의해
결정된다.

2. 본원통화

  본원통화는 중앙은행이 공급한 화폐발행액에 금융기관의 지급준비예치금을 합한 금액이다.
금융기관은 지급준비금을 중앙은행에 예치한 후 일부는 시재금으로 보유한다.

본 원 통 화		
현금통화(민간보유 현금)	금융기관 지급준비금	
현금통화(민간보유 현금)	금융기관 보유 시재금	금융기관 지준예치금
화폐발행액		금융기관 지준예치금

3. 예금통화

중앙은행이 발행한 화폐가 예금은행에 예치되면 예금은행은 이중 일부만을 지급준비금으로 보유하고 나머지는 대출하는데, 이 대출금이 다시 예금은행에 예치되는 과정이 반복되면서 파생되는 통화를 예금통화라 한다.

4. 통화승수와 통화공급방정식

통화량은 중앙은행이 공급한 본원통화의 승수배에 해당하는 만큼 창출된다. 본원통화에 대한 통화량의 배율이 통화승수(k)이다.

$$M = k \cdot RB$$

M   : 통화량   k   : 통화승수
RB : 본원통화

$$k = \frac{1}{c + r(1-c)}$$

      c : 현금통화비율   r : 실제 지급준비율

5. 통화의 공급경로

통화의 공급경로는 정부부문, 민간부문, 국외부문, 기타 부문[2]으로 구분된다.

---

2) 기타 부문은 중앙은행이 시중에 공급된 통화량을 줄이기 위해 통화안정증권을 발행하면 본원통화가 환수되고, 통화안정증권이 만기에 상환되면 다시 본원통화가 공급되는 부문이다.

제3절 통화의 수요이론

1. 화폐수량설(통화수량설)

화폐수량설이란 재화를 구입하기 위해 화폐가 필요하므로 화폐수요가 재화의 총거래량에 의해 결정된다는 것이다. 재화의 총거래량이 증가하면 화폐수요가 증가하고 재화의 총거래량이 감소하면 화폐수요는 감소한다.

1) 교환방정식

화폐수량설에 의한 방정식이 피셔의 교환방정식이다. 이는 통화량과 물가 사이의 관계를 설명하는 고전학파의 화폐수요이론으로서, 미국 경제학자 피셔(Fisher)에 의해 교환방정식으로 나타났다.

$$M \cdot V = P \cdot T$$

M : 통화량
V : (화폐) 유통속도
P : 물가수준
T : (상품) 총거래량

2) 소득개념 교환방정식(개량된 교환방정식)

화폐수요는 경제 전체의 명목소득($P \cdot Y$)과 비례한다고 주장하는 설이다. 이는 경제주체들이 거래 외에 부의 저장수단으로도 화폐를 보유하기 때문이다. 마샬(A. Marshall), 피구(A. C. Pigou) 등 케임브리지학파의 주장이다. 화폐수량설의 $M \cdot V = P \cdot T$에서 T 대신에 실질국민소득(= 총생산량) Y를 사용한다.

T에는 최종생산물뿐 아니라 중간생산물도 포함되어 있지만, 최종생산물만 거래된다고 가정하면 T를 실질국민소득 Y로 대체할 수 있다.

$M \cdot V = P \cdot T$에서의 T를 실질국민소득 Y로 대체하면,

$$M \cdot V = P \cdot Y$$

M : 통화량
V : (화폐) 유통속도
P : 물가수준
Y : 실질국민소득
※ P·Y : 명목국민소득

$M \cdot V = P \cdot Y$를 '소득개념 교환방정식' 혹은 '개량된 교환방정식'이라고 한다.

(1) 피셔의 화폐수요함수

$M \cdot V = P \cdot Y$는

$$M = \frac{1}{V} \cdot P \cdot Y$$

로 나타낼 수 있다.

이는 화폐수요가 명목국민소득(P·Y)의 일정비율($\frac{1}{V}$)로 결정됨을 시사한다.

(2) 통화잔고 방정식(현금잔고 방정식, 케임브리지 방정식)

$$M = k \cdot P \cdot Y, \quad \frac{M}{P} = K \cdot Y$$

이는 명목화폐수요는 명목국민소득(P·Y)의 일정비율(k)로 결정되고, 실질화폐수요($\frac{M}{P}$)는 실질국민소득(Y)의 일정비율(k)로 결정된다는 것이다.

k를 마샬(A. Marshall)의 k라 한다. 마샬의 k는 교환방정식의 ($\frac{1}{V}$)과 일치한다.

$$k = \frac{1}{V}$$

이를 정리하면,

$$M = \frac{1}{V} \cdot P \cdot Y = k \cdot P \cdot Y$$

> M : 통화량
> V : (화폐) 유통속도
> P : 물가수준
> Y : 총생산량
> (k = 마샬의 k)

고전학파의 화폐수요결정에는 이자율이 없어, 화폐수요는 이자율과 무관하다.

3) EC 방정식

$M \cdot V = P \cdot Y$ 는 $\Delta M/M + \Delta V/V = \Delta P/P + \Delta Y/Y$ 로 변환될 수 있다($\triangle$: 변화량).
따라서

$$\Delta M/M = \Delta P/P + \Delta Y/Y - \Delta V/V$$

즉, 통화량증가율 = 경제성장률 + 물가상승률 - 유통속도 변화율로서 경제성장률과 유통속도 변화율을 0으로 가정할 경우에, 물가상승률은 통화량증가율과 상관관계에 있음을 알 수 있다.

4) k% rule (k% 준칙주의)

k% 룰은 정부가 화폐공급량을 매년 일정비율로 증가시켜 나갈 것이라고 미리 밝힌 후, 경제상황에 관계없이 이를 계속 유지하는 정책을 말한다. 이를 'k% 준칙주의'라고도 한다.

$$\Delta M/M = \Delta P/P + \Delta Y/Y - \Delta V/V$$
> (통화량증가율 = 경제성장률 + 물가상승률 - 유통속도 변화율)

여기에서 물가상승률을 0, 유통속도변화율을 0이라고 가정할 경우, 통화공급 증가율은 경제성장률에 맞춰야 할 것이다.

2. 유동성 선호설

케인즈는 경제주체의 화폐보유 동기를 소득의 영향을 받는 거래적 동기와 예비적 동기, 이자율의 영향을 받는 투기적 동기가 있다고 보았다. 즉, 화폐수요는 거래적 동기 및 예비적 동기의 화폐수요와 투기적 동기의 화폐수요의 합이라고 하였다.

□ 유동성 선호이론에 의한 화폐수요

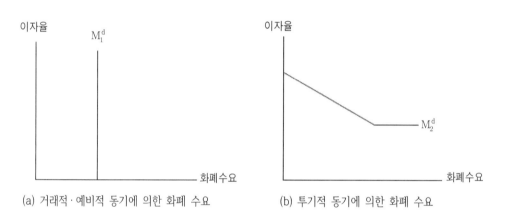

(a) 거래적·예비적 동기에 의한 화폐 수요   (b) 투기적 동기에 의한 화폐 수요

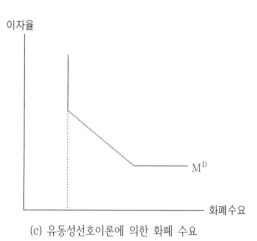

(c) 유동성선호이론에 의한 화폐 수요

$$M_D = M_1^d + M_2^d$$

$$M_1^d = m_1 Y$$

$$M_2^d = m_0 - m_2 i$$

$$M^D = m_0 + m_1 Y - m_2 i$$

이는 거래적 동기와 예비적 동기에 의한 화폐수요는 소득의 증가함수이고, 투기적 동기에 의한 화폐수요는 이자율의 감소함수임을 표시하고 있다.

3. 신화폐수량설

프리드만(Milton Friedman) 의 주장으로서 화폐를 보유하는 것은 화폐가 지닌 효용 때문이라고 한다. 프리드만은 화폐에 대하여 자산선택이론을 적용하여 실질화폐잔고 (M^d/P) 는 항상소득, 투자자산의 기대수익률(화폐보유의 기회비용), 인플레이션 등의 영향을 받는다고 보았다. 그는 화폐 보유동기를 구분하지 않는다. 그는 화폐수요가 항상소득에 따라 안정적으로 변한다고 보았다.

$$M^d/P = f(Y_p, \ r_b - r_m, \ r_e - r_m, \ \pi^e - r_m, \ h)$$
$$\quad\quad\quad (+) \quad\quad (-) \quad\quad (-) \quad\quad\quad (-) \quad\quad (+)$$

Y_p : 항상소득

$r_m, \ r_e, \ r_b$: 화폐, 주식, 채권의 기대수익률

π^e : 기대인플레이션율

h : 인적부(人的富)/비인적부(非人的富)

문제1 다음 문제를 읽고 ○, X로 답하시오.

1. 신화폐수량설은 마샬이 주장한 것이다. (   )

2. 시중통화량을 파악하는 지표는 협의통화(M1)이다. (   )

3. 본원통화는 화폐발행액 + 금융기관 지준예치금이다. (   )

풀 이 1. X ⇒ 밀턴 프리드만의 주장이다.

2. X ⇒ 광의통화(M2)이다.

3. ○

문제2 다음 내용을 읽고 (   ) 안에 적절한 내용을 기재하시오.

1. 마샬 k는 (   )의 역수이다.

2. EC 방정식에서 유통속도와 경제성장률이 0이라고 가정한다면, 통화량증가율은 (   ) 과 같다.

3. 프리드만은 화폐수요는 (   )에 따라 안정적으로 변화한다고 보았다.

4. (   )에 대한 통화량의 배율이 통화승수이다.

풀 이 1. 유통속도

2. 물가상승률

3. 항상소득

4. 본원통화

문제3 다음 문제에 대해 적당한 답을 선택하시오.

1. 화폐수량설 공식과 관계없는 것은? (   )

① M   ② V

③ P   ④ C

2. 통화의 공급경로 구성과 관계없는 것은? (   )

   ① 정부부문　　　　　　　　　　② 금융부문

   ③ 국외부문　　　　　　　　　　④ 실물부문

3. 광의통화(M2)에 포함되지 않는 것은? (   )

   ① 생명보험 계약준비금　　　　　② 정기적금

   ③ 금융채　　　　　　　　　　　④ 금전신탁

4. 프리드만의 실질화폐잔고수요에 가장 거리가 먼 것은? (   )

   ① 소득(=항상소득)　　　　　　　② 재정

   ③ 투자자산의 기대수익률(=기회비용)　④ 물가상승률

풀 이　1. ④　　　　　　　　2. ④

　　　　3. ①　　　　　　　　4. ②

문제4　다음 문제를 약술하시오.

1. 통화승수

2. 현금잔고수량설

풀 이　1. 통화승수는 본원통화에 대한 통화량의 배율이다.

　　　　2. 현금잔고수량설은 마샬, 피구 등 케임브리지학파의 주장으로 화폐수요는 경제 전체의 명목소득($P \cdot Y$)에 비례한다는 것이다.

제7장

재정·통화정책과 IS-LM 모형

제1절 실물시장과 통화시장의 균형

실물시장과 통화시장의 균형은 IS 곡선과 LM 곡선이 교차되는 점에서 이루어진다.

1. IS 곡선

IS 곡선은 실물시장을 균형시키는 이자율과 국민소득 조합점들의 궤적이다. IS 곡선의 I는 투자(investment)를 나타내고 S는 저축(saving)을 나타낸다. 투자와 저축이 일치하는 부분에서 실물시장이 균형을 이룬다는 것이다.

그런데 저축은 소득의 증가함수이고, 투자는 이자율의 감소함수이다.

$$I = I(i)$$
$$S = S(Y)$$

따라서 실물시장의 균형조건은 $I(i) = S(Y)$에서 이루어진다. 이를 그래프로 표시하면 우하향의 곡선이 된다.

□ IS 곡선

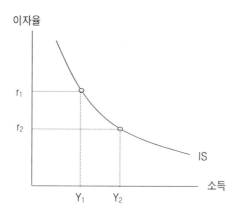

2. LM 곡선

LM 곡선은 통화시장을 균형시키는 이자율과 국민소득 조합점들의 궤적이다. LM 곡선의 L은 유동성(liquidity)를 나타내고 M은 통화(money)를 나타낸다. 통화공급과 통화수요가 일치하는 부분에서 통화시장이 균형을 이룬다는 것이다. 그런데 통화수요는 소득의 증가함수이고, 이자율의 감소함수이다.

통화공급량은 중앙은행에 의해 일방적으로 결정되기 때문에 이자율 수준과는 무관하다.

통화수요 $M^D = L(Y, i)$

통화공급 M^S

따라서 통화시장의 균형조건은

$$M^S = L(Y, i)$$

에서 이루어진다.

이를 그래프로 표시하면 우상향의 곡선이 된다.

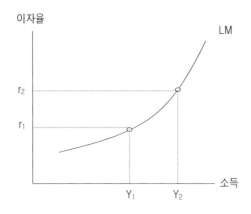

□ LM 곡선

3. 실물시장과 통화시장의 균형

실물시장과 통화시장의 균형은 IS 곡선과 LM 곡선이 교차되는 점에서 이루어진다.

□ 실물시장과 통화시장의 균형

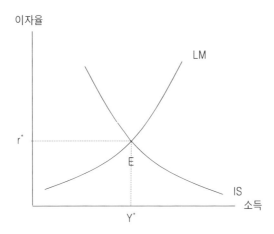

제2절 재정정책과 IS-LM 모형

다른 조건이 일정할 때 IS 곡선과 LM 곡선이 일치하는 균형점 E_1에서 재정지출을 증대시키면 IS곡선은 IS_1에서 IS_2로 이동하여 E_2에서 균형점이 성립한다. 만일 이자율이 일정하다면 균형점은 E_1에서 E_2로 이동한다.

□ 재정정책의 효과

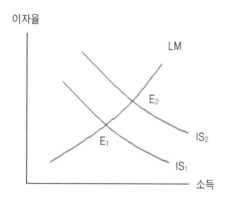

■ 구축효과 : 재정지출의 증가가 통화부문에 영향을 미쳐 민간부문의 투자를 위축시키는 현상을 구축효과라 한다.

제3절 통화정책과 IS-LM 모형

다른 조건이 일정할 때 IS 곡선과 LM 곡선이 일치하는 균형점 E_1에서 통화량을 증대시키면 LM 곡선은 LM_1 에서 LM_2 로 이동하여 E_2 에서 균형점이 성립된다.

□ 통화정책의 효과

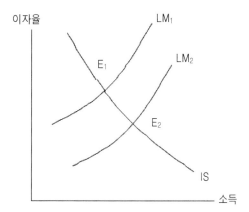

■ 오버슈팅 : 통화정책으로 인해 금리가 일시적으로 내리거나 오르는 현상을 오버슈팅(over-shooting)이라고 한다.

연습문제

문제1 다음 문제를 읽고 ○, X로 답하시오.
실물시장을 나타내는 곡선은 LM곡선이다. (   )

풀 이 X ⇒ IS곡선이다.

문제2 다음 내용을 읽고 (   ) 안에 적절한 내용을 기재하시오.
재정지출로 통화부문에 영향을 미쳐 민간부문 투자를 위축시키는 현상을 (   )라 한다.

풀 이 구축효과

문제3 다음 문제에 대해 적당한 답을 선택하시오.
구축효과와 가장 관계있는 것은?
　　① 재정정책　　　　　　② 통화정책
　　③ 경제정책　　　　　　④ 복지정책

풀 이 ①

문제4 다음 문제를 약술하시오.
　• 실물시장과 화폐시장의 동시 균형

풀 이 실물시장과 화폐시장의 동시 균형 : IS 곡선과 LM 곡선 교차점에서 균형이자율과 균형
국민소득이 결정되는 것을 말한다.

제8장

인플레이션과 디플레이션

제1절 물가와 물가지수

1. 물가

물가는 개별 상품의 가격을 경제생활에서 차지하는 중요도 등 일정한 기준에 따라 평균한 종합적인 가격수준을 말한다.

2. 물가지수

물가지수는 물가수준의 변동을 알 수 있도록 기준시점의 물가수준을 100으로 하여 비교시점의 물가를 지수화한 것이다.

1) 물가지수의 종류

물가지수는 소비자물가지수, 생산자물가지수, GDP 디플레이터가 많이 사용된다. 소비자물가지수는 가계의 소비에 필요한 재화와 서비스의 가격 변동을 측정하는 물가지수이고, 생산자물가지수는 기업간에 거래되는 재화와 서비스의 가격 변동을 측정하는 물가지수이다. GDP 디플레이터는 명목 GDP를 실질 GDP로 나누어 사후적으로 측정하는 물가지수로서 한국은행에서 국민소득 산출시에 사용되는 물가지수이다.

□ 물가지수의 종류

구분	소비자물가지수	생산자물가지수	GDP 디플레이터
내 용	가계에서 소비하는 재화와 서비스 가격 변동을 측정	기업간 거래되는 재화와 서비스 가격 변동을 측정	최종생산물의 가격 변동을 측정 (명목GDP/실질GDP)×100
변 동	구매력수준 변동	생산비 변동	현재 연도의 물가변화
성 격	가계의 생계비 변동 산정	기업의 생산비 변동 산정	연간 포괄적 물가 변동
측정기관	통계청	한국은행	한국은행
기준연도	5년 마다 개편	5년 마다 개편	5년 마다 개편
조사가격	소비자 구입가격	생산자 판매가격	최종 생산물가격
작 성	라스파이레스방식*	라스파이레스방식	파셰방식**
이 용	소비자 생계비 변동	기업 생산비 변동	국민소득계산 (실질 GDP)

* 라스파이레스방식(Laspeyres index) : 기준시의 가격 또눈 수량에 대해 현재의 가격이나 수량을 비교·계산해서 구하는 방식

** 파셰방식(Paasche formula) : 기준시보다는 비교시에 가중치를 둔 지수 산식

제2절 인플레이션과 디플레이션

1. 인플레이션과 디플레이션

인플레이션(inflation)은 통화량이 늘고 재화에 대한 수요가 증가하여 물가가 지속적으로 오르는 현상이며, 디플레이션(deflation)은 통화량은 줄고 재화에 대한 공급이 증가하여 물가가 지속적으로 내리는 현상이다.

2. 인플레이션의 종류

(1) 수요견인 인플레이션(demand-pull inflation)
총수요 측 요인, 즉 초과수요 등으로 인하여 발생하는 인플레이션을 말한다.

(2) 공급견인 인플레이션(supply-pull inflation, cost push inflation)
공급 측 요인으로 발생하는 인플레이션을 말한다.

(3) 혼합형 인플레이션
총수요 요인과 총공급 요인이 혼합되어 진행되는 인플레이션이다.

① 근원인플레이션(underlying rate of inflation, core inflation)

　1998년부터 우리나라에 물가안정목표제가 채택되면서 도입된 개념으로서, 오일쇼크 등 예상치 못한 일시적 외부충격에 의한 물가변동분을 제외하고 난 후의 기조적인 물가상승률을 근원인플레이션(underlying rate of inflation, core inflation) 이라고 한다.

　근원인플레이션(core inflation)에 대한 상대적 입장에서, 소비자물가상승률을 헤드라인 인플레이션(headline inflation)이라고 한다.

② 스태그플레이션

　1970년대 경기침체 중에 물가가 상승하였는데, 이처럼 경기가 침체하는 가운데 인플레이션이 발생하는 것을 스태그플레이션(stagflation)이라고 한다. 이는 스태그내이션(stagnation)과 인플레이션(inflation)의 합성어이다.

3. 필립스곡선

1) 필립스곡선(Phillips curve)

　영국의 경제학자인 필립스(A. William Phillips)는 1958년 명목임금 인상률과 실업률 사이에 안정적인 상충관계(trade-off)관계가 있다고 주장하였다. 명목임금 인상률과 실업률 사이의 이러한 음의 상관관계를 나타낸 곡선이 필립스곡선이다.

2) 립시의 필립스곡선

립시(Robert Lipsey)는 1960년대에 들어와 명목임금인상률 대신에 물가상승률을 사용하여 물가상승률과 실업률과의 상관관계를 설명하였다. 오늘날 필립스 곡선이라고 하면 립시가 이론을 정립한 필립스곡선을 말한다.

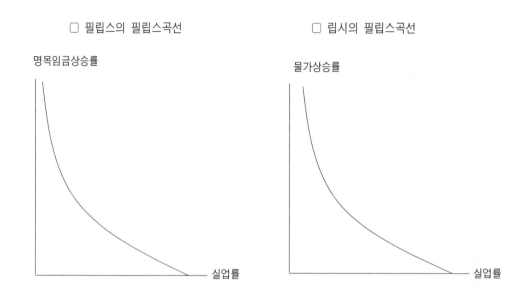

문제1 다음 문제를 읽고 ○, X로 답하시오.

1. 오늘날 필립스곡선은 립시가 주장한 필립스 곡선을 말한다. ( )
2. 프리드만의 자연실업률 가설에 의하면 스태그플레이션의 원인은 정부의 지속적인 총수요관리정책으로 인한 민간의 예상인플레이션율의 상승이다. ( )
3. 정부의 확장적 총수요관리정책은 물가상승만을 유발한다고 하는 주장은 케인즈학파 학자들의 주장이다. ( )

풀 이

1. ○
2. ○
3. X ⇒ 프리드만 등 통화주의학파 학자들의 주장이다.

문제2 다음 내용을 읽고 (   ) 안에 적절한 내용을 기재하시오.

1. 립시(Lipsey)라는 학자는 필립스가 주장한 필립스곡선 상의 명목임금인상률 대신에 (   )을 대신하여 (   )과 실업률과의 상관관계를 나타냈다.
2. 케인즈학파는 스태그플레이션의 해결을 위해서는 생산성 향상과 (   )정책을 취해야 한다고 주장하였다.

풀 이

1. 물가상승률, 물가상승률
2. 총수요확대

문제3 다음 문제에 대해 적당한 답을 선택하시오.

1. 한국은행에서 국민소득 산출시에 사용되는 물가지수는?
　　① 소비자물가지수　　　　② 생산자물가지수
　　③ GDP 디플레이터　　　　④ 수출입물가지수

2. 통계청에서 작성하는 물가지수는?

　① 소비자물가지수　　　　　　② 생산자물가지수

　③ GDP 디플레이터　　　　　　④ ①, ②, ③ 모두 작성한다.

3. 소비자물가지수, 생산자물가지수, GDP디플레이터는 몇 년마다 기준연도가 개편되는가?

　① 10년　　　　　　　　　　② 2년

　③ 3년　　　　　　　　　　④ 5년

풀이　1. ③　　　　　2. ①　　　　　3. ④

문제4　다음 문제를 약술하시오.

1. 근원인플레이션

2. 스태그플레이션

3. 헤드라인 인플레이션

풀이　1. 근원인플레이션은 외부충격에 의한 물가변동분을 제외하고 난 후의 기조적인 물가상승률을 말한다.

2. 스태그플레이션은 경기가 침체하는 가운데 물가가 상승하는 현상을 말한다.

3. 근원인플레이션에 대한 상대적 입장에서의 소비자물가상승률을 헤드라인 인플레이션이라고 한다.

제9장

금융법과 금융 규제

제1절 금융법의 개념

금융(金融)이란 '금전의 융통'즉 화폐의 금융적 유통을 의미한다.[1] 금융은 상법상 '수신·여신·환 기타의 금융거래', '유가증권의 매매, 유가증권의 임대차, 위탁매매 기타의 주선에 관한 행위', '상호부금 기타 이와 유사한 행위', '보험'을 영업으로 하는 기본적 상행위이다(상법 제46조 1호, 2호, 8호, 10호, 11호, 12호, 15호 내지 17호).

금융업은 이상의 금융을 영업으로 하는 것으로서, 이는 은행업·금융투자업·보험업·서민금융업으로 구분된다. 은행업이란 예금을 받거나 유가증권 또는 그 밖의 채무증서를 발행하여 불특정 다수인으로부터 채무를 부담함으로써 조달한 자금을 대출하는 것을 업(業)으로 하는 것을 말한다. 그리고 은행이란 은행업을 규칙적·조직적으로 경영하는 한국은행 외의 모든 법인을 말한다(은행법 제2조 1항, 2항). 금융투자업이란 이익을 얻을 목적으로 계속적이거나 반복적인 방법으로 투자매매업, 투자중개업, 집합투자업, 투자자문업, 투자일임업, 신탁업의 어느 하나에 해당하는 업(業)을 행하는 것을 말한다. 보험업이란 보험상품의 취급과 관련하여 발생하는 보험의 인수(引受), 보험료 수수 및 보험금 지급 등을 영업으로 하는 것으로서 생명보험업·손해보험업 및 제3보험업으로 구분된다(보험업법 제2조 2호). 그리고 서민금융업이란 상호저축은행업(상호저축은행법 제11조), 상호금융업(신용협동조합, 새마을금고, 농업협동조합의 상호금융), 여신전문금융업, 대부업 등 서민금융 분야를 취급하는 금융업이다.

---

1) 정찬형·최동준·김용재, 「로스쿨 금융법」, 박영사, 2009, 1면.

이와 같이 금융업은 금융기관을 중심으로 분업주의 형태로 구분되며, 금융업무란 금융기관이 실제로 수행하는 업무로서 고유업무, 부수업무, 겸영업무로 구분된다. 예컨대 은행의 경우 고유업무는 예금·적금의 수입 또는 유가증권, 그 밖의 채무증서의 발행, 자금의 대출 또는 어음의 할인, 내국환·외국환이며(은행법 제27조), 부수업무는 채무의 보증 또는 어음의 인수, 상호부금(相互賦金), 팩토링(기업의 판매대금 채권의 매수·회수 및 이와 관련된 업무), 보호예수(保護預受), 수납 및 지급대행, 지방자치단체의 금고대행, 전자상거래와 관련한 지급대행, 은행업과 관련된 전산시스템 및 소프트웨어의 판매 및 대여, 금융관련 연수, 도서 및 간행물 출판업무, 금융관련 조사 및 연구업무, 부동산 임대, 수입인지 판매(동법 제27조의2 2항, 시행령 제18조), 기타 파생상품 거래, 전자상거래와 관련한 지급대행, 은행업과 관련한 전산시스템의 판매·대여, 보험업에 의한 보험대리점 업무, 수익증권의 판매 대행, 전자화폐 등의 발행·판매 등, 유가증권 명의개서 대행, 유동화 자산의 관리 등이다(2003. 7. 3.에 개정된 재정경제부 고시 제2003.13호). 또한 겸영업무는 은행업이 아닌 업무로서 대통령령으로 정하는 금융관련법령에서 인가·허가 및 등록 등을 받아야 하는 업무 중 대통령령으로 정하는 금융업무와 대통령령으로 정하는 법령에서 정하는 금융관련 업무로서 해당 법령에서 은행이 운영할 수 있도록 한 신탁업무, 신용카드업무, 집합투자증권의 투자매매업무 등이다(동법 제28조, 시행령 제18조의2).

금융법은 금융시장의 질서를 유지하고 예금자를 보호하기 위한 법규로서, 사실 금융관계에 관한 다양하고 복잡한 사항 모두를 단행법에 모두 규정하기는 어렵다. 그리하여 금융법이라 하면 금융에 관한 모든 법령을 총칭하는 것으로 이해된다. 실무적으로는 금융관련법령(은행법 제13조, 자본시장과 금융투자업에 관한 법률 시행령 제19조 2항), 금융관계법률(보험업법 시행령 제19조 2항), 금융업관련법(금융기관 검사 및 제재에 관한 규정 제3조) 등으로 표현되기도 한다. 금융업을 규제하는 개별 단행법으로는 은행법, 자본시장과 금융투자업에 관한 법률, 보험업법 등이 있다. 이는 개별 금융업이 그 역사성으로 인하여 세분화, 다기화 되어 있고 전문성·기술성의 특성을 갖는데 기인한다.

금융업은 사기업적 특성 외에도 금융질서의 유지 및 예금자의 보호라는 측면에서 공공성이 요구된다. 1997년 IMF 외환위기, 2006년 금융위기, 2012년 유럽 및 신흥공업국에서의 금융붕괴 등에서 경험하였듯이, 금융업은 경제적·사회적 안정의 근간이며 국민경제에 지대한 영향을 미치므로, 이러한 위험을 예방하기 위하여 금융규제의 필요성이 존재한다.

금융법의 범위에 관해 그 법원(法源), 즉 법의 연원(淵源)이라고 하면 금융관련 재판의 기준이 되는 것으로서, 금융업 및 금융상품 등과 관련된 분쟁이 발생하였을 경우에 그 실체적 해결을 위하여 적용되는 모든 법규가 이에 해당된다.

제2절 금융법의 구조와 체계

금융관련법령이 기본적으로 행정법이라는 전제 하에 금융법을 금융(행정)조직법·금융(행정)작용법·금융(행정)구조법으로 구분하거나, 금융업법과 금융인프라(하부구조)법으로 구분하기도 한다. 한편 개별 금융업법의 구조를 금융조직법·금융업법 및 금융거래법·금융감독법 및 벌칙 등으로 구분하기도 한다.[2] 금융업법은 총칙, 실체적 규정, 보칙적 규정, 벌칙 등으로 구성되며, 그 구체적인 내용으로서 목적, 금융업과 업무, 주식보유한도, 임직원, 소유 및 지배구조, 금융업 인가, 회계기준, 합병, 해산 등에 대해 규정하고 있다.

행정기관이 국민의 권리를 제한하거나 의무를 부과함에는 법적 근거에 의거하여야 하며, 금융법의 체계는 헌법 > 법률 > (법에 의하여 위임된 사항 또는 집행을 위한 행정입법으로서) 시행령(대통령령) > 시행규칙(총리령) > 규정 > 자치법규 등의 위계적 법단계에 의한다.

1. 헌법

우리 헌법은 국가의 최고의 법으로서, 이 중 금융에 관계되는 규정은 재산권과 경제질서에 관한 규정이다. 우리 헌법상 경제질서로는 개인과 기업의 경제상 자유와 창의를 존중하는 자유주의적 경제질서를 원칙으로 하면서(헌법 제119조 1항, 직업선택의 자유(제15조), 재산권의 보장(제23조)), 국가는 국민경제의 성장 및 안정과 적정한 소득의 분배, 시장의 지배와 경제력의 남용 방지, 그리고 경제주체간의 조화를 통한 경제의 민주화를 위하여 경제에 관한 규제와 조정을 할 수 있도록 되어 있다(제119조 2항). 헌법은 국가의 최고법이기 때문에, 금융관계법령은 헌법의 기본원리에 위배되어서는 아니된다. 또한 공공복리와 금융질서 등을 위하여 금융업의 영업의 자유와 재산권이 제한될 수 있다(제37조 2항).

---

2) 정찬형·최동준·김용재, 전게서, 51면

2. 법률

금융법의 법원으로서 중요한 법률로는 다음의 43개가 있다. 이를 먼저 금융업법과 금융인프라(financial infrastructual)법으로 구분하여 보고, 다시 은행업, 금융투자업, 보험업 등과 관련된 주요 법률로 분류해 보기로 한다.

1) 금융업법과 금융인프라(financial infrastructual)법

금융업법(21개 법)	금융infra 법(22개 법)
은행법	한국은행법
한국산업은행법	금융위원회의 설치 등에 관한 법률
한국수출입은행법	금융실명거래 및 비밀보장에 관한 법률
중소기업은행법	농어가목돈마련저축에 관한 법률
자본시장과 금융투자업에 관한 법률	전자금융거래법
주식회사 외부감사에 관한 법률	동산담보에 관한 법률
보험업법	이자제한법
기업구조조정투자회사법	외국환거래법
자산유동화에 관한 법률	예금자보호법
주택저당채권유동회사법	딤보부사채신탁법
상호저축은행법	금융산업구조개선에 관한 법률
신용협동조합법	신용정보의 이용 및 보호에 관한 법률
여신전문금융업법	기업구조조정촉진법
대부업의 등록 및 금융이용자 보호에 관한 법률	신용보증기금법
특정금융거래정보의 보고 및 이용 등에 관한 법률	기술신용보증기금법
선박투자회사법	농림수산업자신용보증법
부동산투자회사법	금융기관 부실자산 등의 효율적 처리 및
공사채등록법	한국자산관리공사 설립에 관한 법률
새마을금고법	유사수신행위 규제에 관한 법률
우체국예금·보험에 관한 법률	화재로 인한 재해보상과 보험가입에 관한 법률
	독점규제 및 공정거래에 관한 법률
	증권관련 집단소송법
	한국주택금융공사법

2) 은행업, 금융투자업, 보험업 관련 주요 법률

(1) 공통 관련 법규

금융거래의 준거가 되는 일반법으로는 민법과 상법이 있다. 민법(民法)은 재산거래에 관한 일반적인 사항을 규정하고 있는 법률로서 사법(私法) 중 기본법이다. 그리고 상법은 '상인'과 '상행위'의 개념을 주축으로 하여 영리활동이 조직적으로 이루어지는 사항에 대하여 규정하고 있는 기업법으로서, 사법 중 민법의 특별법이다. 은행의 경우를 예로 들면 그 고유업무[3]는 기본적 상행위(상법 제46조 8호)로서, 은행은 당연상인(상법 제4조)이다. 따라서 은행과 거래하는 자는 상인이든 일반인이든 상법의 적용을 받는다. 또한 은행거래에 관하여 상법에 규정이 없으면 상관습법에 의하고 상관습이 없으면 민법의 규정에 의한다(상법 제1조).

우리 민법과 상법에는 은행거래에 관한 특별규정이 없으므로, 주로 계약·임치(소비임치)·소비대차·위임에 관한 민·상법의 일반원칙이 적용된다. 이는 증권거래와 보험거래의 경우에도 동일하다. 그런데 민상법에 있어서 금융거래에 관한 성문법규의 불비 내지 부족으로 인하여 금융기관들은 그들이 작성한 금융거래약관에 의하여 거래하게 된다. 이러한 약관(約款)은 성문법을 거래 실정에 맞게 변경하거나 보충하는 기능을 하며, 이에 대하여는 '약관의 규제에 관한 법률'이 적용된다.[4]

이외에 민사특별법으로 가등기담보에 관한 법률 등이 있고, 상사특별법으로 주식회사 외부감사에 관한 법률 등이 있다. 그리고 금융관련 공통법규로는 금융실명거래 및 비밀보장에 관한 법률, 예금자 보호에 관한 법률, 금융위원회의 설치 등에 관한 법률, 금융산업의 구조개선에 관한 법률, 금융회사 부실자산 등의 효율적 처리 및 한국자산관리공사의 설립에 관한 법률, 신기술사업 금융지원에 관한 법률 등이 있다.

(2) 은행업 관련 법규

은행법, 한국은행법, 한국산업은행법, 중소기업은행법, 한국수출입은행법 등을 들 수 있다. 장기신용은행법, 신용보증기금법, 외국환거래법, 국민은행법은 폐지되었고, 국민은행은 상법에 의해 설립된 것으로 보며, 일반법인 은행법이 적용된다.

---

3) 은행의 고유업무는 예금·적금의 수입 또는 유가증권, 그 밖의 채무증서의 발행, 자금의 대출 또는 어음의 할인, 내국환·외국환이다(은행법 제27조).
4) 정찬형·최동준·김용재, 전게서, 136면.

① 은행법

은행법은 은행의 건전한 운영을 도모하고 자금중개기능의 효율성을 높이며, 예금자를 보호하고 신용질서를 유지함으로써 금융시장의 안정과 국민경제의 발전에 이바지함을 목적으로 한다(제1조). 은행은 법인으로 한다(제4조).

② 한국산업은행법

이 법은 국민경제의 발전을 촉진하기 위한 자금공급 등 한국산업은행의 업무범위를 비롯한 운영상 필요한 사항과 한국산업은행의 민영화 과정을 이행하는데 필요한 사항을 규정함을 목적으로 한다(제1조). 한국산업은행은 법인이다(제2조 1항).

③ 중소기업은행법

이 법은 중소기업은행을 설치하여 중소기업자(中小企業者)에 대한 효율적인 신용제도를 확립함으로써, 중소기업자의 자주적인 경제활동을 원활하게 하고 그 경제적 지위의 향상을 도모함을 목적으로 한다(제1조). 중소기업은행은 법인으로 한다(제3조 1항).

④ 한국수출입은행법

이 법은 한국수출입은행을 설립하여 수출입, 해외투자 및 해외자원개발 등 대외 경제협력에 필요한 금융을 제공함으로써 국민경제의 건전한 발전을 촉진함을 목적으로 한다(제1조). 한국수출입은행은 법인으로 한다(제2조 1항).

⑤ 한국은행법

한국은행법은 한국은행을 설립하고 효율적인 통화신용정책의 수립과 집행을 통하여 물가안정을 도모함으로써 국민경제의 건전한 발전에 이바지함을 목적으로 한다(제1조). 한국은행은 무자본 특수법인으로 한다(제2조).

(3) 금융투자업 관련 법규

2007년 7월 3일 종전의 증권거래법, 선물거래법, 간접투자자산운용업법, 투자자문업법, 투자회사법, 신탁업법, 종합금융회사에 관한 법률, 한국증권선물거래소법 등 자본시장 관련 8개 법률을 통합하여 '자본시장과 금융투자업에 관한 법률'(이하 '자본시장법'이라 한다)을 제정하고, 2009년 2월 4일부터 시행하였다. 기타 자본시장 관련 법률로는 주식회사의 외부감사에 관한 법률, 공인회계사법, 자산유동화에 관한 법률, 주택저당채권 유동화회사법, 공사채등록법, 담보부사채신탁법 등이 있다.

① 자본시장과 금융투자업에 관한 법률

이 법은 자본시장에서의 금융혁신과 공정한 경쟁을 촉진하고, 투자자를 보호하며 금융투자업을 건전하게 육성함으로써 자본시장의 공정성·신뢰성 및 효율성을 높여 국민경제의 발전에 이바지함을 목적으로 한다(동법 제1조).

② 자산유동화에 관한 법률

이 법은 금융기관과 일반기업의 자금조달을 원활하게 하여 재무구조의 건전성을 높이고 장기적인 주택자금의 안정적인 공급을 통하여 주택금융기반을 확충하기 위하여 자산유동화에 관한 제도를 확립하며, 자산유동화에 의하여 발행되는 유동화증권에 투자한 투자자를 보호함으로써 국민경제의 건전한 발전에 기여함을 목적으로 한다(제1조).

③ 공사채등록법

이 법은 공사채(公社債)의 발행을 간편하게 하고, 공사채권자의 권리 보전(保全)을 확실하게 함으로써 자본시장의 발전에 이바지함을 목적으로 한다(제1조).

(4) 보험업 관련 법규

상법 제4편 보험편, 보험업법, 화재로 인한 재해보상과 보험가입에 관한 법률, 자동차손해배상보장법, 의료보험법, 국민연금법, 신원보증법 등이 있다.

① 상법 제4편 보험편

상법은 기업법으로서 제4편에 보험법을 두고 있는데, 제1장 보험계약 등 통칙, 제2장 손해보험, 제3장 인보험에 대하여 규정하고 있다.

② 보험업법

이 법은 보험업을 경영하는 자의 건전한 경영을 도모하고 보험계약자, 피보험자, 그 밖의 이해관계인의 권익을 보호함으로써, 보험업의 건전한 육성과 국민경제의 균형 있는 발전에 기여함을 목적으로 한다(제1조).

(5) 그 외 금융기관 관련업법 등

그 외 금융기관으로는 종합금융회사, 상호저축은행, 신용협동기구(신용협동조합, 새마을금고, 농업협동조합·수산업협동조합·산림조합의 상호금융), 여신전문금융회사(신용카드회사, 시설대여회사, 할부금융회사, 신기술사업금융회사), 우체국 등이 있고, 규제법으로는 자본시장과 금융투자업에 관한 법률, 상호저축은행법, 신용협동조합법, 여신전문금융업법 등이 있다.

기타 벤처캐피탈회사(신기술사업금융회사, 중소기업창업투자회사), 대부업자, 증권금융회사, 기타 공적 금융기관(한국무역보험공사, 한국주택금융공사, 한국자산관리공사, 한국투자공사, 한국정책금융공사), 금융보조기관(예금보험공사, 한국거래소, 신용보증기관, 신용정보회사, 자금중개회사) 관련법이 있다.

① 상호저축은행법

이 법은 상호저축은행의 건전한 운영을 유도하여 서민과 중소기업의 금융편의를 도모하고 거래자를 보호하며, 신용질서를 유지함으로써 국민경제의 발전에 이바지함을 목적으로 한다(제1조). 상호저축은행은 주식회사로 한다(제3조).

② 신용협동조합법

이 법은 공동유대를 바탕으로 하는 신용협동조직의 건전한 육성을 통하여 그 구성원의 경제적·사회적 지위를 향상시키고, 지역주민에 대한 금융편의를 제공함으로써 지역경제의 발전에 기여함을 목적으로 한다(제1조). 금융위원회의 인가를 받아 설립한다(제7조 1항).

③ 새마을금고법

이 법은 국민의 자주적인 협동 조직을 바탕으로, 우리나라 고유의 상부상조 정신에 입각하여 자금의 조성과 이용, 회원의 경제적·사회적·문화적 지위의 향상, 지역사회 개발을 통한 건전한 국민정신의 함양과 국가경제 발전에 이바지함을 목적으로 한다(제1조). 새마을금고는 비영리법인으로 하며, 안전행정부장관의 인가를 받아 설립한다(제2조, 제7조).

④ 여신전문금융업법

이 법은 신용카드업, 시설대여업(施設貸與業), 할부금융업(割賦金融業) 및 신기술사업금융업(新技術事業金融業)을 하는 자의 건전하고 창의적인 발전을 지원함으로써 국민의 금융편의를 도모하고 국민경제의 발전에 이바지함을 목적으로 한다(제1조).

(6) 기타 금융거래와 관련된 법규

① 동산과 부동산에 관한 법규

부동산에 관한 법으로는 부동산등기법, 주택임대차보호법 등이 있고, 동산에 관한 법은 주로 民法규정에 의한다.

② 전자거래에 관한 법

전자거래에 관한 법률에는 전자거래기본법, 전자서명법 등이 있다.

③ 거래의 공정성을 확보하기 위한 법

거래의 공정성을 확보하기 위한 법으로는 民法 중 불공정행위 무효 조항, 독점규제 및 공정거래에 관한 법률, 부정경쟁방지법, 약관규제법, 소비자보호법 등이 있다.

④ 이행 및 결제·조세에 관한 법

이행 및 결제와 관련된 법으로는 어음법, 수표법, 부정수표단속법, 공탁법 등이 있다. 그리고 각종 조세법들이 있다.

⑤ 분쟁해결 및 제재에 관한 법

분쟁해결을 위한 절차법으로는 민사소송법, 소액사건심판법, 민사조정법 등이 있으며, 형사 제재에 관한 법률로는 형법, 위의 각 단행법 중 형사처벌에 관한 조항, 특정경제범죄가중처벌법 등이 있다.

⑥ 조약과 국제법규

헌법에 의하여 체결·공포된 조약과 일반적으로 승인된 국제법규는 국내법과 같은 효력이 있는데(헌법 제6조 1항), 금융에 관한 조약과 국제법규가 이에 해당된다.

3. 시행령, 시행규칙, 감독규정

위 법률들에서 구체적으로 범위를 정하여 위임한 사항과 법률을 집행하기 위하여 필요한 사항을 규정한 것을 시행령(대통령령), 시행령에서 위임된 사항이나 또는 집행을 위한 사항을 규정한 것을 시행규칙(총리령)이라고 한다. 그리고 금융위원회의 규정 제·개정권(금융위설치법 제17조)은 고시(告示, 행정규제기본법 제4조 2항) 형식으로 발하는 행정규칙이며, 국민의 권리를 구속하는 법규명령으로서의 성질을 가진다. 한편 금융감독원이 정하는 감독규정시행세칙은 법규성이 없다고 한다.[5]

4. 자치법규

한국거래소 또는 금융투자협회 등 자율단체에 의한 규제를 자율규제라고 하고, 회사 기타 단체가 그 조직과 구성원의 법률관계 및 대내외적 활동에 관하여 자주적으로 정한 규범을 자치법규라고 한다. 예를 들어 한국거래소 규정, 금융투자협회 규정, 생명보험협회 생명보험 모

---

5) 정찬형·최동준·김용재, 전게서, 55면.

집관리업무지침, 손해보험회사의 계약정보 관리규정, 정관 등이다. 이와 같은 자치법은 계약과는 달리, 개개인의 의사에도 불구하고 단체의 기관이나 구성원을 구속하는 법규적 성질을 가진다.

제3절 금융법의 특성

(1) 종합법(혼합법)

금융법은 내용에 있어서 금융거래에 관하여 개개 경제주체간의 사적 이익의 조정을 도모하는 규율뿐 아니라, 행정적 감독이나 형사제재까지 광범위하게 포함하고 있다.

(2) 특별법

금융법은 전문성·특수성·기술성을 띠며, 금융환경의 변화에 따른 가변성이 특히 뚜렷하다. 금융법은 상법상의 상행위나 주식회사에 관한 규정에 대하여 우선 적용되는 특별법과 일반법의 관계에 있다.

(3) 보호법 및 규제법

금융법은 금융시장에 참여하는 자의 이해관계를 공평하게 보호하고 금융거래를 공정하게 함으로써, 금융시장에 대한 신뢰를 보호하기 위하여 금융참여자에 대한 보호법으로서의 특성을 지닌다. 금융법은 그 실효성을 확보하기 위하여 법 위반행위에 대해서는 과징금, 이행강제금[6] 등 행정법적 제재는 물론, 행정벌로서 행정형벌[7](징역형, 벌금형 등)과 행정질서벌[8](과태료)의 제재도 규정하고 있다.

---

6) 행정상 강제집행 수단의 하나로서, 비대체적 작위의무 또는 부작위의무를 이행하지 않는 자에 대하여 이행을 확보할 때까지 부과하는 금전부과행위이다(은행법 제66조의9 등).
7) 행정법상 의무 위반에 대하여 형법상 형명이 있는 형벌이 부과되는 경우이다, 금융법 상 금융기관의 법규 위반이 직접적으로 법규제 목적과 사회공익을 해하는 경우에 과해진다. 특별한 규정이 있는 경우를 제외하고는 형법총칙이 적용된다(형법 제8조, 은행법 제68조의2, 자본시장법 제448조 등).
8) 행정법상 의무 위반으로서간접적으로 금융질서에 장애를 줄 위험성이 있는 정도의 단순한 의무 해태에 대한 제재이다. 형법상 형명이 있는 형벌이 부과되는 것이 아닌 경우이다. 형법상 형명이 있는 형벌을 부과하는 것이 아니므로 형법총칙이 적용되지 않는다(자본시장법 제399조, 보험업법 제102조 2항, 은행법 시행령 제27조 등). 행정형벌과 행정질서벌은 병과할 수 있다.

제4절 금융법의 변천

(1) 금융체제의 재건 시대(1950년대)

① 한국은행법 및 은행법 제정(1950. 5.) : 자주적, 근대적 은행제도 도입

② 한국산업은행법 제정(1953. 12.) : 전시 복구

　　농업은행법과 농업협동조합법(1957. 2.) : 농가 지원

③ 대한증권거래소 설립(1956. 2.)

(2) 산업금융체제의 구축 시대(1960년대~1970년대) : 경제계획과 자금동원

① 외자도입촉진법(1960. 1.) · 외국환관리법(1961. 12.) 제정 : 개발금융 체제 구축

② 신탁업법 · 국민은행법 제정(1961. 12.) : 신탁업의 보호 · 감독, 서민경제의 향상

③ 증권거래법 · 보험업법 제정(1962. 1.)

④ 한국외환은행법(1966. 7.) : 외국환 거래 및 무역금융 원활화

⑤ 종전의 외자도입촉진법 => 외자도입법(1966. 8.)으로 개칭 => 외국인투자 및 외자도입에 관한 법률(1997. 1) => 외국인투자촉진법(1998. 9.)

⑥ 지방은행 설립(1967. 10) : 지역경제 활성화

⑦ 외국은행의 국내진출 허용, 투자재원 확충

⑧ 자본시장 육성에 관한 법률(1968. 11.)

⑨ 증권투자신탁업법(1969. 8.)

⑩ 사금융 양성화 3법(단기금융업법 · 상호신용금고법 · 신용협동조합법) 제정(1972. 3.) : 금리 현실화, 사금융의 제도금융화 유도, 비은행금융기관 육성

⑪ 기업공개촉진법(1974. 12.) : 기업공개 촉진과 직접금융의 유도

⑫ 신용보증기금법(1974. 12.) : 담보능력이 미약한 기업에 대한 채무보증

⑬ 종합금융회사에 관한 법률(1975. 12.) : 기업에 대한 외자 지원 및 중장기 자금 공급

⑭ 장기신용은행법(1979. 12.) : 기업의 장기자금 공급

(3) 금융 자율화와 금융시장의 개방(1980년대~1990년대) : 시장기능 제고, 안정기조 정착

① 독점규제 및 공정거래에 관한 법률(1980. 12.) : 기업의 공정한 경쟁 촉진

② 금융실명거래에 관한 법률(1982. 12.)

③ 신용카드업법(1987. 5.)

④ 공기업 민영화 추진으로 시중은행의 민영화 추진

⑤ 금융기관의 합병 및 전환에 관한 법률(1991. 3.) : 금융기관의 인수·합병 지원

⑥ 신용정보의 이용 및 보호에 관한 법률(1995. 1.) : 신용정보의 관리와 신용정보업의 육성

⑦ 예금자보호법(1995. 12.) : 예금자 보호 및 금융제도의 안정

⑧ 종전 외국환관리법 => 외국환거래법 : 대외거래의 자유 보장

⑨ 외환위기 극복을 위해 IMF와 협의사항 이행 : 금융개혁법[금융구조조정 관련법, 기업구조 조정 관련법] 제정

⑩ 금융감독기구설치법 제정, 한국은행법 개정(1998. 12.)

⑪ 증권투자회사법(1998. 9.), 자산유동화에 관한 법률(1998. 9.) : 다양한 투자수단 제공, 자본시장 투자 활성화

⑫ 주택저당채권 유동화회사법(1999. 1.)

(4) 금융개혁(2000년대~)

① 기업구조조정투자회사법(2000. 10.) : 부실기업의 정상화 지원

② 금융지주회사법(2000. 10.) : 금융회사의 대형화·겸업화에 따라 발생할 수 있는 부작용의 방지

③ 공적자금관리 특별법(2000. 12.) : 공적자금의 조성·운용·관리

④ 기업구조조정촉진법(2001. 8.) : 시장기능에 의한 상시적 기업구조조정

⑤ 금융지주회사법(2000. 10.) : 금융기관의 경쟁력 강화, 다양한 금융서비스 제공

⑥ 보험업법 개정(2003. 8.) : 방카슈랑스 도입

⑦ 종전의 근로자의 주거 안정과 목돈마련 지원에 관한 법률 폐지 => 한국주택금융공사법 제정(2003. 12.) : 주택저당채권 유동화 및 주택금융 신용보증업무 취급

⑧ 종전 증권투자신탁업법 및 증권투자회사법 폐지 => 간접투자자산운용업법으로 통합(2004.
    1.) : 간접투자기구의 자산운용 확대
⑨ 한국증권선물거래소법 제정(2004. 1.) : 증권거래소, 코스닥증권시장, 선물거래소, 코스닥
    위원회 통합
⑩ 증권관련 집단소송법 제정(2004. 1.)
⑪ 전자금융거래법 제정(2006. 4.)
⑫ 자본시장과 금융투자업에 관한 법률 제정(2007. 8.) : 증권거래법, 선물거래법, 간접투자자
    산운용업법, 신탁업법, 종합금융회사에 관한 법률, 한국증권거래소법, 투자자문업법, 투자
    회사법 등 8개 법률 통합

제5절 금융법과 금융제도

금융을 매개하는 것으로서는 금융을 중개하거나 보조하는 금융기관, 금융의 장소로서 금융
시장, 그리고 금융의 수단인 금융상품이 있다. 그리고 금융시장 참가자의 행위기준과 보호법
익을 규정하는 금융관련법규와 금융거래의 원활을 지원하는 금융인프라(financial infrast-
ructure)가 있다.9) 금융제도(finanacial system)란 금융산업을 형성하고 있는 이러한 금융시
장 및 금융기관, 자금수요자, 공급자에 관한 법규와 관행, 그리고 금융인플라를 총칭하는 것
이다. 이를 금융시장과 금융기관들이 저축자와 자금차입자를 연결시켜 주게 하는 조직망이라
고 하기도 한다.10) 금융인프라(하부구조)는 금융제도의 구조적 요소로서 지급결제제도, 예금
보험제도, 금융감독제도 등을 포함한다.

금융제도는 국가 경제질서의 구성요소로서 경제성장 등 실물경제와도 관계가 있으므로, 관
련 금융정책을 합리적이고 효율적으로 수립하여야 한다. 금융정책은 금융 현상을 대상으로 하
는 경제정책으로서, 광의로 통화정책과 금융규제까지 의미한다. 금융제도는 효율적이고 안정
적으로 운영되어야 하나, 한편 경제원리에 의하여야 하고, 다른 한편으로는 금융질서의 유지,
가격 안정, 도산 예방 등 금융제도의 안정성을 도모하여야 하므로 서로 상충되는 부분도 있다.

---

9) 한국금융연수원, 「자본시장거래 실무법률 I」, 2008, 6면 이하.
10) 김문희, 금융법론, 「휘즈프레스」, 2007, 27면.

금융규제의 본질상 금융관련 정책(policy)과 규제(regulation)는 금융산업의 효율성을 목표로 한 금융공학적 고려도 필요하다. 무엇이 금융시장을 위한 규제인가? 금융시장에 대한 규제는 경기순환 및 업태 측면에서 '통제'(govern)를 가하기도 하지만, '예방과 보호'(protection) 기능도 수행하므로, 결국 양자 중 어느 시각에서 규제 방향을 수립하느냐에 따라 금융규제의 정책 내용이 달라진다. 그런데 최근 금융규제 및 감독은 은행·증권회사 등 금융투자회사·보험회사 등의 금융업무가 복잡해지고, 민간부문 금융중개기관의 발전 속도에 외부규제가 적절히 대응하여 전개되지 못하는 부분이 발생하게 되었으므로, 내부 위험관리에 비중을 더 두어야 하게 되었다.

금융제도에는 첫째로 독일 및 일본에서와 같이 주로 은행이 실물경제를 주도하고, 은행을 통하여 실물결제의 자금을 조달하는 은행중심 금융제도(banking based financial system)와 영국 및 미국과 같이 기업이 직접 증권시장을 통해 자금을 조달하고 금융시장이 이 실물경제의 영향을 받는 자본시장중심 금융제도(capital market based financial system)로 구분하거나. 둘째로 과거 영국 및 미국에서와 같은 은행업과 증권업의 분업주의(specialized banking system)와 독일, 스위스에서와 같은 겸업주의(universal banking system)로 분류한다. 이러한 제도의 차이는 금융방식, 금융상품, 금융감독 등의 분야에서 서로 차이를 낳았다.

즉, 영국 및 미국의 경우에는 자유시장 경제체제 하에서 자본주의의 고도화에 따라 발생한 부의 편재, 독점, 정보의 비대칭성 등을 시정하는 차원에서 제도적 규제가 도입되었고, 독일 등의 경우에는 국가 주도로 산업화를 추진하기 위하여 정부의 각종 금융정책에 따른 금융시장 개설과 자본조달 제도가 정립되었으며 금융규제도 이를 적절히 규율하기 위하여 강구되었다.

이와 같이 서로 산업화의 역사와 금융시장의 여건, 그리고 정부의 역할로 인하여 서로 다른 형태의 금융제도로 발전하여 왔으나, 이러한 금융제도의 차이는 그동안 경제 위기에 대처한 각국 정부의 금융개혁과 기업자금 조달 방식의 상호 보완 및 통합에 의하여 그 구별이 옅어져 가고 있다. 예컨대 각국이 1970년대의 석유파동과 스태그플레이션, 경쟁과 통상마찰, 정보기술의 발달과 금융위기, 범세계화 등을 동일하게 경험하면서 점차 규제주의에서 경쟁체제로 이행하였고, 그 결과 금융혁신이 지속되어 금융기관의 업무영역 제한이 완화되고 금융겸업화가 진전되었으며, 금융의 통합(financial integration)[11]과 함께 신종 금융상품이 활발하게

---

11) 금융통합(financial integration)이란 금융자율화 및 규제완화에 따라 전업주의에서 겸업주의로 이행하기 위하여 전략적 제휴, 다른 금융업종 업무의 추가 영위 등을 하는 것을 말한다. 예컨대 은행의 방카슈랑스 보험상품 판매, 증권계좌의 개설, 기타 금융지주회사 방식에 의하여 증권자회사 또는 보험자회사를 두는 것이다. 특히 지주회사 방식에 의한 겸업은 경영의 효율성과 투명성을 기할 수 있고, 지주회사를 통해 그룹내 경영자원의 효율적 배분,

등장하였다.

제6절 금융법 상호간의 충돌과 해결

1) 성문법 우선의 원칙

성문법(제정법)은 입법권을 가지는 기관에 의하여 만들어지고 그 내용이 문서로 표시되어 일정한 형식과 절차에 따라서 제정되는 법이다(예를 들어 헌법, 법률, 명령, 규칙, 조약). 반면에 불문법은 성문으로 되어 있지 않은 법이다(예를 들어 관습법, 판례법, 조리법). 우리나라는 성문법국가이기 때문에 성문법과 불문법이 충돌할 때에는 성문법이 우선한다. 민법(民法) 제1조는 '민사에 관하여 법률에 규정이 없으면 관습법에 의하고 관습법이 없으면 조리(條理)에 의한다'고 규정하고 있고, 상법 제1조는 '상사에 관하여 본법(상법)에 규정에 없으면 상관습법에 의하고 상관습법이 없으면 민법의 규정에 의한다'고 규정하고 있다.

2) 상위법 우선의 원칙

성문법은 등급에 의하여 피라미드 구조의 위계질서를 형성하고 있다. 최고법인 헌법 아래 법률, 명령, 규칙 등의 위계적 법단계가 있으며, 하위법이 상위법에 위반되어서는 아니 된다.

3) 신법 우선의 원칙

새로운 법(신법)이 제정되었음에도 불구하고 이전의 법(구법)이 폐지되지 않고 존재함으로써, 동일한 사항에 관하여 서로 다른 내용의 법률이 2개 이상 존재하는 경우에는 신법우선주의에 따라 신법을 적용하는 것이 원칙이다. 그러나 새로운 법을 제정하면서 '이 법 시행 이전의 행위에 대한 벌칙의 적용에 있어서는 종전의 규정에 의한다'는 부칙을 두면 종전의 규정에 의할 수 있다.

마찰요인의 축소 등 경영의 유연성과 탄력성을 기할 수 있고, 수직적 조직으로 인하여 부실전염 위험이 낮다는 장점이 있다(금융지주회사법 제39조, 제41조의4).

4) 특별법 우선의 원칙

특별법과 일반법이 충돌할 때에는 특별법이 우선적으로 적용되고, 일반법은 특별법에 저촉되지 않는 범위 내에서 보충적으로 적용된다. 일반법과 특별법은 적용되는 사람·사항·장소를 표준으로 하여 구분한다. 예를 들어 민법은 국민의 일반적인 사생활을 규율하고 상법은 상사에 관한 사항을 규율하므로, 상법은 일반법인 민법의 특별법으로서, 상거래에 관해서는 민법보다 우선 적용된다. 다시 금융법은 상법에 대해 특별법과 일반법의 관계에 있다.

5) 강행법규 우선의 원칙

강행법규와 임의법규가 충돌할 때에는 당연히 강행법규가 우선한다. 강행법규는 당사자의 의사의 여하를 불문하고 적용되는 법규이고, 임의법규는 당사자의 의사로 그 적용을 배제할 수 있는 법규이다(민법 제105조). 임의법규에는 당사자의 의사가 결여되어 있는 경우에 이를 보충하는 것(보충규정)과 당사자의 의사가 불명확한 경우에 이를 해석하는 것(해석규정)이 있다.

제7절 금융감독

1. 금융감독

금융제도가 금융기관과 금융시장을 주요 구성요소로 하고 있으므로, 금융감독은 금융기관의 부실화 방지와 금융시장에서의 예금자 보호를 주안으로 한다. 그리하여 금융감독은 금융기관의 업무에 대한 허가·금지·제한 등의 형태로 이루어진다는 점에서 금융기관 경영에 대한 일종의 규제이다. 금융감독은 협의로는 개별 금융기관의 설립을 인가하고 금융기관이 업무 수행 시 지켜야 할 각종 규칙을 제정하며 이의 준수 여부를 감시하고, 궁극적으로 금융기관의 건전성 감독(prudential supervision)과 금융시장 및 자본시장에 대한 감독으로 나타난다.[12]

---

12) 행정규제란 국가나 지방자치단체가 특정한 행정 목적을 실현하기 위하여 국민(국내법을 적용받는 외국인을 포함한다)의 권리를 제한하거나 의무를 부과하는 것으로서, 법령 등이나 조례·규칙으로 규정되는 사항을 말한다(행정규제기본법 제2조 1호). 금융규제(regulation)란 금융시장의 효율성과 예금자 보호를 위하여 법령과 규정 체계에 의하여 개인 또는 조직의 자유와 권리를 제한하는 것이 된다. 반면에 감독은 금융기관이 규제를 준수하는지 감시하고 위반을 제재하는 활동이다. 규제는 법률에 근거하여야 하며, 그 내용은 알기 쉬운 용어로 구체적이고 명확하게

금융규제가 필요한 이유는 금융거래를 시장자율에만 맡길 경우 정보의 비대칭성으로 인하여 불공정·불건전 거래가 증가하여 금융제도의 불안정과 금융거래의 위축을 초래할 수 있기 때문이다. 따라서 금융감독의 목적은 금융기관으로 하여금 금융중개를 공정하게 하고 경영건전성을 유지하도록 함으로써 금융소비자의 재산을 보호하고 금융거래를 활성화하는데 있다. 이러한 미시적 금융감독은 형식상 인가, 규제, 검사, 제재 등을 포함하는데, 내용 상으로는 크게 ① 진입 제한, 가격 규제, 업무범위 규제 등의 구조적 규제(structural regulation), ② 자본비율, 유동성비율 등에 대한 건전성 규제(prudential regulation), ③ 경영정보 및 금융상품 공시 등의 영업행위 규제(business conduct regulation) 등으로 나뉜다.

이러한 미시적 금융감독 외에, 글로벌 금융위기를 계기로 전체 금융시스템의 안정을 도모하기 위한 규제로서 거시건전성 규제가 도입되었다.[13] 금융규제는 규제 주체에 따라 법적 규제 내지 공적 규제(public regulation)와 자율규제(self regulation)로 구분하기도 하고, 규제 대상에 대한 접근방법에 따라 기관규제(institutional regulation)와 기능규제(functional regulation)로 구분하기도 한다. 우리나라의 경우 은행업과 보험업에 대하여는 기관규제를 하고 있는 반면, 금융투자업에 대하여는 기능규제를 하고 있다.

2. 금융시장에 대한 행정·감독 체계

우리나라의 금융시장에 대한 법에 의한 공적규제기관(statutory regulatory organization)으로서는 기획재정부, 금융위원회(증권선물위원회), 금융감독원, 한국은행, 한국예금보험공사 등이 있고, 자율규제기관(self regulatory organization)으로서는 한국거래소, 은행연합회, 금융투자협회, 생명보험협회, 손해보험협회가 있다. 여기에서는 공적규제기관을 중심으로 설명하기로 한다.

3. 금융감독기구

금융기관은 자금중개기능과 금융경제기능 등을 담당하여 경제주체 간의 실물경제 활동을 유기적으로 연결시켜주는 등 국민경제에 막대한 영향을 미치기 때문에, 일반 산업이나 기업과

규정되어야 한다(동법 제4조 1항 규제법정주의).
13) 한국은행, 전게서, 274면.

는 달리 금융감독기구로부터의 규제가 많은 특징이 있다. 금융감독기구를 정부형태로 할 것인가 민간기구로 할 것인가와 관련하여, 전자의 입장은 i) 감독책임 부담의 적절성, ii) 헌법·정부조직법 등 실정법 체계와 부합성, iii) 감독업무의 공권력적 특성에 비추어 공무원 조직의 효율적 업무 수행에 적합성 등을 근거로 들며, 후자의 입장은 i) 민간기구가 조직 유연성 및 전문성 확보에 유리하고, ii) 정부와 정치권으로부터의 간섭 배제, 그 독립성과 중립성의 확보 용이, iii) 시장 친화적 감독 가능 및 금융자율화 추세에 부합 등을 이유로 든다. 우리나라의 경우 금융위원회는 정부형태로 하고 있다.

한편 금융감독제도의 운영체계는 기관별 감독방식(institutional regulation)과 기능별 감독 방식(functional regulation)으로 나뉜다. 기관별 감독체계는 독일과 같은 대륙법계가 이에 속하는데, 통상 금융업 별로 그 업무영역이 명확한 경우에 적절하다. 독일 등 유럽대륙의 국가들은 겸업은행제도(universal banking system)를 취하고 있어 은행이 증권업을 함께 취급하고 있고, 그에 따라 연방은행감독청이 은행의 증권업을 감독한다. 기능별 감독체계는 과거 영국에서 시행하던 형태로서 기능별로 감독방식이 전문화되어 있어, 금융기관의 종류에 관계없이 특정 업무에 관해 세밀하게 대응할 수 있다.

현재 우리나라의 자본시장법은 금융투자업, 금융상품 등을 경제적 실질에 따라 재분류하고, 경제적 실질이 동일한 금융기능에 대하여 취급금융기관에 관계없이 진입규제, 건전성규제, 행위규제를 동일하게 행하는 기능별 감독방식을 취하고 있다. 반면에 은행업과 보험업에 대하여는 여전히 기관규제를 하고 있다.

우리나라의 경우 1998년 4월 금융감독위원회 발족 이전에는 금융업이 전업주의에 기초하여 편성되어 있음에 따라 은행감독원·증권감독원·보험감독원·신용관리기금 등 중간감독기관에 의한 분산형 금융감독체제를 취하고 있었다. 그러나 금융산업이 은행 중심에서 증권과 보험 등의 분야에로 확대 발전됨에 따라, 1997년 12월 31일 정부는 금융개혁보고서 및 IMF 권고안을 기초로 금융감독기구의 설치 등에 관한 법률을 제정하고, 금융의 자유화·겸업화 추세 등에 부응하여 1998년 4월 금융·외환위기 직후, 종전의 분산형 금융감독체계를 통합형 체계로 대폭 수정하여 금융감독위원회(현재 금융위원회)를 출범시켰다.

2008년 4월에는 '금융감독기구의 설치 등에 관한 법률'이 '금융위원회의 설치 등에 관한 법률'로 개정되면서 금융감독기구는 '금융감독위원회 및 금융감독원'에서 '금융위원회 및 금융감독원'으로 개편되었다. 금융감독기구는 금융산업의 선진화와 금융시장의 안정을 도모하고 건전한 신용질서와 공정한 금융거래관행을 확립하며 예금자 및 투자자 등 금융수요자를 보호함으로써 국민경제의 발전에 기여함을 목적으로 하고 있다(동법 제1조).

금융감독원은 무자본 특수법인으로서 공법인이고, 이를 정부조직으로 하지 아니하고 독립된 공법인으로 한 것은 금융회사 감독 업무가 정부의 간섭을 최소화하며 공정하고 독립적으로 시행될 수 있도록 하기 위해서이다. 금융위원회의 집행기관으로서 금융위원회 및 증권선물위원회의 지시를 받아(동법 제18조, 제23조) 금융감독 업무와 금융기관에 대한 검사를 수행한다. 그리하여 금융위원회는 기존의 감독정책기능 외에 당시 재정경제부(현 기획재정부)가 담당하던 국내금융에 대한 정책기능까지 수행하게 되었으며, 금융위원장과 금융감독원장의 겸임이 금지됨으로써 금융감독기구 내에서의 감독정책 기능과 집행기능이 분리되었다.[14]

한편 금융위원회와 금융감독원이 직접 감독기관이라면, 기획재정부, 한국은행, 예금보험공사는 간접 감독기관이라 할 수 있다(동법 제4장 금융감독기구 상호간 및 다른 기관과의 관계 (제62조~제67조). 직접 금융감독기구는 아니지만 한국은행, 예금보험공사, 기획재정부 등도 제한적 감독기능을 보유하고 금융감독체계를 구성하고 있다.

(1) 기획재정부

금융관련 행정의 정상에 있는 기획재정부(MOSF) 장관은 '금융위원회의 설치 등에 관한 법률'에 의거 금융감독 관련 법령의 제·개정 권한이 금융위원회로 이관됨에 따라 금융감독기능이 크게 축소되기는 하였으나, 재정의 기본정책을 설정하고 국제금융 기능을 관할하며, 한국은행법의 제정·개정 제안권을 가지고 있다. 그리고 금융위원회와의 금융정책 협의, 자료협조 등의 권한을 갖고 있다.[15]

(2) 금융위원회

금융위원회(FC)는 금융산업의 선진화와 금융시장의 안정을 꾀하고, 건전한 신용질서와 공정한 금융거래관행을 확립하기 위하여 설립되었다. 금융위원회는 '정부조직법' 제2조에 따라 설치된 중앙행정기관으로서 '금융위원회 설치 등에 관한 법률' 제3조에 의거 국무총리 소속하에 설치되어, 아래와 같은 권한을 가지며 금융감독원에 대해 지시·감독을 한다.

---

14) 한국은행, 전게서, 271면.
15) 기획재정부장관과 금융위원회 및 금융통화위원회는 정책 수행에 필요한 경우 상호 간에 자료요청권이 있다(금융위원회 설치 등에 관한 법률 제65조).

i) 금융정책 및 금융감독정책의 수립(공적자금관리위원회, 금융정보분석원 포함), ii) 금융 및 자본시장 관계법률의 제정 및 개정, 그리고 iii) 금융기관의 인·허가, iv) 금융감독 관련 정책의 심의·의결 등을 한다. 2008년 3월 3일 금융위원장과 금융감독원장을 분리하여 정책 기능과 집행기능을 분리하였다.

금융위원회는 국무총리 소속의 합의제 중앙행정기관(정부조직)으로서, 위원장, 부위원장 그리고 기획재정부 차관, 금융감독원 원장, 한국은행 부총재, 예금보험공사 사장의 당연직 위원 4인 등 총 9인으로 구성되어 있다. 임기는 3년이다(금융위원회의 설치 등에 관한 법률 제3조 이하). 이전에는 농업·수산업·축산업·임업·인삼협동조합 지역조합이 영위하는 신용사업에 대한 주된 감독권을 해당 정부부처의 장이 보유하고 있었으나, 1999년 9월 농업협동조합법 제정, 1999년 12월 수산업협동조합법 및 임업협동조합법을 개정하여 금융위원회의 경영건전성 감독 대상에 편입시켰다. 다만 신용협동기구 중 새마을금고에 대하여는 주관 부처인 안전행정부장관이 모든 감독권을 보유하고 있다.[16)]

---

16) 금융위원회 설치법 제3조(금융위원회의 설치 및 지위) 금융정책, 외국환업무 취급기관의 건전성 감독 및 금융감독에 관한 업무를 수행하게 하기 위하여 국무총리 소속으로 금융위원회를 둔다.
제4조(회의 구성) ① 금융위원회는 9명의 위원으로 구성하며, 위원장·부위원장 각 1명과 다음 각 호의 위원으로 구성한다.
1. 기획재정부차관
2. 금융감독원 원장
3. 예금보험공사 사장
4. 한국은행 부총재
5. 금융위원회 위원장이 추천하는 금융 전문가 2명
6. 대한상공회의소 회장이 추천하는 경제계대표 1명
② 금융위원회 위원장(이하 이 절과 제2절에서 "위원장"이라 한다)은 국무총리의 제청으로 대통령이 임명하며, 금융위원회 부위원장(이하 이 절과 제2절에서 "부위원장"이라 한다)은 위원장의 제청으로 대통령이 임명한다. 이 경우 위원장은 국회의 인사청문을 거쳐야 한다.
제17조(금융위원회의 소관 사무) 금융위원회의 소관 사무는 다음 각 호와 같다.
1. 금융에 관한 정책 및 제도에 관한 사항
2. 금융기관 감독 및 검사·제재(制裁)에 관한 사항
3. 금융기관의 설립, 합병, 전환, 영업의 양수·양도 및 경영 등의 인가·허가에 관한 사항
4. 자본시장의 관리·감독 및 감시 등에 관한 사항
5. 금융중심지의 조성 및 발전에 관한 사항
6. 제1호부터 제5호까지의 사항에 관련된 법령 및 규정의 제정·개정 및 폐지에 관한 사항
7. 금융 및 외국환업무 취급기관의 건전성 감독에 관한 양자 간 협상, 다자 간 협상 및 국제협력에 관한 사항
8. 외국환업무 취급기관의 건전성 감독에 관한 사항
9. 그 밖에 다른 법령에서 금융위원회의 소관으로 규정한 사항 [전문개정 2012. 3. 21.]

(3) 증권선물위원회

증권선물위원회(SFC)는 금융위원회의 하부 기관으로서 독립된 행정청은 아니며, 금융위원회 설치 등에 관한 법률 제19조에 의해 설치되었다. i) 증권시장 및 선물시장의 불공정거래 조사 전담, ii) 기업회계제도 및 회계감리제도의 운영, iii) 그리고 증권시장 및 선물시장의 관리·감독에 관한 금융위원회 권한사항의 사전 심의기관이다. 이 위원회는 위원장 1인(금융위원회 부위원장이 겸임)과 1인의 상임위원, 기타 3인의 비상임위원의 5인으로 구성되며, 임기는 3년이다 (금융위원회의 설치 등에 관한 법률 제19조 이하).[17)]

(4) 금융감독원

금융감독원(FSS)은 무자본특수법인으로서, 은행감독원, 증권감독원, 보험감독원 및 신용관리기금 등 당시 4개 감독기관 이 통합되어 1999년 1월 설립되었다. i) 금융위원회 및 증권선물위원회의 의결사항의 집행기관으로서의 성격과, ii) 모든 금융기관(은행, 보험회사, 금융투자회사, 증권회사, 자산운용회사, 투자자문회사, 증권투자회사, 종합금융회사), 한국거래소, 증권예탁원, 증권금융회사, 자산유동화회사, 명의개서대행회사, 그리고 금융투자협회 등의 업무 및 재산상황에 대한 검사기관으로서의 성격을 갖고 있다(금융위원회의 설치 등에 관한 법률 제24조 이하). 또한 특수은행 중 한국산업은행, 한국수출입은행 및 중소기업은행에 대한 주된 감독권을 기획재정부 장관이 전부 보유하고 있었으나, 1999년 5월 한국산업은행법, 한국수출입은행법, 중소기업은행법의 개정으로 금융감독위원회도 이들 은행의 경영건전성 확보를 위해 업무상황 등을 검사할 수 있게 되었다(산업은행법 제47조, 한국수출입은행법 제39조, 중소기업은행법 제46조).[18)]

---

17) 동법 제19조(증권선물위원회의 설치) 이 법 또는 다른 법령에 따라 다음 각 호의 업무를 수행하기 위하여 금융위원회에 증권선물위원회를 둔다.
   1. 자본시장의 불공정거래 조사
   2. 기업회계의 기준 및 회계감리에 관한 업무
   3. 금융위원회 소관 사무 중 자본시장의 관리·감독 및 감시 등과 관련된 주요 사항에 대한 사전 심의
   4. 자본시장의 관리·감독 및 감시 등을 위하여 금융위원회로부터 위임받은 업무
   5. 그 밖에 다른 법령에서 증권선물위원회에 부여된 업무 [전문개정 2012. 3. 21.]
   제20조(증권선물위원회의 구성 등) ① 증권선물위원회는 위원장 1명을 포함한 5명의 위원으로 구성하며, 위원장을 제외한 위원 중 1명은 상임으로 한다.
18) 동법 제24조(금융감독원의 설립) ① 금융위원회나 증권선물위원회의 지도·감독을 받아 금융기관에 대한 검사·감독 업무 등을 수행하기 위하여 금융감독원을 설립한다.
   ② 금융감독원은 무자본(無資本) 특수법인으로 한다. [전문개정 2012. 3. 21.]
   제37조(업무) 금융감독원은 이 법 또는 다른 법령에 따라 다음 각 호의 업무를 수행한다.

(5) 한국은행

한국은행(BOK)은 금융통화위원회가 통화신용정책의 수행을 위하여 필요하다고 인정하는 경우에는 금융감독원에 대하여 금융기관에 대한 검사를 요구하거나 한국은행 소속 직원이 금융감독원의 금융기관 검사에 공동으로 참여할 수 있도록 하여 줄 것을 요구할 수 있다.[19] 또한 금융감독원에 대하여 검사결과의 송부를 요청하거나, 검사결과에 따라 금융기관에 대한 필요한 시정조치를 요청할 수 있다. 아울러 한국은행 금융통화위원회는 금융위원회가 통화신용정책과 직접 관련되는 금융감독 상의 조치를 하는 경우 이의가 있을 때에는 재의를 요구할 수 있다.[20]

(6) 예금보험공사

예금보험공사(KDIC)는 금융기관이 파산 등으로 예금 등을 지급할 수 없는 경우에 대비해 예금의 지급을 보장하기 위하여 1998년 4월 1일 기존의 은행, 증권회사, 보험회사, 종합금융회사, 상호저축은행 등의 예금보험기구를 통합하여 설립되었다(예금자보호법 제3조 이하). 손해보험의 일종인 예금보험제도를 운영하는 무자본특수법인 형태의 예금자보호기관이다. 예금보험료는 은행의 경우 연평균 예금 잔액을 기준으로 10,000분의 2, 증권회사의 경우 10,000분의 15, 보험회사의 경우 10,000분의 15, 종합금융회사의 경우 10,000분의 15, 상호저축은행의 10,000분의 40으로 하고 있으며, 보험금 지급한도는 1 인당 최고 5,000만원까지이다(예금자보호법 시행령 제16조 1항 별표, 제18조 6항).

예금보험공사는 예금자 보호와 금융제도의 안정성 유지 등 업무 수행을 위하여 필요하다고 인정하는 경우에는 금융감독원에 대하여 부보금융기관에 대한 검사를 요청하거나 예금보험공

---

1. 제38조 각 호의 기관의 업무 및 재산상황에 대한 검사
2. 제1호의 검사 결과와 관련하여 이 법과 또는 다른 법령에 따른 제재
3. 금융위원회와 이 법 또는 다른 법령에 따라 금융위원회 소속으로 두는 기관에 대한 업무지원
4. 그 밖에 이 법 또는 다른 법령에서 금융감독원이 수행하도록 하는 업무 [전문개정 2012. 3. 21.]

[19] 동법 제62조(검사 또는 공동검사 요구 등) ① 한국은행은 금융통화위원회가 통화신용정책을 수행하기 위하여 필요하다고 인정하는 경우에는 금융감독원에 대하여 「한국은행법」 제11조의 금융기관에 대한 검사를 요구하거나 한국은행 소속 직원이 금융감독원의 금융기관 검사에 공동으로 참여할 수 있도록 하 여 줄 것을 요구할 수 있다. 이 경우 금융감독원은 대통령령으로 정하는 바에 따라 지체 없이 응하여야 한다.
② 한국은행은 금융감독원에 대하여 제1항에 따른 검사 결과의 송부를 요청하거나 검사 결과에 대 하여 필요한 시정조치를 요구할 수 있다. 이 경우 금융감독원은 이에 응하여야 한다.
③ 한국은행이 제1항에 따른 검사 및 공동검사를 요구할 때에는 검사 목적, 대상 기관, 검사 범위 등을 구체적으로 밝혀야 한다. [전문개정 2012. 3. 21.]
[20] 이 경우 금융위원회는 동 조치의 확정을 위해 재적위원 2/3 이상의 찬성으로 의결하여야 한다.

사 소속직원이 검사에 공동 참여할 수 있도록 요청할 수 있다(동법 제66조).[21] [22] 또한 부실 우려가 있다고 인정되는 부보금융기관 등에 대해서는 독자적인 조사를 실시할 수 있다(예금자 보호법 제21조 2항).

□ 우리나라의 금융감독 체계

---

21) 제66조(예금보험공사의 검사요청) ① 예금보험공사는 업무수행을 위하여 필요하다고 인정할 때에는 금융감독원에 '예금자보호법' 제2조 1호의 부보금융기관(附保金融機關) 및 해당 부보금융기관을 '금융지주회사법'에 따른 자회사 등으로 두는 금융지주회사에 대한 검사를 실시할 것을 요청하거나 예금보험공사 소속 직원이 검사에 공동으로 참여하도록 '예금자보호법' 제8조에 따른 예금보험위원회의 의결을 거쳐 요청할 수 있다.

② 예금보험공사가 제1항의 검사를 요청할 때에는 검사 목적, 대상 기관, 검사 범위 등을 구체적으로 밝혀야 한다.

③ 예금보험공사는 금융감독원에 제1항에 따른 검사 결과의 송부를 요청하거나 검사 결과에 대하여 필요한 시정 조치를 요청할 수 있다.

④ 금융감독원은 예금보험공사가 제1항 및 제3항에 따라 요청을 하는 경우 이에 응하여야 한다. [전문개정 2012. 3. 21]

22) 검사요청 대상 금융기관은 부보금융기관 및 당해 부보금융기관을 금융지주회사법에 의한 자회사 등으로 두는 금융지주회사이다.

□ 현행 금융감독기관(2011년 10월 현재)　　　[한국은행 「금융제도론」(2011. 12), 273면]

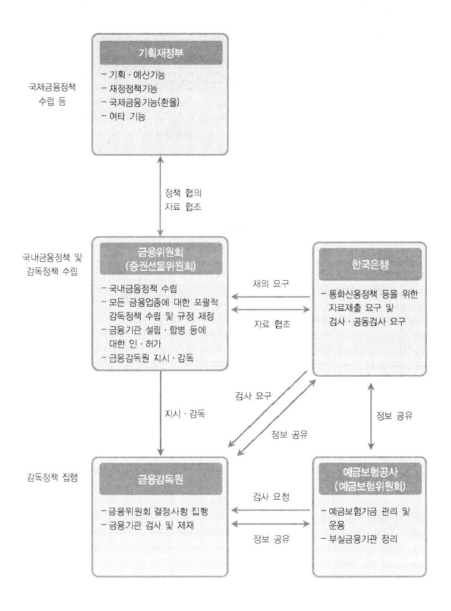

국제금융정책
수립 등

기획재정부

- 기획·예산기능
- 재정정책기능
- 국제금융기능(환율)
- 여타 기능

정책 협의
자료 협조

국내금융정책 및
감독정책 수립

금융위원회
(증권선물위원회)

- 국내금융정책 수립
- 모든 금융업종에 대한 포괄적
  감독정책 수립 및 규정 제정
- 금융기관 설립·합병 등에
  대한 인·허가
- 금융감독원 지시·감독

재의 요구

자료 협조

한국은행

- 통화신용정책 등을 위한
  자료제출 요구 및
  검사·공동검사 요구

검사 요구

정보 공유

지시·감독

정보 공유

감독정책 집행

금융감독원

- 금융위원회 결정사항 집행
- 금융기관 검사 및 제재

검사 요청

정보 공유

예금보험공사
(예금보험위원회)

- 예금보험기금 관리 및
  운용
- 부실금융기관 정리

제8절 금융감독 대상 금융기관

금융기관은 그 고유업무의 성격을 기준으로 또는 그 중개기능의 방식에 따라 분류한다. 우리나라의 금융감독기관은 전자의 방식에 따라 금융기관을 분류하고 있다. 즉, 금융기관의 범위는 아래와 같이 은행(시중은행, 지방은행, 외국은행 국내지점, 특수은행), 은행예금과 유사한 금융상품을 취급하는 비은행예금취급기관(상호저축은행, 신용협동조합, 새마을금고 등), 여신전문회사, 농·수·산림조합, 증권회사 등 금융투자회사, 보험회사 등 거의 모든 금융기관으로 되어 있고(동법 제38조), 2012년 말 현재 3,326개사에 이른다.

한편 중개기능의 방식에 따른 금융기관 분류 방법에 의하면, 금융중개기관(financial inter-mediaries)과 시장중개기관(market intermediaries)으로 분류된다. 전자는 자금의 공급자와 수요자 간에 직접 거래당사자로서 스스로 금융상품을 발행하여 자금을 조달하고 이를 자금수요자에게 공급하는 은행 및 비은행예금취급기관이며, 후자는 자금수요자가 발행하는 금융상품의 형태를 바꾸지 않고 단순히 거래를 알선하거나 자금공급자의 위탁사무를 실행하는 금융투자회사 등이다.[23] 이외에 금융기관을 제1금융권(banking sector)과 제2금융권(non-banking sector)로 분류하기도 한다.

금융위원회의 설치 등에 관한 법률 및 금융기관의 책임경영과 금융행정의 투명성 보장에 관한 규정(총리훈령 제587호 제2조)에서 정하는 금융기관의 범위는 다음과 같다(동법 제38조).

① '은행법'에 따른 인가를 받아 설립된 은행
② '자본시장과 금융투자업에 관한 법률'에 따른 금융투자업자, 증권금융회사, 종합금융 회사 및 명의개서대행회사(名義改書代行會社)
③ '보험업법'에 따른 보험회사
④ '상호저축은행법'에 따른 상호저축은행과 그 중앙회
⑤ '신용협동조합법'에 따른 신용협동조합 및 그 중앙회
⑥ '여신전문금융업법'에 따른 여신전문금융회사 및 겸영여신업자(兼營與信業者)
⑦ '농업협동조합법'에 따른 농협은행
⑧ '수산업협동조합법'에 따른 수산업협동조합중앙회의 신용사업부문
⑨ 다른 법령에서 금융감독원이 검사를 하도록 규정한 기관(새마을금고법 제74조, 대부업 등

---

23) 정찬형·최동준·김용재, 전게서, 13면.

의 등록 및 금융이용자 보호에 관한 법률 제12조 등)

⑩ 그 밖에 금융업 및 금융 관련 업무를 하는 자로서 대통령령으로 정하는 자

[전문개정 2012. 3. 21.]

□ 우리나라의 금융시장 관련 규제 체계

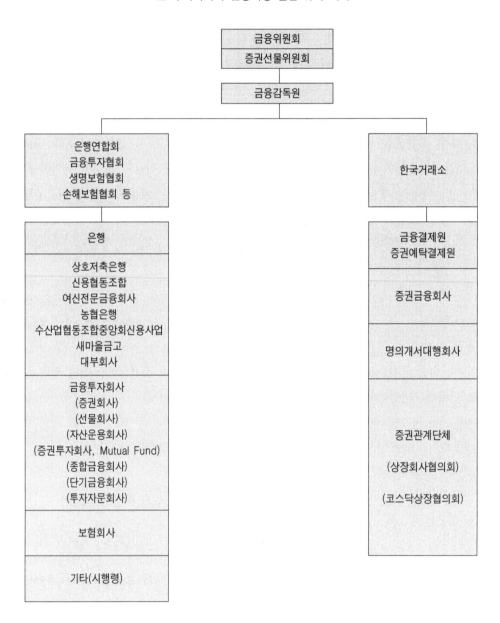

연습문제

문제1 다음 문제를 읽고 ○, X로 답하시오.

1. 금융기관의 인·허가권한은 기획재정부 장관에게 있다. (　　)
2. 예금보험공사는 금융기관에 대한 감독기관이 아니다. (　　)
3. 금융거래와 민법 및 상법은 관계가 전혀 없다. (　　)
4. 금융법에는 행정법적 요소가 있다. (　　)
5. 금융법에는 형법적 요소는 배제된다. (　　)

풀이

1. X. 금융위원회의 권한이다.
2. X. 예금보험공사는 예금자 보호와 금융제도의 안정성 유지 등 업무 수행을 위하여 필요하다고 인정하는 경우에는 금융감독원에 대하여 부보금융기관에 대한 검사를 요청하거나 예금보험공사 소속직원이 검사에 공동 참여할 수 있도록 요청할 수 있다 (예금자보호법 제66조).
3. X. 금융거래는 통상 재산권에 대한 법률행위에 해당되므로 이에 민법이 적용되며, 또한 금융기관은 상인(상법 제4조)에 해당되므로 금융기관과의 거래에 상법이 적용된다. 다만 개별 금융법에 특별규정이 있는 경우 그 특별규정이 민법 및 상법의 일반규정에 우선하여 적용된다.
4. ○. 금융업 인가, 등록, 각종의 신고, 영업 정지 등의 조치는 일종의 행정처분에 해당되는 행정법적 요소라 할 수 있다.
5. 개별 금융법 내의 벌칙조항에서 형법상 형벌에 해당되는 조치가 부과되므로, 형법적 요소가 존재한다.

문제2 다음 내용을 읽고 (　　) 안에 적절한 내용을 기재하시오.

1. 특별법과 일반법이 충돌할 때에는 특별법이 우선적으로 적용되는 법원칙을 (　　)라고 한다.
2. 위법행위에 대하여는 형사책임 이외에도 행정적 책임과 (　　)이 부과될 수 있다.
3. 한국은행법의 제·개정 제안권은 (　　)에 있다.

4. 증권시장 및 선물시장의 불공정거래 조사를 전담하는 기관은 (   )이다.

5. 새마을금고에 대한 감독권은 (   )에 있다.

풀 이   1. 특별법 우선의 원칙   2. 민사책임
3. 기획재정부   4. 증권선물위원회
5. 안전행정부

문제3   다음 문제에 대해 적당한 답을 선택하시오.

1. 다음 중 자본시장법의 제정 목적에 해당되지 않는 것은? (   )
　　① 금융혁신   ② 경쟁 촉진
　　③ 투자자 보호   ④ 상업은행의 국제화

2. 자본시장법상 기업회계제도 및 회계감리제도의 운영에 관한 권한을 갖고 있는 기관은? (   )
　　① 금융감독원   ② 상장회사협의회
　　③ 증권선물위원회   ④ 한국은행

3. 자본시장법상 금융투자업의 영역에 속하지 않는 것은? (   )
　　① 투자매매업   ② 투자중개업
　　③ 집합투자업   ④ 유가증권 발행업

풀 이   1. ④   2. ③   3. ④

문제4   다음 문제를 약술하시오.

1. 금융위원회의 권한
2. 증권선물위원회의 권한

풀 이   1. 금융위원회의 권한은 i) 금융정책 및 금융감독정책의 수립(공적자금관리위원회, 금융정보분석원 포함), ii) 금융 및 자본시장 관계법률의 제정 및 개정, 그리고 iii) 금융기관 인·허가, iv) 금융감독 관련 정책의 심의·의결권 등이다.

2. 증권선물위원회의 권한은 i) 증권시장 및 선물시장의 불공정거래 조사 전담, ii) 기업회계제도 및 회계감리제도의 운영, iii) 그리고 증권시장 및 선물시장의 관리·감독에 관한 금융위원회 권한사항의 사전 심의권 등이다.

제10장

금융기관 경영평가 등

제1절 금융기관의 설립과 업무규제

1. 설립단계

금융업에 대하여는 설립단계에서부터 진입규제가 이루어진다. 먼저 은행업은 인가제이고, 보험업은 허가제이다. 증권업 관련 업무는 자본시장법에서 금융투자업으로 정의되어 투자매매업, 집합투자업, 투자중개업, 신탁업은 인가제이고 투자일임업 및 투자자문업은 등록제이다. 특기할 만한 것은 보험이 그간 생명보험과 손해보험으로 구분되어 왔으나, 제3보험업이 추가되어 우리나라의 보험업은 생명보험업, 손해보험업, 제3보험업으로 대별되게 되었다. 제3보험상품은 위험보장을 목적으로 사람의 질병, 상해 또는 이에 따른 간병에 관하여 금전 및 그 밖의 급여를 지급할 것으로 약속하고 대가를 수수하는 계약을 말한다.

2. 설립 이후 단계

설립 이후의 금융회사에 대한 규제는 여러 형태로 이루어지지만, 가장 기본은 건전성 감독이다. 건전성 감독은 흔히 경영실태평가를 통해 이루어지는데 은행은 BIS 자기자본비율, 증권회사는 영업용순자본비율(NCR), 보험회사는 지급여력비율이 그것이다. 각 권역별로 은행은 8% 이상, 증권회사는 100%(자산운용회사, 신탁회사는 150%) 이상, 보험회사는 100% 이상이 각각 되어야 일단 건전한 것으로 추정된다. 그리고 상기 비율에 이르지 못하면 경영개선권고,

경영개선요구, 경영개선명령과 같은 3단계의 적기시정조치가 발동된다. 각 단계별 비율은, 은행의 경우 8% 미만, 6% 미만, 2% 미만, 증권회사는 100% 미만, 50% 미만, 0% 미만(자산운용회사, 신탁회사는 각각 150%미만, 120%미만, 100%미만), 보험회사는 100% 미만, 50% 미만, 0% 미만이다.

건전성 감독과는 별도로 각 금융회사에 대해서는 정기검사와 수시검사가 이루어지고, 주식시장 등 자본시장에 대해서도 관련 조직(금융위원회의 증권선물위원회, 금융감독원의 조사국 등)에서 감독이 이루어지고 있다.

현재 금융위원회는 금융정책 등을 총괄하고 있고, 금융감독원은 검사 등 집행업무를 맡고 있다. 금융위원회의 업무는 본업무인 금융정책과 함께 금융회사의 건전성감독이 주요 핵심업무로 취급되고 있다. 이는 금융회사의 건전한 유지 발전이 금융시장 안정의 핵이기 때문이며, 그렇지 못할 경우 국민경제상 크나큰 대가를 치르게 되기 때문이다. 즉 부실금융기관에 대한 공적자금의 투입 혹은 론스타 같은 해외자본에의 매각으로 인한 국부의 유출, 저축은행의 예금인출 사태의 사례에서 보듯이 금융소비자들의 피해가 크기 때문이다. 금융감독원은 금융시장에서의 공정한 거래질서 확립 등을 위해 감독, 검사 업무 등을 하지만 법규상의 규정에 의거한 검사업무 외에도, 실제에 있어서는 금융회사의 건전성 감독을 중심으로 그 업무를 전개하고 있다.

3. 금융지주회사

(1) 금융지주회사 제도의 도입

금융회사의 대형화·겸업화에 따라 발생할 수 있는 위험의 전이(轉移), 과도한 지배력 확장 등의 부작용을 방지하여 금융지주회사와 그 자회사의 건전한 경영을 도모하고, 금융 소비자 및 그 밖의 이해관계인의 권익을 보호함으로써 금융산업의 경쟁력을 높이고 국민경제의 건전한 발전에 이바지하기 위해 금융지주회사제도를 도입하였다.

(2) 지주회사

'지주회사'(holding company)는 타 기업의 주식소유를 통해 상대기업의 경영을 지배하는 것을 목적으로 하는 회사이며(공정거래법 제2조 1호의2), 지배받는 회사가 금융기관인 경우를 '금융지주회사'(financial holding company)라고 한다(공정거래법 제8조의2 4호, 금융지주회사법 제2조 1항). 또한 지주회사는 스스로 사업을 영위하는 동시에 주식소유를 통해 타 기업의 경영을 지배, 관리하는 '사업지주회사'(operating holding company)와 스스로 고유의 사업을 영위하지 않으면서 주식소유에 의한 타 기업의 경영지배·관리를 유일한 사업목적으로 하는 '순수지주회사'(pure holding com pany)'로 분류된다. 순수지주회사는 사업지주회사와 달리 지주회사 자신이 사업을 하지 않는 일종의 페이퍼 컴퍼니(paper company)로서 미국의 금융지주회사들이 주로 순수지주회사로 운영되고 있는 반면, 유니버설뱅킹 형태인 유럽은행들은 금융업무를 영위하면서 자회사를 거느리는 사업지주회사 방식을 취하고 있다.

금융지주회사는 이중 '순수지주회사'에 속하며, 자회사의 경영관리 및 그에 부수하는 업무 외에 영리를 목적으로 하는 다른 업무를 영위하지 못한다.

(3) 우리나라 금융지주회사법상 금융지주회사의 정의

금융지주회사란 주식(지분)보유를 통해 은행이나 증권사, 보험사 등과 같은 금융기관을 자회사로 소유하고 경영하는 회사를 말한다. 즉 주식(지분)의 소유를 통하여 금융업을 영위하는 회사(이하 '금융기관'이라 한다) 또는 금융업의 영위와 밀접한 관련이 있는 회사를 대통령령이 정하는 기준에 의하여 지배하는 것을 주된 사업으로 하는 회사로서 다음의 모두에 해당되는 것을 말한다.

① 1 이상의 금융기관을 지배할 것
② 자산총액이 대통령령으로 정하는 기준 이상일 것
③ 금융지주회사법 제3조에 따라 금융위원회의 인가를 받을 것

(4) 금융지주회사 현황

금융지주회사는 금융산업의 대형화, 계열화를 통해 대외경쟁력을 높일 수 있고, 금융회사들이 하나의 지주회사 밑에 계열화되면 경영상태와 자금흐름을 파악하고 감독하기가 쉽다는 장점이 있다. 그러나 경제력 집중에 의한 과도한 시장지배력, 산업자본의 금융지배로 인한 은행의 사(私)금고화 가능성 등의 문제점으로 인해 우리나라에서는 금융지주회사 설립이 불허되다가, 2000년 10월에 금융기관의 대형화·겸업화를 통하여 금융기관의 경쟁력을 제고하기 위하여 금융지주회사의 설립을 촉진하는 '금융지주회사법'이 제정되었다. 이에 따라 금융지주회사의 설립이 가능해졌으며 이후 2001년 3월 '우리금융지주회사'가 국내최초의 금융지주회사로 출범했었고, 2016년 9월말 현재, 우리나라의 금융지주회사 수는 KB금융지주, 신한금융지주,

하나금융지주, 농협금융지주, BNK금융지주, DGB금융지주, JB금융지주, 한국투자금융지주, 메리츠금융지주의 9개사이다. 종전의 우리금융지주, 산은금융지주, 한국씨티금융지주, 한국스탠다드차타드금융지주, KNB금융지주, KJB금융지주는 해체되었다.

(5) 금융지주회사 설립요건 및 규제사항

금융지주회사법상 '금융지주회사(financial holding company)'는 주식 또는 지분의 소유를 통하여 1개 이상의 금융기관을 지배하는 것을 주된 사업으로 영위하는 회사로서, 금융위원회의 인가를 받은 회사로 정의된다. 주된 사업이라 함은 금융지주회사가 보유하는 자회사의 주식총액이 금융지주회사 자산의 50% 이상인 경우를 말한다.

금융지주회사를 설립하거나 전환하기 위해서는 금융위원회의 인가를 받아야 한다. 금융위원회는 금융지주회사 및 그 자회사 등의 사업계획 및 재무상태 등에 대하여 심사하고 금융지주회사의 설립이 관련시장에서 경쟁을 제한하는지 여부 등에 대해 공정거래위원회와 협의를 거친 후 그 인가 여부를 결정한다.

금융지주회사는 자회사의 경영관리 및 그에 부수하는 업무 외에 영리를 목적으로 하는 다른 업무를 영위하지 못하므로 '순수지주회사'만 허용된다. 금융지주회사는 각 자회사의 주식을 50%(상장·등록법인인 경우 30%) 이상 소유하여야 하나, 전체 자회사에 대한 출자총액이 금융지주회사의 자기자본을 초과해서는 아니 된다. 금융지주회사는 금융기관을 자회사로 지배하며, 비금융회사는 자회사로 지배할 수 없다. 자회사는 업무상 연관이 있는 금융기관(손자회사)을 지배할 수 있으나, 손자회사는 다른 회사를 지배하는 것이 금지된다.

(6) 완전지주회사 및 완전자회사

'완전지주회사' 및 '완전자회사'라 함은 각각 금융지주회사가 자회사의 발행주식 총수를 소유하는 경우의 당해 금융지주회사 및 당해 자회사를 말한다.

(7) 금융지주회사 종류

은행지주회사, 지방은행지주회사, 비은행지주회사, 보험지주회사, 금융투자지주회사 등이 있다.

제2절 보호대상 금융상품과 비보호대상 금융상품

1. 보호대상 금융상품

(1) 은행

보통예금, 기업자유예금, 별단예금, 당좌예금 등 요구불예금, 정기예금, 저축예금, 주택청약예금, 표지어음 등 저축성예금, 정기적금, 주택청약부금, 상호부금 등 적립식예금, 외화예금, 원금이 보전되는 금전신탁 등, 예금보호 대상 금융상품으로 운용되는 확정기여형 퇴직연금 및 개인퇴직계좌 적립금 등

(2) 투자매매업자, 투자중개업자

금융상품 중 증권 등의 매수에 사용되지 않고, 고객계좌에 현금으로 남아있는 금액, 자기신용대주담보금, 신용거래계좌 설정보증금, 신용공여담보금 등의 현금 잔액, 원금이 보전되는 금전신탁 등, 예금보호 대상 금융상품으로 운용되는 확정기여형 퇴직연금 및 개인퇴직 계좌 적립금 등

(3) 보험사

개인이 가입한 보험계약, 예금보호 대상 금융상품으로 운용되는 확정기여형 퇴직연금 및 개인퇴직 계좌 적립금 등, 원금이 보전되는 금전신탁 등

(4) 종합금융회사

발행어음, 표지어음, 어음관리계좌(CMA)

(5) 저축은행

보통예금, 저축예금, 정기예금, 정기적금, 신용부금, 표지어음 등, 상호저축은행 중앙회 발행 자기앞수표 등

2. 비보호대상 금융상품

(1) 은행

양도성예금증서(CD), 환매조건부채권(RP), 금융투자상품(수익증권, 뮤추얼펀드, MMF 등), 특정금전신탁 등 실적배당형 신탁, 은행발행채권 등, 주택청약저축, 주택청약종합저축 등

(2) 투자매매업자, 투자중개업자

금융투자상품(수익증권, 뮤추얼펀드, MMF 등), 선물·옵션거래 예수금, 청약자 예수금, 제세금 예수금, 유통금융대주 담보금, 환매조건부채권(RP), 증권사 발행채권, 종합자산관리계좌(CMA), 랩어카운트, 주가지수연계증권(ELS), 주식워런트증권(ELW) 등

(3) 보험사

보험계약자 및 보험료 납부자가 법인인 보험계약, 보증보험계약, 재보험계약, 변액보험계약 주계약 등

(4) 종합금융사

금융투자상품(수익증권, 뮤추얼펀드, MMF 등), 환매조건부채권(RP), 양도성예금증서(CD), 기업어음(CP), 종금사 발행채권 등

(5) 상호저축은행

저축은행 발행채권(후순위채권) 등

제3절   금융회사에 대한 경영평가 등

1. 경영실태평가

경영실태평가는 금융회사의 경영부실 위험을 적기에 파악하여 조치하기 위하여 경영상태 전반을 체계적이고 객관적으로 확인하여, 종합적이고 통일적인 방식에 따라 일정한 등급으로 평가하는 제도이다. 가장 일반적인 시중은행의 경우를 살펴보면, CAMELS방식에 따라 자본

적정성(Capital adequacy), 자산건전성(Asset quality), 경영관리적정성(Management), 수익성(Earnings), 유동성(Liquidity), 시장리스크에 대한 민감도(Sensitivity to market risk) 등 6개 부문을 평가하며, 평가결과는 1등급부터 5등급까지 5단계로 구분한다.

■ CAMELS와 CAMELR

유럽재정위기의 여파, 가계부채의 증가, 베이비부머의 은퇴 증가 등의 요인으로 경기침체가 지속되면서, 금융회사의 리스크 관리에 대한 중요성이 이전보다 더 부각되고 있다. 이에 따라 금융당국은 CAMELS의 '시장리스크에 대한 민감도'(Sensitivity) 항목을 '리스크 관리'(Risk Management)로 대체하기로 하였다. 이에 따라 종전의 CAMELS 방식은 CAMELR[1] 방식으로 전환하게 되었다.

2. 적기시정조치

적기시정조치(prompt corrective action)제도란 금융회사의 자본충실도 및 경영실태 평가결과가 미리 정해진 일정기준에 미달하여 경영상태가 심각하게 악화되고 있는 경우에, 금융감독당국이 기준 미달정도에 따라 경영개선권고, 경영개선요구 및 경영개선명령의 3단계로 구분하여 단계적으로 시정조치를 부과하는 제도이다.

금융위원회는 은행에 대해서 국제결제은행(BIS) 기준 자기자본비율이 8% 미만인 경우에는 경영개선 권고, 6% 미만에 대하여는 경영개선 요구, 2% 미만은 경영개선 명령을 부과할 수 있다.

> BIS기준 자기자본비율 = (자기자본 / 위험가중자산) × 100
>
> • 자기자본 = 기본자본 + 보완자본 + 단기후순위채무 − 공제항목
> • 위험가중자산 = 신용위험가중자산 + 시장위험가중자산

금융위원회는 1종 금융투자업자인 증권회사에 대해 영업용순자본비율이 100% 미만인 경우 경영개선권고를, 50% 미만인 경우에 경영개선요구를, 0% 이하인 경우 경영개선명령을

---

1) CAMELR에서 R 부문 평가지표는 리스크 지배구조 및 관리정책의 적정성, 리스크 관리절차 및 통제 실태, 리스크 인식·측정·평가의 적정성 등이다.

부과한다.

> 순자본비율 = (영업용순자본 − 총위험액 / 필요유지자기자본) × 100

한편 2종 금융투자업자인 자산운용회사 및 신탁회사에 대해서는 영업용순자본비율(NCR : Net Capital Ratio)이 150% 미만인 경우 경영개선권고, 동 비율 120% 미만인 경우 경영개선요구, 동 비율 100% 미만인 경우 경영개선명령을 발동한다.

> 영업용순자본비율 = (영업용순자본 / 총위험액) × 100

- 영업용순자본 = 자산 − 부채 − 차감항목 + 가산항목
- 총위험액 = 시장위험액 + 신용위험액 + 운영위험액

금융위원회는 보험회사에 대해 지급여력비율이 50~100% 미만인 경우 경영개선권고를, 0%~50% 미만인 경우 경영개선요구를, 0% 미만인 경우 경영개선명령을 부과한다.

> 지급여력비율 = (지급여력금액 / 지급여력기준금액) × 100

1) '지급여력금액'이란 자본금, 계약자배당을 위한 준비금, 대손충당금, 후순위차입금, 그 밖에 이에 준하는 것으로서 금융위원회가 정하여 고시하는 금액을 합산한 금액에서 미상각신계약비, 영업권, 그 밖에 이에 준하는 것으로서 금융위원회가 정하여 고시하는 금액을 뺀 금액을 말한다.
2) '지급여력기준금액'이란 보험업을 경영함에 따라 발생하게 되는 위험을 금융위원회가 정하여 고시하는 방법에 의하여 금액으로 환산한 것을 말한다.

제4절 금융상품 판매 관련 사항

1. 은행

(1) 약관작성의무

은행은 약관을 작성·운용하여야 하고, 약관을 제정하거나 변경하는 경우 약관내용의 관련 법규 위반여부, 은행이용자의 권익 침해 및 분쟁발생 소지 등에 대하여 준법감시인의 심의를 거쳐야 한다.

(2) 거래조건의 공시 등

은행은 i) 이자, ii) 부대비용, iii) 계약해지, iv) 거래 제한, v) 예금자보호, vi) 은행이용자가 유의해야 할 사항, vii) 기타 계약의 주요 내용 등 거래조건을 인터넷홈페이지 등에 공시하여야 한다.

(3) 설명의무

은행은 은행법 시행령 제24조의4 2항 2호에 따라 계약을 체결하거나 계약의 체결을 권유하는 경우에는 제2항 각 호의 사항이 기재된 자료를 은행이용자에게 제공하고 그 내용을 설명하여야 한다. 그리고 은행법 시행령 제24조의4 2항 2호에 따라 설명한 내용에 대해 은행이용자가 이해하였음을 은행이용자의 서명, 기명날인, 녹취, 그 밖에 금융감독원장이 정하는 방법 중 하나 이상의 방법으로 확인을 받아 이를 유지·관리하여야 한다.

(4) 광고

은행법 시행령 제24조의5 3항에 따라 은행은 은행상품을 광고하는 경우 다음의 구분에 따른 광고사항을 포함하여야 한다.
① 법 제27조 2항 1호의 업무(예금·적금의 수입 또는 유가증권, 그 밖의 채무증서의 발행)와 관련된 은행상품의 경우 : 이자율, 가입조건, 그 밖에 은행이용자의 권리의무에 중대한 영향을 미치는 사항
② 법 제27조 2항 2호의 업무(자금의 대출 또는 어음의 할인)와 관련된 은행상품의 경우 : 이자율, 부대 비용, 그 밖에 은행이용자의 권리의무에 중대한 영향을 미치는 사항

③ 제1호 및 제2호 이외의 업무(제3호 내국환·외국환)와 관련된 은행상품의 경우 : 부대비용, 수익률 등 손익결정방법, 상품에 내재된 위험, 가입조건, 그 밖에 은행이용자의 권리의무에 중대한 영향을 미치는 사항

④ 제1호부터 제3호에서 정한 사항 외에 은행이용자 보호를 위하여 필요한 경우로서 금융감독원장이 정하는 사항

신문, 잡지 등 인쇄물에 의한 광고와 텔레비전, 라디오 등 방송에 의한 광고의 경우 등 광고게재 면적 또는 광고시간의 제약으로 제1호부터 제4호까지에서 정한 광고사항을 전부 표시할 수 없을 경우 일부를 생략할 수 있다.

2. 증권회사

1) 투자권유

(1) 적합성 원칙

금융투자업자는 투자자가 일반투자자인지 전문투자자인지의 여부를 확인하여야 한다. 금융투자업자는 일반투자자에게 투자권유를 하기 선에 면담·질문 등을 통하여 일빈투자자의 투자목적·재산상황 및 투자경험 등의 정보를 파악하고, 일반투자자로부터 서명('전자서명법' 제2조 2호에 따른 전자서명을 포함한다), 기명날인, 녹취, 그 밖에 대통령령으로 정하는 방법[2]으로 확인을 받아 이를 유지·관리하여야 하며, 확인받은 내용을 투자자에게 지체없이 제공하여야 한다.

(2) 적정성의 원칙

금융투자업자는 일반투자자에게 투자권유를 하지 아니하고 파생상품, 그 밖에 대통령령으로 정하는 금융투자상품(이하 '파생상품등'이라 한다)을 판매하려는 경우에는 면담·질문 등을 통하여 그 일반투자자의 투자목적·재산상황 및 투자경험 등의 정보를 파악하여야 한다. 그리고 일반투자자의 투자목적·재산상황 및 투자경험 등에 비추어 해당 파생상품 등이 그 일반투자자에게 적정하지 아니하다고 판단되는 경우에는 대통령령으로 정하는 바에 따라 그 사실을 알리고, 일반투자자로부터 서명, 기명날인, 녹취, 그 밖에 대통령령으로 정하는 방법[3]으로

---

2) 1. 전자우편, 그 밖에 이와 비슷한 전자통신, 2. 우편, 3. 전화자동응답시스템

확인을 받아야 한다.

(3) 설명의무

금융투자업자는 일반투자자를 상대로 투자권유를 하는 경우에는 금융투자상품의 내용, 투자에 따르는 위험, 그 밖에 대통령령으로 정하는 사항을 일반투자자가 이해할 수 있도록 설명하여야 한다. 그리고 설명한 내용을 일반투자자가 이해하였음을 서명, 기명날인, 녹취, 그 밖의 대통령령으로 정하는 방법 중 하나 이상의 방법으로 확인받아야 한다.

(4) 불초청권유(unsolicited call)의 금지의 예외

① 증권과 장내파생상품에 대하여 투자권유를 하는 행위

② 투자성 있는 보험계약에 대하여 투자권유를 하는 행위

   • 투자권유를 받은 투자자가 이를 거부하는 취지의 의사를 표시한 후 금융위원회가 정하여 고시하는 기간이 지난 후에 다시 투자권유를 하는 행위

   • 다른 종류의 금융투자상품에 대하여 투자권유를 하는 행위, 이 경우 다른 종류의 구체적인 내용은 금융위원회가 정하여 고시한다.

③ 투자자(전문투자자와 자본시장법 제72조 1항에 따른 신용공여를 받아 투자를 한 경험이 있는 일반투자자는 제외한다)로부터 금전의 대여나 그 중개·주선 또는 대리를 요청받지 아니하고 이를 조건으로 투자권유를 하는 행위

2) 약관의 신고 및 공시

금융투자업자는 금융투자업의 영위와 관련하여 약관을 제정 또는 변경하고자 하는 경우에는 미리 금융위원회에 신고하여야 한다.

3) 광고

금융투자업자는 투자광고(집합투자증권에 대한 투자광고를 제외한다)를 하는 경우에는 그 금융투자업자의 명칭, 금융투자상품의 내용, 투자에 따른 위험, 그 밖에 대통령령으로 정하는 사항이 포함되도록 하여야 한다. 그리고 집합투자증권에 대하여 투자광고를 하는 경우에는 다음의 사항이 포함되도록 하여야 하며, 집합투자기구의 명칭, 집합투자기구의 종류에 관한 사

---

3) 위 주 3)과 동일하다.

항, 집합투자기구의 투자목적 및 운용전략에 관한 사항, 그 밖에 집합투자증권의 특성 등을 고려하여 대통령령으로 정하는 사항 외의 사항을 투자광고에 사용하여서는 아니 된다.

① 집합투자증권을 취득하기 전에 투자설명서를 읽어 볼 것을 권고하는 내용
② 집합투자기구는 운용결과에 따라 투자원금의 손실이 발생할 수 있으며, 그 손실은 투자자에게 귀속된다는 사실
③ 집합투자기구의 운용실적을 포함하여 투자광고를 하는 경우에는 그 운용 실적이 미래의 수익률을 보장하는 것은 아니라는 내용

4) 재산상 이익의 제공한도

금융투자회사가 동일 거래상대방에게 1회당 제공할 수 있는 재산상 이익은 20만원을 초과할 수 없다. 금융투자회사가 연간 또는 동일 회계연도 기간 중 동일 거래상대방에게 제공할 수 있는 재산상 이익은 100만원을 초과할 수 없다. 대표이사 또는 준법감시인의 사전승인을 받은 경우에는 이상의 한도를 초과하여 재산상의 이익을 제공할 수 있다. 다만 부득이한 사유로 사전승인이 곤란한 경우에는 사후보고로 대체할 수 있다.

또한 금융투자회사가 연간 또는 동일 회계연도 기간 중 모든 거래상대방에게 제공할 수 있는 재산상 이익의 합계액은 해당 금융투자회사가 금융투자업 영위와 관련하여 직전 연간 또는 직전 회계연도 기간 중 실현한 영업수익의 규모에 따라 다음에서 정한 금액을 초과하여서는 아니 된다.

① 영업수익이 1천억원 이하인 경우 100분의 3과 10억원 중 큰 금액
② 영업수익이 1천억원을 초과하는 경우 영업수익의 100분의 1 또는 30억원 중 큰 금액

3. 보험회사

1) 모집관련 사항

(1) 보험안내자료 교부

모집을 위하여 사용하는 보험안내자료에는 다음의 사항을 명백하고 알기 쉽게 적어야 한다.

① 보험회사의 상호나 명칭 또는 보험설계사·보험대리점 또는 보험중개사의 이름·상호나 명칭

② 보험 가입에 따른 권리·의무에 관한 주요 사항

③ 보험약관으로 정하는 보장에 관한 사항

④ 보험금 지급제한 조건에 관한 사항

⑤ 해약환급금에 관한 사항

⑥ '예금자보호법'에 따른 예금자보호와 관련된 사항

⑦ 그 밖에 보험계약자를 보호하기 위하여 대통령령으로 정하는 사항

(2) 보험중개사의 고지의무

보험중개사가 보험계약의 체결을 중개할 때에는 그 중개와 관련된 내용을 대통령령으로 정하는 바에 따라 장부에 적고 보험계약자에게 알려야 하며, 그 수수료에 관한 사항을 비치하여 보험계약자가 열람할 수 있도록 하여야 한다.

보험중개사는 보험회사의 임직원이 될 수 없으며, 보험계약의 체결을 중개하면서 보험회사·보험설계사·보험대리점·보험계리사 및 손해사정사의 업무를 겸할 수 없다.

(3) 신고사항

보험설계사·보험대리점 또는 보험중개사는 등록신청 서류에 기재된 사항이 변경된 경우 등에는 지체없이 그 사실을 금융위원회에 신고하여야 한다.

(4) 설명의무

보험회사 또는 보험의 모집에 종사하는 자가 일반보험계약자에게 보험계약의 체결을 권유하는 경우에는 보험료, 보장범위, 보험금의 지급제한 사유 등 대통령령으로 정하는 보험계약의 중요 사항을 일반보험계약자가 이해할 수 있도록 설명하여야 한다.

보험회사 또는 보험의 모집에 종사하는 자는 위에 따라 설명한 내용을 일반 보험계약자가 이해하였음을 서명, 기명날인, 녹취, 그 밖에 대통령령으로 정하는 방법으로[4] 확인받아야 한다.

보험회사는 보험계약의 체결 시부터 보험금 지급 시까지의 주요 과정을 대통령령으로 정하는 바에 따라 일반보험계약자에게 설명하여야 한다. 다만 일반보험계약자가 그 설명을 거부하는 경우에는 그러하지 아니하다.

---

4) '전자서명법' 제2조 2호에 따른 전자서명

2) 광고

모집광고 관련 준수사항은 보험회사 또는 보험의 모집에 종사하는 자가 보험상품에 관하여 광고를 하는 경우에는 다음의 내용을 포함시켜야 한다.

① 보험계약 체결 전에 상품설명서 및 약관을 읽어 볼 것을 권유하는 내용

② 보험계약자가 기존에 체결했던 보험계약을 해지하고 다른 보험계약을 체결하면, 보험인수가 거절되거나 보험료가 인상되거나 보장내용이 달라질 수 있다는 내용

③ 변액보험 계약과 관련하여 대통령령으로 정하는 내용

④ 그 밖에 대통령령으로 정하는 내용

3) 특별이익 제공의 금지

보험계약의 체결 또는 모집에 종사하는 자는 그 체결 또는 모집과 관련하여 보험계약자나 피보험자에게 다음의 어느 하나에 해당하는 특별이익을 제공하거나 제공하기로 약속하여서는 아니 된다.

① 금품(대통령령으로 정하는 금액을 초과하지 아니하는 금품[5])은 제외한다)

② 기초서류에서 정한 사유에 근거하지 아니한 보험료의 할인 또는 수수료의 지급

③ 기초서류에서 정한 보험금액보다 많은 보험금액의 지급 약속

④ 보험계약자나 피보험자를 위한 보험료의 대납(代納)

⑤ 보험계약자나 피보험자가 해당 보험회사로부터 받은 대출금에 대한 이자의 대납

⑥ 보험료로 받은 수표 또는 어음에 대한 이자 상당액의 대납

⑦ 상법 제682조에 따른 제3자에 대한 청구권 대위행사의 포기

---

5) 보험계약 체결 시부터 최초 1년간 납입되는 보험료의 100분의 10과 3만원 중 적은 금액을 말한다.

연습문제

문제1 다음 문제를 읽고 ○, X로 답하시오.

1. 보험업법상 보험업은 생명보험업과 손해보험업 2가지로 대별된다. (   )

2. 은행설립은 허가제이다. (   )

3. 금융기관에 대한 적기시정조치는 금융감독원이 발동한다. (   )

풀 이 1. X ⇒ 생명보험업, 손해보험업, 제3보험업 3가지로 대별된다.

2. X ⇒ 은행설립은 인가제이다.

3. X ⇒ 금융위원회가 발동한다.

문제2 다음 내용을 읽고 (   ) 안에 적절한 내용을 기재하시오.

1. 위험보장을 목적으로 사람의 질병, 상해 또는 이에 따른 간병에 관하여 금전 및 그 밖의 급여를 지급할 것으로 약속하고 대가를 수수하는 계약을 (   )상품이라고 한다.

2. 자기자본순이익률은 자기자본에 대한 (   )의 비율이다.

3. 금융지주회사법상 지주회사에는 은행지주회사, 지방은행지주회사, 비은행 지주회사, 보험지주회사, (   ) 등이 있다.

풀 이 1. 제3보험

2. 당기순이익

3. 금융투자지주회사

문제3 다음 문제에 대해 적당한 답을 선택하시오.

1. 금융감독원의 업무중에서도 가장 큰 핵심 업무로 볼 수 있는 것은?

① 금융기관의 검사　　　　② 주가조작의 감시

③ 금융기관의 건전성 감독　　④ 불공정거래의 조사

2. 자본시장법상 투자권유에 있어 '파생상품 등'에만 해당되는 것은?

    ① 적합성의 원칙   ② 적정성의 원칙

    ③ 특별이익의 제공 금지   ④ 설명의무

3. 예금보호대상이 아닌 것은?

    ① RP   ② MMDA

    ③ 종금형 CMA   ④ 표지어음

풀 이

1. ③ ⇒ 금융감독원의 가장 큰 핵심업무는 '금융기관에 대한 건전성 감독'이다.

2. ② ⇒ 적정성 원칙은 자본시장법상 '파생상품 등'에 적용된다.

3. ①

문제 4 다음 문제를 약술하시오.

1. ROA

2. BIS 기준 자기자본비율

3. 시장위험 감안 자기자본비율

4. 영업용순자본비율

풀 이

1. ROA(return on assets) : 총자산순이익률을 말한다.

    (당기순이익/총자산)×100으로 표시된다.

2. 위험가중자산에 대한 BIS 기준 자기자본비율을 말한다.

    (BIS 기준 자기자본/위험가중자산)×100으로 표시된다.

3. 시장위험을 반영한 자기자본비율을 말한다.

    [(기본자본 + 보완자본 + 단기후순위채무 – 공제항목) / (신용위험가중자산 + 시장위험 가중자산)]×100으로 표시된다.

4. 증권회사의 경영건전성을 나타내는 지표로 총위험액에 대한 영업용순자본의 비율이다.

> 영업용순자본비율 = (영업용순자본 – 총위험액/필요유지자기자본)×100

제11장

전자금융, 금융관련 세제

제1절 전자금융

1. 전자금융의 규제

1) 전자금융과 전자금융거래

전자금융이란 금융기관의 전통적인 금융서비스에 있어서 컴퓨터와 정보통신기술을 이용하여 자동화 및 전자화를 구현하는 것이다. 전자금융거래법(금융위원회 소관)과 전자금융거래 기본약관(공정거래위원회 소관)이 적용된다.

'전자금융거래'란 전자금융거래법상 금융기관 또는 전자금융업자가 전자적 장치를 통하여 금융상품 및 서비스를 제공(이하 '전자금융업무'라 한다)하고, 이용자가 금융기관 또는 전자금융업자의 종사자와 직접 대면하거나 의사소통을 하지 아니하고 자동화된 방식으로 이를 이용하는 거래를 말한다. 전자금융거래 기본약관에서는, 이를 '은행이 전자적 수단을 통하여 제공하는 조회, 입금·출금, 계좌이체 등을 거래처가 직접 이용하는 거래'라고 간단히 정의한다.

(1) 전자금융거래법의 목적
① 전자금융거래의 법률관계를 명확히 하여 전자금융거래의 안전성과 신뢰성 확보
② 전자금융업의 건전한 발전을 위한 기반조성, 국민의 금융편의 도모

(2) 주요 개념

① 전자지급거래 : 자금을 주는 자(이하 '지급인'이라 한다)가 금융기관 또는 전자금융업자로 하여금 전자지급수단을 이용하여 자금을 받는 자(이하 '수취인'이라 한다)에게 자금을 이동하게 하는 전자금융거래

② 전자금융업자 : 전자금융거래법 규정에 따라 허가를 받거나 등록을 한 자(금융기관을 제외한다)

③ 전자금융보조업자 : 금융기관 또는 전자금융업자를 위하여 전자금융거래를 보조하거나 그 일부를 대행하는 업무를 행하는 자 또는 결제중계시스템의 운영자로서 금융위원회가 정하는 자

④ 결제중계시스템 : 금융기관과 전자금융업자 사이에 전자금융거래정보를 전달하여 자금정산 및 결제에 관한 업무를 수행하는 금융정보처리 운영체계

⑤ 이용자 : 전자금융거래를 위하여 금융기관 또는 전자금융업자와 체결한 계약(이하 '전자금융거래계약'이라 한다)에 따라 전자금융거래를 이용하는 자

⑥ 전자적 장치 : 전자금융거래정보를 전자적 방법으로 전송하거나 처리하는데 이용되는 장치로서 현금자동지급기, 자동입출금기, 지급용단말기, 컴퓨터, 전화기 그 밖에 전자적 방법으로 정보를 전송하거나 처리하는 장치

⑦ 전자문서 : '전자문서 및 전자거래 기본법' 제2조 1호에 따른 작성, 송신·수신 또는 저장된 정보

⑧ 접근매체 : 전자금융거래에 있어서 거래지시를 하거나 이용자 및 거래내용의 진실성과 정확성을 확보하기 위하여 사용되는 다음의 어느 하나에 해당하는 수단 또는 정보를 말한다.
  ㉮ 전자식 카드 및 이에 준하는 전자적 정보
  ㉯ '전자서명법' 제2조 4호의 전자서명생성정보 및 같은 조 7호의 인증서
  ㉰ 금융기관 또는 전자금융업자에 등록된 이용자번호
  ㉱ 이용자의 생체정보
  ㉲ ㉮ 또는 ㉯의 수단이나 정보를 사용하는데 필요한 비밀번호

⑨ 전자지급수단 : 전자자금이체, 직불전자지급수단, 선불전자지급수단, 전자화폐, 신용카드, 전자채권 그 밖에 전자적 방법에 따른 지급수단에 해당하는 방법으로 자금을 이체하는 것

⑩ 직불 전자지급수단 : 이용자와 가맹점 간에 전자적 방법에 따라 금융기관의 계좌에서 자금을 이체하는 등의 방법으로 재화 또는 용역의 제공과 그 대가의 지급을 동시에 이행할 수

있도록 금융기관 또는 전자금융업자가 발행한 증표(자금을 융통받을 수 있는 증표를 제외한다) 또는 그 증표에 관한 정보(예컨대, 휴대폰·스마트폰 결제 서비스)(전자금융거래법 제2조 13호)

⑪ 선불 전자지급수단 : 이전 가능한 금전적 가치가 전자적 방법으로 저장되어 발행된 증표 또는 그 증표에 관한 정보로서 다음의 요건을 모두 갖춘 것을 말한다. 다만, 전자화폐를 제외한다(예컨대, 기프트카드, 하이패스카드 등)(전자금융거래법 제2조 14호).

  ㉮ 발행인(대통령령이 정하는 특수관계인을 포함한다) 외의 제3자로부터 재화 또는 용역을 구입하고 그 대가를 지급하는데 사용될 것

  ㉯ 구입할 수 있는 재화 또는 용역의 범위가 2개 업종('통계법' 제22조 1항의 규정에 따라 통계청장이 고시하는 한국표준산업분류의 중분류상의 업종을 말한다) 이상일 것

⑫ 전자화폐 : 이전 가능한 금전적 가치가 전자적 방법으로 저장되어 발행된 증표 또는 그 증표에 관한 정보로서, 다음의 요건을 모두 갖춘 것을 말한다.

  ㉮ 대통령령이 정하는 기준 이상의 지역 및 가맹점에서 이용될 것

  ㉯ 발행인(대통령령이 정하는 특수관계인을 포함한다) 외의 제3자로부터 재화 또는 용역을 구입하고 그 대가를 지급하는데 사용될 것

  ㉰ 구입할 수 있는 재화 또는 용역의 범위가 5개 이상으로서 대통령령이 정하는 업종 수 이상일 것

  ㉱ 현금 또는 예금과 동일한 가치로 교환되어 발행될 것

  ㉲ 발행자에 의하여 현금 또는 예금으로 교환이 보장될 것

⑬ 전자채권 : 다음의 요건을 갖춘 전자문서에 기재된 채권자의 금전채권을 말한다.

  ㉮ 채무자가 채권자를 지정할 것

  ㉯ 전자채권에 채무의 내용이 기재되어 있을 것

  ㉰ '전자서명법' 제2조 3호의 공인전자서명이 있을 것

  ㉱ 금융기관을 거쳐 전자채권관리기관에 등록될 것

  ㉲ 채무자가 채권자에게 ㉮~㉰의 요건을 모두 갖춘 전자문서를 '전자문서 및 전자거래 기본법' 제6조 1항에 따라 송신하고, 채권자가 이를 같은 법 제6조 2항의 규정에 따라 수신할 것

⑭ 거래지시 : 이용자가 전자금융거래계약에 따라 금융기관 또는 전자금융업자에게 전자금융거래의 처리를 지시하는 것

⑮ 가맹점 : 금융기관 또는 전자금융업자와의 계약에 따라 직불전자지급수단이나 선불전자지급수단 또는 전자화폐에 의한 거래에 있어서, 이용자에게 재화 또는 용역을 제공하는 자로서 금융기관 또는 전자금융업자가 아닌 자

⑯ 거래처 : 전자금융거래를 이용하는 고객

⑰ 전자적 수단 : 현금자동지급기, 현금자동입·출금기, 컴퓨터, 전화기, 직불카드거래단말기 기타 전자금융거래를 처리하는데 이용되는 전자적 장치

⑱ 지급인 : 전자금융거래에 의하여 자금이 출금되는 계좌의 명의인

⑲ 영업일 : 통상 은행이 점포에서 정상적인 영업을 하는 날

⑳ 접근수단 : 전자금융거래의 방식을 통하여 거래지시를 하는데 필요한 카드, 인증서, 비밀번호, 이용자번호 등

(3) 전자금융거래기본약관상 적용거래
① 현금자동지급기, 현금자동입·출금기에 의한 거래
② 컴퓨터에 의한 거래
③ 전화기에 의한 거래
④ 직불카드단말기에 의한 거래
⑤ 기타 전자적 수단에 의한 거래

(4) 전자문서의 적용법규
전자금융거래를 위하여 사용되는 전자문서에 대하여는 '전자문서 및 전자거래 기본법' 제4조부터 제7조까지, 제9조 및 제10조가 적용된다.

(5) 거래내용의 확인
금융기관 또는 전자금융업자는 이용자가 거래내용을 서면(전자문서를 제외한다. 이하 같다)으로 제공할 것을 요청하는 경우에는 그 요청을 받은 날부터 2주 이내에 거래내용에 관한 서면을 교부하여야 한다.

(6) 오류 정정
금융기관 또는 전자금융업자는 제1항의 규정에 따른 오류의 정정 요구를 받은 때에는 이를 즉시 조사하여 처리한 후, 정정 요구를 받은 날부터 2주 이내에 오류의 원인과 처리 결과를

대통령령으로 정하는 방법에 따라 이용자에게 알려야 한다. 또한 스스로 전자금융거래에 오류가 있음을 안 때에는 이를 즉시 조사하여 처리한 후, 오류가 있음을 안 날부터 2주 이내에 오류의 원인과 처리 결과를 대통령령으로 정하는 방법에 따라 이용자에게 알려야 한다.

(7) 금융기관 또는 전자금융업자의 책임

금융기관 또는 전자금융업자는 접근매체의 위조나 변조로 발생한 사고, 계약체결 또는 거래지시의 전자적 전송이나 처리과정에서 발생한 사고로 인하여 이용자에게 손해가 발생한 경우에는 그 손해를 배상할 책임을 진다.

(8) 분실에 따른 책임

금융기관 또는 전자금융업자는 이용자로부터 접근매체의 분실이나 도난 등의 통지를 받은 때에는 그 때부터 제3자가 그 접근매체를 사용함으로 인하여 이용자에게 발생한 손해를 배상할 책임을 진다. 다만, 선불전자지급수단이나 전자화폐의 분실 또는 도난 등으로 발생하는 손해로서 대통령령이 정하는 경우에는 그러하지 아니하다.

(9) 전자거래의 효력발생 시기

전자지급수단을 이용하여 자금을 지급하는 경우에는 그 지급의 효력은 다음의 어느 하나에서 정한 때에 생긴다.
① 전자자금이체의 경우 : 거래지시된 금액의 정보에 대하여 수취인의 계좌가 개설되어 있는 금융기관 또는 전자금융업자의 계좌의 원장에 입금기록이 끝난 때
② 전자적 장치로부터 직접 현금을 출금하는 경우 : 수취인이 현금을 수령한 때
③ 선불 전자지급수단 및 전자화폐로 지급하는 경우 : 거래지시된 금액의 정보가 수취인이 지정한 전자적 장치에 도달한 때
④ 그 밖의 전자지급수단으로 지급하는 경우 : 거래지시된 금액의 정보가 수취인의 계좌가 개설되어 있는 금융기관 또는 전자금융업자의 전자적 장치에 입력이 끝난 때

(10) 전자화폐 지급의 효력

전자화폐보유자가 재화를 구입하거나 용역을 제공받고 그 대금을 수취인과의 합의에 따라 전자화폐로 지급한 때에는 그 대금의 지급에 관한 채무는 변제된 것으로 본다.

(11) 기록보존

금융기관등은 전자금융거래의 내용을 추적·검색하거나, 그 내용에 오류가 발생할 경우에 이를 확인하거나 정정할 수 있는 기록을 생성하여 다음과 같이 보존한다.

① 5년 간 보존 대상

　㉮ 전자금융거래법 제7조 4항 1호~5호 관련 사항

　　• 전자금융거래의 종류(보험계약의 경우에는 보험계약의 종류를 말한다) 및 금액, 전자금융거래의 상대방에 관한 정보

　　• 전자금융거래의 거래일시, 전자적 장치의 종류 및 전자적 장치를 식별할 수 있는 정보

　　• 전자금융거래가 계좌를 통하여 이루어지는 경우 거래계좌의 명칭 또는 번호(보험계약의 경우에는 보험증권번호)

　　• 금융기관 또는 전자금융업자가 전자금융거래의 대가로 받은 수수료

　　• 법 제15조 1항에 따른 지급인의 출금 동의에 관한 사항

　㉯ 해당 전자금융거래와 관련한 전자적 장치의 접속 기록

　㉰ 전자금융거래의 신청 및 조건의 변경에 관한 사항

　㉱ 건당 거래금액이 1만원을 초과하는 전자금융거래에 관한 기록

② 1년 간 보존 대상

　㉮ 건당 거래금액이 1만원 이하인 전자금융거래에 관한 기록

　㉯ 전자지급수단의 이용과 관련된 거래승인에 관한 기록

　㉰ 그 밖에 금융위원회가 정하여 고시하는 거래기록

(12) 약관의 명시의무 및 교부의무

금융기관 또는 전자금융업자는 이용자와 전자금융거래의 계약을 체결함에 있어서 약관을 명시하여야 한다. 단 약관의 사본 교부 및 내용 설명은 이용자의 요청이 있는 경우에 한한다.

(13) 비밀번호의 등록

거래계약을 체결하고 거래처가 거래비밀번호를 전자적 수단으로 직접 등록할 경우에는 계약일 포함 3영업일 이내에 등록하여야 한다.

(14) 거래성립시기

① 계좌이체 : 거래처가 입력한 거래지시의 내용을 은행이 확인하고 출금자금(수수료 포함)을 출금계좌원장에 출금 기록한 때

② 현금출금 : 거래처가 입력한 거래지시의 내용을 은행이 확인하고 출금자금을 출금계좌원장에 출금 기록한 때

③ 계좌송금의 경우에는 은행이 거래처가 입력한 거래지시의 내용 및 입금자금을 모두 확인한 때

④ 예약에 의한 계좌이체의 경우는 은행이 거래처의 거래지시 내용을 확인한 때. 다만, 이체시점에 자금이 출금계좌에 입금되어 있을 것을 조건으로 한다.

(15) 거래완료시기

① 계좌이체 및 계좌송금 : 수취인의 계좌원장에 입금 기록을 마친 때

② 현금출금 : 거래처에게 현금이 지급된 때

(16) 수수료 변경통지

은행이 수수료율을 변경하고자 하는 때에는 그 내용을 영업점 및 게시 가능한 전자적 수단에 변경일 1주일 전에 게시하여 1개월간 알려야 한다.

(17) 거래지시의 취소

거래가 성립한 이후에는 이를 취소 또는 변경하지 못한다. 다만 예약에 의한 계좌이체는 이체일 전영업일까지 해당 전자적 수단을 통하여 거래지시를 취소할 수 있다. 거래처의 요청에 따라 출금계좌를 해지할 때에는 해당 계좌에 등록된 예약에 의한 계좌이체 거래지시도 취소된다.

거래처의 사망·피한정후견 선고·피성년후견 선고나 거래처 또는 은행의 해산·합병·파산은 그 자체로는 거래지시를 취소 또는 변경하는 것으로 되지 아니하며, 은행의 권한에도 영향을 미치지 아니한다.

(18) 거래기록 보존

은행은 전자금융거래로 인한 입출금내역을 5년간 유지, 보전하여야 한다.

(19) 약관의 변경

은행이 이 약관을 변경코자 할 때는 그 변경 1개월전에 영업점 또는 게시 가능한 전자적 수단으로 게시하며, 변경 내용이 거래처에 불리한 경우에는 영업점 또는 게시 가능한 전자적 수단에 게시하는 외에 일간신문에 공고하고, 거래처가 사전에 제공한 전자메일로 그 내용을 통지한다.

다만, 법령의 개정이나 제도의 개선 등으로 인하여 긴급히 약관을 변경할 때에는 즉시 이를 게시하여야 하며, 변경내용이 거래처에 불리한 경우에는 신문에 공고하고 전자메일로 통지하여야 한다. 변경내용을 게시한 후 시행일 전영업일까지 거래처의 이의가 은행에 도달하지 않으면 거래처가 이를 승인한 것으로 본다.

(20) 합의의 우선적용 등

① 은행과 거래처 사이에 개별적으로 합의한 사항이 이 약관에 정한 사항과 다를 때에는 그 합의사항을 이 약관에 우선하여 적용한다.

② 전자금융거래에 관하여 이 약관에 정하지 않은 사항은 개별약관이 정하는 바에 따른다.

③ 이 약관과 전자금융거래에 관한 개별약관에서 정하지 않은 사항에 대하여는, 다른 약정이 없으면 관계 법령, 은행수신거래약관 및 은행여신거래약관을 적용한다.

(21) 이의 제기

금융감독원 금융분쟁조정위원회, 한국소비자보호원 소비자분쟁조정위원회 등을 통하여 분쟁조정을 신청할 수 있다.

2. 전자금융 분야

(1) 텔레뱅킹(telephone banking) : 전화로 은행업무를 처리하는 것

개인은 실명확인증표를 제시하고 개인기업은 사업자등록증을 제시한다. 법인의 경우에는 거래통장 또는 현금카드, 대표자 실명확인증표, 사업자등록증, 법인등기부등본을 제시하여야 한다.

고객의 이용 신청에 의하여 이용자번호, 전자금융거래확인증, 보안카드가 교부되고, 고객은 가입신청후 3영업일 이내에 이체비밀번호를 등록한다(인터넷뱅킹 이용 고객이 직접 등록하며,

6자리의 숫자로서 영문자 혼용 가능, 창구 Pinpad 이용시 고객이 직접 등록하며 6자리 숫자만 가능하다).

① 비밀번호의 오류 : 비밀번호를 3회 이상 연속하여 틀릴 경우(PIN은 5회, OTP 발생기는 전 금융기관통합 10회), 거래가 자동 정지된다.

② 씨크리트카드 교부 : 전자금융서비스사업자 모두가 교부할 수 있고 NET 지점에서도 교부 가능하나, 재발급시는 영업점을 직접 방문해야 한다.

③ OTP(One time password) 발생기 의무화 : 기업고객 전체, 개인고객은 1일 이체한도가 5천만원을 초과하거나 1회 이체한도가 1천만원 초과하는 경우 OTP 발생기 이용이 의무화된다.

④ 텔레뱅킹 이용제한 등 : 타점권(자기앞수표 포함)은 추심(중앙은행을 통한 결제)이 완료된 때 이체된다. 계좌이체는 원칙적으로 취소가 불가능하고(착오 및 중복입금 경우 등에 한하여 취소 가능), 예약이체는 1회의 실행으로 행하고 재처리하지 않는다. 공동명의 예금은 전자금융거래가 불가하고, 인터넷전화 이용시에는 텔레뱅킹 이용이 제한된다. 통장신규개설은 텔레뱅킹이 제한되고, 영업점을 방문해야 한다.

⑤ 텔레뱅킹 서비스 대상 : 잔액조회, 당·타행이체, 통장이나 인감 분실신고, 카드(직불, 현금, 신용, 보안카드) 분실신고, 자기앞수표 조회, 신용카드 관련 조회, 텔레뱅킹 정보 등록, 거래내역 fax 통지, 신용카드 현금서비스 이체 등

(2) 인터넷뱅킹 : 인터넷으로 금융서비스가 이루어지는 시스템

① 이용주체별로 개인고객은 홈뱅킹, 기업고객은 펌뱅킹이라 한다.
또한 이용채널에 따라 PC통신망이나 VAN망을 이용한 PC뱅킹과, 인터넷망을 이용한 인터넷뱅킹으로 분류하기도 한다.

② 뱅크타운 : 한국통신과 17개 은행들이 공동개발하여 시행한 인터넷뱅킹 서비스를 말한다.

③ 이용신청 및 업무처리절차 : 텔레뱅킹과 동일하다.

④ 내용 : 매우 다양하며, 다만 입출식예금을 온라인예금으로 하는 것은 불가능하다(적립식 예금, 거치식 예금, 신탁 등의 통장개설은 가능하다).

⑤ 공인인증서 : 정부가 인정한 공인인증기관이 발행하는 인증서이다. 인터넷상으로 발급이 가능하다.

⑦ 공인인증기관 : 금융결제원(Yessign), (주)코스콤, 한국전산원, 한국정보인증(주), 한국
전자인증, (주)한국무역정보통신

④ 유효기간 : 공인인증서는 신규발급일로부터 1년 이내이며, 동 기간 내에 재발급시에는
수수료가 없다.

⑥ 공과금의 납무 및 이용시간

⑦ 공과금 납부 대상 : 지로요금, 지방세, 국세, 관세, 전화요금 및 아파트관리비 등 각종
생활요금, 범칙금 및 벌과금, 국민연금 등 보험료, 대학등록금 등

④ 이용시간 : 09 : 00~22 : 00 사이 이용 가능(24시간 이용이 아님)

⑦ 특징

⑦ 계좌통합, 타행집금, 법인카드 관리, 통합자금 관리 등

④ 다단계 결제, 휴대폰 결제

⑤ 이체, 조회, 대출, 외환 등 금융서비스

⑥ 기업간(B2B) 전자상거래 결제시스템 및 부가서비스

(3) 펌뱅킹(Firm Banking) : 기업전용 자금이체 서비스

① 내용

⑦ 자금집금 관리 : 여러 계좌로 입금되는 각종 대금(보험료, 리스료, 판매대금, 물품대 등)
을 이용기관의 한 계좌로 집금

④ 자동 계좌이체 : 다수의 고객 지정계좌에서 수납기관의 모계좌로 이체집금

⑤ 자금 지급이체 : 지정된 출금계좌에서 당행·타행의 수취인 계좌로 입금

⑥ 실시간(real time) 자금관리 : 자동 계좌이체, 자동지급이체, 거래내역 통지 등을 실시
간으로 지원하여 신속한 업무처리

② 스쿨뱅킹 : 학교에서 각종 수납금을 직접 수납하지 않고, 학생 측 등의 개별계좌에서 학교
의 수납 모계좌로 집금하는 서비스 등을 말하며, 대량 수납대행 업무에 유용하다.

(4) CMS 자금관리서비스(Cash Management Service) 공동망

다수 고객간 자금거래를 당행·타행의 계좌간 자금이체방식으로 일괄처리할 수 있도록 금
융권이 공동주관하고 금융결제원이 운영하는 일괄 자금이체서비스

■내용

① 출금이체(수납업무) : 보험회사, 카드회사, 백화점 등 자금수납업체 등 이용

② 입금이체(지급업무) : 일반 기업체, 이자지급업체, 배당금 지급업체 등 이용

③ 실시간(real time) 계좌 실명조회 및 계좌등록

(5) 모바일뱅킹(핸드폰뱅킹)

① 휴대폰(mobile), PDA(personal digital assistants, 개인용 휴대단말기) 등을 이용

② 내용

    ㉮ 이용 대상 : 인터넷뱅킹 서비스 가입고객, IC[1](integrated circuit, 집적 회로) 칩(chip) 기반 모바일뱅킹은 현재 개인고객만 가능

    ㉯ 방식 : 메뉴 방식(브라우저 방식[2]) 및 VM[3] 방식(다운로드 방식)

    ㉰ 제공서비스 : 계좌조회, 자기앞수표조회, 환율조회, 계좌이체, 신용카드업무, 금융정보 제공, 고객정보 관리

③ IC 칩 기반 모바일뱅킹 서비스

    ㉮ 이용대상 : 개인 또는 개인사업자

    ㉯ 서비스내용

        • 뱅킹거래 : 계좌조회, 계좌이체, 지로납부

        • CD/ATM 거래 : 현금 입·출금, 계좌조회

        • 칩 정보 : 고객인증번호(PIN)[4] 변경 및 각종 정보 설정 기능

        • 콜센터 연결

④ 이용절차 : 주민등록번호로 가입(사업자등록번호로 등록되어 있는 고객은 주민등록번호로 신규 가입)

---

1) IC(integrated circuit, 집적 회로)란 실리콘의 기판에 트랜지스터 기능이나, 저항, 콘덴서 기능을 고밀도로 집적시켜 패키지화 한 것이다.

2) 터치 방식을 말한다.

3) VM(virture machine)이란 휴대폰 이용자가 무선 인터넷 서버에 접속해 자신이 원하는 프로그램을 다운로드받아 이를 휴대폰에서 구현할 수 있는 기술로서, SK텔레콤의 경우 신지소프트가 개발한 GVM와 XCE사의 KVM을 동시에 채택하고 있으며, LG텔레콤은 독자적으로 개발한 자바 기반의 KVM을 채택하고 있다.

4) PIN(personal identification number) : 사용자를 인증하기 위한 IC 칩의 비밀번호. 최초 발급시에 고객이 직접 등록하며, 6~8자리의 숫자로 구성된다.

(6) VM 모바일뱅킹

휴대폰 등에 탑재되어 뱅킹 등의 모바일 컨텐츠를 다운로드받아 사용할 수 있는 프로그램
- 이용대상 : 개인 및 중소기업 고객

(7) 3G 모바일뱅킹

3세대 휴대폰[5] 서비스를 사용 중인 고객의 모바일뱅킹

(8) WAP(wiress application protocol, 무선응용규약) 뱅킹

휴대폰으로 이동통신사의 무선인터넷에 접속하여 이용하는 모바일뱅킹 서비스
- 이용 대상자 : 인터넷뱅킹에 가입된 개인고객
  3세대 휴대폰 서비스를 사용중인 고객의 모바일뱅킹

(9) 전자화폐

IC 칩이 내장된 카드에 일정액의 화폐가치를 저장하였다가, 전자화폐 가맹점 등에서 지불하는 현금대체지불수단이다.
① 종류
- K-CASH : 국내은행 공동 발행
- Mondex : 국민은행 및 국민카드 주관으로 발행
- Visa CASH : Visa사가 주관하여 한미 · 하나은행에서 발행
- MYBI : 부산은행과 민간사업자인 (주)마이비 주관으로 발행
- A-CASH : 신용카드사 주관으로 발행

② 전자화폐의 기능 : 전자지갑 기능, 직불카드 기능, 교통카드 기능, 공인인증서 보관 기능, PC보안 기능, 신용카드 기능이 있는 선불화폐이다.

---

5) 휴대폰, 전화번호 등 이동통신사 가입정보가 수록된 USIM 칩이 장착된 휴대폰. 유심(universal subscriber identity module, 범용 가입자 식별 모듈)은 가입자 정보를 탑재한 SIM(subscriber identity module) 카드와 UICC(universal IC card)가 결합된 형태로서 사용자 인증과 글로벌 로밍, 전자상거래 등 다양한 기능을 한 장의 카드에 구현한 것이다. 현재, 주로 3세대 이동통신(WCDMA)의 단말기 내에 금색의 손톱만한 크기로 탑재되어 있다.

문제1 다음 문제를 읽고 ○, X로 답하시오.

1. 전화기는 전자금융거래법상의 '전자적 장치'에 해당되지 않는다. (   )

2. 갱신 또는 대체발급 예정일 전 6월 이내에 사용된 적이 없는 접근매체는 이용자로부터 갱신 또는 대체발급에 대하여 서면동의(「전자서명법」 제2조 3호에 따른 공인전자서명이 있는 전자문서에 의한 동의를 포함한다)를 얻어야만, 이용자의 신청이나 본인의 확인이 없는 때에도 접근매체를 갱신 또는 대체발급할 수 있다. (   )

3. 갱신 또는 대체발급 예정일 전 6월 이내에 사용된 적이 있는 접근매체는 그 예정일부터 2월 이전에 이용자에게 발급 예정사실을 알린 후 20일 이내에 이용자로부터 이의 제기가 없는 경우 이용자의 신청이나 본인의 확인이 없는 때에도 접근매체를 갱신 또는 대체발급할 수 있다. (   )

4. 전자금융감독규정상의 '정보처리시스템'이라 함은 전자금융업무를 포함하여 정보기술부문에 사용되는 소프트웨어(software)와 관련 장비를 말하는 것이다. (   )

5. 국내은행이 공동으로 주관하여 발행하는 전자화폐는 A-CASH이다. (   )

6. 씨크리트카드 재발급시는 영업점에 직접 내점하여야 한다. (   )

7. 텔레뱅킹 이용신청서 접수는 영업점을 직접 방문하지 않는 유선접수도 가능하다. (   )

풀이 1. X ⇒ 전자적 장치라 함은 전자금융거래정보를 전자적 방법으로 전송하거나 처리하는데 이용되는 장치로서, 현금자동지급기, 자동입출금기, 지급용단말기, 컴퓨터, 전화기 그 밖에 전자적 방법으로 정보를 전송하거나 처리하는 장치가 이에 해당된다.

2. ○

3. X ⇒ 1월 이전에 이용자에게 발급 예정 사실을 알려야 한다.

4. X ⇒ 소프트웨어만이 아니다. 하드웨어(hardware)와 소프트웨어(software) 모두 해당된다.

5. X ⇒ A-CASH는 신용카드사가 주관하는 것이다. 국내은행들의 공동주관으로 발행하는 것은 K-CASH이다.

6. ○

7. X ⇒ 텔레뱅킹 이용 신청은 영업점을 직접 방문하여야 한다.

문제2 다음 내용을 읽고 ( ) 안에 적절한 내용을 기재하시오.

1. 전자금융거래에 있어서 고객이 거래지시를 하거나 또는 고객 및 거래내용의 진실성과 정확성을 확보하기 위하여 사용되는 다음 전자식 카드 및 이에 준하는 전자적 정보, 전자서명법에 의한 전자서명 생성정보 및 인증서, 회사에 등록된 고객번호, 고객의 생체정보, 카드 또는 인증서를 하는데 필요한 비밀번호 등을 ( )라고 부른다.

2. 금전적 가치가 전자적 방법으로 저장되어 발행된 증표 또는 그 증표에 관한 정보로서, 2개 이상의 광역지방자치단체 및 500개 이상의 가맹점, 5개 업종 이상에서 이용되고, 구입할 수 있는 재화 또는 용역의 범위가 5개 이상, 현금 또는 예금과 동일한 가치로 교환되어 발행되며 발행자에 의하여 현금 또는 예금으로 교환이 보장되는 것은 ( )이다.

3. 회사는 약관을 변경하고자 하는 경우 시행일 ( )개월 전에 변경되는 약관을 전자금융거래를 수행하는 전자적 장치에 게시하고, 고객에게 전자문서 등 고객과 사전에 합의된 방법으로 통지하여야 한다.

4. 회사가 법령의 개정으로 인하여 긴급하게 약관을 변경하는 때에는 변경된 약관을 전자적 장치에 ( )개월 이상 게시하고, 고객에게 통지하여야 한다.

5. 갱신 또는 대체발급 예정일 전 6월 이내에 사용된 적이 있는 접근매체는 그 예정일부터 ( )월 이전에 이용자에게 발급 예정 사실을 알린 후, ( )일 이내에 이용자로부터 이의 제기가 없는 경우 이용자의 신청이나 본인의 확인이 없는 때에도 접근매체를 갱신 또는 대체발급할 수 있다.

6. 정보기술부문, 전자금융 사고 등의 보고는 ( ), 중간보고, 종결보고로 구분된다.

7. 비밀번호를 ( )회 이상 틀리면 자동정지된다. 단, PIN은 ( )회, OTP 발생기는 전 금융기관 통합 ( )회 틀리면 자동정지된다.

풀이

1. 접근매체
2. 전자화폐
3. 1
4. 1
5. 1, 20
6. 최초보고
7. 3, 5, 10

문제3 다음 문제에 대해 적당한 답을 선택하시오.

1. 전자금융거래의 처리에 관한 분쟁조정신청 대상이 아닌 것은? (   )

  ① 금융감독원의 금융분쟁조정위원회

  ② 한국소비자원의 소비자분쟁조정위원회

  ③ 한국금융투자협회

  ④ 전국은행연합회

2. 전자금융거래의 요건이 아닌 것은? (   )

  ① 금융회사와 직접대면 하지 않고 이용

  ② 금융회사와 의사소통을 하면서 이용

  ③ 자동화된 방식으로 이용

  ④ 전자적 장치를 통해 이용

3. 금융기관 및 전자금융업자의 정보기술부문 및 전자금융에 사고가 발생한 경우에 그 보고방식으로 적당하지 않은 것은? (   )

  ① 이메일   ② 서면

  ③ 팩시밀리   ④ 전화

4. 'OTP 발생기는 1일 이체한도가 (   )만원, 1회 이체한도는 (   )만원이다.' (   )안에 적당한 것은?

  ① 5천, 1천   ② 2천, 1천

  ③ 3천, 1천   ④ 5천, 2천

풀 이 1. ④ ⇒ 전자금융거래의 분쟁처리는 금융감독원의 금융분쟁조정위원회 또는 한국소비자원의 소비자분쟁조정위원회, 한국금융투자협회, 한국거래소 등에 신청한다.

2. ② ⇒ 금융회사와 의사소통을 하지 아니하면서 이용해야 한다.

3. ① ⇒ 이메일은 해당되지 않는다.

4. ①

문제4 주관식 설명문제

1. 선불 전자지급수단

2. 직불 전자지급수단

3. WAP 뱅킹

풀 이 1. 선불 전자지급수단이란 이전 가능한 금전적 가치가 전자적 방법으로 저장되어 발행된 증표 또는 그 증표에 관한 정보로, ① 제3자로부터 구입하는 재화 또는 용역의 대가 지급에 사용, ② 구입 대상 재화 또는 용역의 범위가 2개 업종 이상일 것의 요건을 모두 갖춘 것을 말한다. 다만, 전자화폐를 제외한다.

2. 직불 전자지급수단이란 이용자와 가맹점 간에 전자적 방법에 따라 금융기관의 계좌에서 자금을 이체하는 등의 방법으로 재화 또는 용역의 제공과 그 대가의 지급을 동시에 이행할 수 있도록 금융기관 또는 전자금융업자가 발행한 증표(자금을 융통받을 수 있는 증표를 제외한다) 또는 그 증표에 관한 정보를 말한다.

3. WAP(wireless application protocol, 무선응용규약) 뱅킹이란 휴대폰으로 이통사의 무선인터넷에 접속하여 이용하는 모바일 뱅킹 서비스이다.

제2절 금융관련 세제

1. 국세기본법

1) 원천징수

원천징수의무자[6]가 국세(가산세 제외)를 징수하는 것이다.

① 완납적 원천징수 : 원천징수로서 모든 납세의무 종결
② 예납적 원천징수 : 원천징수 이후 종합과세에 의해 세액을 다시 계산하고 기 원천징수 세액과 비교하여 차액을 추가징수 또는 환급

2) 가산세와 가산금

① 가산세 : 세법 이행 확보를 위해 산출세액에 가산하여 징수하는 금액
② 가산금 : 국세를 납부기한까지 납부하지 않았을 때 고지세액에 가산하여 징수하는 금액. 납부기한 경과한 날부터 체납된 국세에 대하여 3%의 가산금징수

3) 납세자와 납세의무자

① 납세자 : 국세를 징수하여 납부할 의무가 있는 자
② 납세의무자 : 세법상 국세를 납부할 의무가 있는 자
 • 세법상 과점주주(국세기본법 제39조) : 주주(사원) 1인과 특수관계인의 소유주식 합계가 발행주식총수의 50%를 초과하는 자. 주식 소유의 편재를 규제하고자 과반수의 지배주식에 대하여 중과함으로써 주식의 대중 분산을 유도하고 있다.

4) 서류의 송달

① 교부송달
② 우편송달 : 등기우편에 의함.

---

6) 원천징수의무자는 국내에서 거주자나 비거주자 또는 내국법인이나 외국법인에게 원천징수대상 소득 또는 수입금액을 지급하는 개인 또는 법인이다.

③ 전자송달 : 전자통신망을 이용한 송달(납세의무자가 신청한 경우에 한함)

④ 공시송달 : 예외적인 송달 방법으로서, 송달이 현저히 곤란한 경우에 서류의 요지를 공고하고 14일의 경과로서 효력이 발생한다.

5) 납세의무

① 과세요건 : 납세의무자, 과세물건, 과세표준, 세율

② 성립시기

　㉮ 소득세, 법인세, 부가가치세 : 과세기간이 종료하는 때

　㉯ 상속세 : 상속을 개시하는 때

　㉰ 증여세 : 증여에 의해 재산을 취득하는 때

　㉱ 인지세 : 과세대상 문서를 작성하는 때

　㉲ 증권거래세 : 증권의 매매거래가 확정되는 때

　㉳ 종합부동산세 : 과세기준일(매년 6월 1일)

　㉴ 가산세 : 가산할 국세의 납세의무가 성립하는 때

③ 확정 방식

　㉮ 신고확정 : 납세의무자가 과세표준과 세액을 신고함으로써 확정

　　예컨대 소득세, 법인세, 부가가치세, 특별소비세, 증권거래세, 주세, 교통세

　㉯ 부과확정 : 과세권자의 결정으로 확정

　　예컨대, 상속세, 증여세, 종합부동산세

　㉰ 자동확정 : 인지세, 원천징수하는 소득세, 법인세, 중간예납하는 법인세

④ 납세의무의 소멸

　㉮ 부과취소

　㉯ 제척기간의 만료

　　• 일반세목 : 기본 5년, 무신고 시 7년, 사기·부정한 행위 존재시 10년

　　• 상속세 및 증여세 : 기본 10년, 무신고 시 등 15년

　㉰ 국세징수권의 소멸시효 완성 : 5년간 징수권 미행사시 소멸

　㉱ 국세징수권의 소멸시효 중단 : 납세고지, 독촉, 교부청구, 압류의 경우 이미 경과한 시효기간의 효력이 상실

6) 국세와 일반채권

① 국세 우선권

국세, 가산금 또는 체납처분비는 다른 공과금 기타의 채권에 우선하여 징수 가능

② 국세우선권에 대한 제한

㉮ 직접경비의 우선

- 강제집행 등에 소요된 비용은 국세·가산금 또는 체납처분비에 우선
- 지방세 또는 공과금의 가산금 또는 체납처분비는 국세에 우선

㉯ 피담보채권의 우선

국세 법정기일 이전에 전세권, 질권 등이 설정된 재산의 매각에 있어 그 매각대금 중 국세를 징수하는 경우 전세권, 질권 등의 피담보채권이 국세에 우선

그러나 당해세(당해 재산 자체에 부과된 국세와 그에 관계되는 가산금)는 저당권 등 설정시기에 불구하고 항상 피담보채권(저당권, 질권 등)에 우선

㉰ 최우선 보장되는 소액 주택임차보증금, 상가임차보증금 및 임금채권의 우선

③ 통정허위 표시(민법 제108조), 사해행위(민법 제406조)

세무서장은 납세자가 제3자와 통정하여 허위로 담보권 설정 등을 한 경우 당해 행위의 취소를 법원에 청구가능 ⇒ 국세 법정기일 1년 내에 친족 등 특수관계인에게 전세권 등의 설정계약을 한 경우 통정한 허위계약으로 추정된다.

7) 수정신고, 경정청구, 기한후 신고

① 수정신고 : 과세표준신고서를 신고기한 내에 제출한 자가 과세표준 및 세액을 과소신고 하거나, 과세표준수정신고서를 법정신고 기한 경과 후 2년 이내에 제출하는 경우에 최초의 과소신고로 인하여 부과할 가산세의 일정금액을 감면한다.

② 경정청구 : 과세표준신고서를 신고기한 내에 제출한 자가 과세표준 및 세액을 과다신고시, 신고기한 경과후 3년 내에 경정청구를 할 수 있다.

③ 기한 후 신고 : 신고기한 내 과세표준신고를 하지 않은 자는 결정, 통지하기 전까지 기한 후 과세표준신고서를 제출할 수 있고, 신고기한 경과 후 1월내 기한 후 신고시에는 무신고 가산세의 50%를 감면한다.

8) 조세불복

① 행정심판전치주의[7] : 국세기본법에 의한 불복절차로서, 행정심판을 경유하지 않으면 행정
소송을 제기할 수 없다.

② 조세불복절차(행정심판)

⑦ 이의신청(異議申請) : 세무서장에게(납세자의 선택에 따라 생략 가능)

④ 심사청구(審査請求) : 국세청장에게 청구

④ 심판청구(審判請求) : 국세심판원장에게 청구

④ 감사원 심사청구 : 감사원장에게 청구

• 심사청구와 심판청구는 중복제기 불가능
이의신청, 심사청구, 심판청구는 처분청의 위법·부당한 처분을 안 날부터 90일 내
에 제기

• 결정기한 : 이의신청은 접수시부터 30일 이내, 심사와 심판청구는 90일 이내(감사원
심사청구는 3월 내)

2. 소득세

1) 거주자와 비거주자

① 거주자 : 국내에 주소를 두거나 1년 이상 거소를 둔 개인

② 비거주자 : 거주자 이외의 자

⑦ 외국선박·항공기 승무원 : 그 승무원과 생계를 같이하는 가족이 거주하는 장소 또는
그 승무원이 근무외 기간 중 통상 체류하는 장소가 국내에 있는 경우 당해 승무원의 주
소는 국내에 있는 것으로 본다.

④ 해외지점 등에 파견되어 있는 임직원 : 국외 근무하는 공무원 및 내국법인 등의 국외사

---

7) 행정심판 전치주의(行政審判 前置主義)란 위법·부당한 행정행위에 대하여 그 처분행정청 또는 상급 행정청에서
다시 그 행정처분을 검토하도록 하는 절차를 거칠 것을 행정소송(行政訴訟)의 제기요건(提起要件)으로 하는 제도이
다. 이 경우 행정심판이란 소원(訴願)·이의신청·심사청구·심판청구 등 명칭 여하를 불문하고 일체의 불복신청을
말하며, 행정심판을 먼저 거치도록 하는 이유는 행정관청으로 하여금 그 행정처분을 다시 검토하여 잘못된 경우
시정할 수 있는 기회를 줌으로써 행정권의 자주성을 존중하고, 아울러 소송사건의 폭주를 피함으로써 법원의 부담
을 줄이며, 관련 분야 전문가들의 심의에 의하여 납세자의 권리를 신속하게 구제하고자 하는 데 있다.

업장에 파견되어 1년 이상 국외거주할 것을 통상 필요로 하는 직업을 가진 경우에는 거주자로 본다(거주자 판정 특례).

2) 비과세소득과 분리과세소득

① 비과세소득

   ㉮ 비과세근로소득 : 실비변상적인 급여(월 20만원 이내의 자가운전보조금 등), 월 10만원 이내의 식사대, 연 240만원 이내의 생산직 근로자의 야간근로수당, 월 10만원 이내의 출산, 보육수당

   ㉯ 비과세주택임대소득

     • 1주택자의 주택임대관련 임대료는 과세하지 않는다(단, 6억원 초과 고가주택 제외).

     • 주택은 간주임대료를 과세하지 않는다.

     다만, 부부합산 3주택 이상이면서 보증금 합계액이 3억원을 초과하는 경우에는 과세 (2013. 12. 31.까지 85m² 이하, 기준시가 3억원 이하 주택은 주택수에 포함하지 않는다.)

② 분리과세소득

   ㉮ 이자, 배당소득으로 연간 2,000만원 이내

   ㉯ 일용근로자의 급여액

   ㉰ 총연금액이 600만원 이하인 경우의 연금소득[8]

   ㉱ 연 300만원 이하의 기타소득[9] 금액

   ㉲ 임의단체[10]의 금융소득

   ㉳ 복권 당첨소득

3) 종합소득금액

① 이자소득과 배당소득

② 사업소득

③ 근로소득

---

8) 연금 제도는 가입자가 퇴직하거나 질병 등 기타 사유로 소득원을 잃을 경우에 일정한 소득을 보장하는 제도이다.

9) 소득세법상 상금, 사례금, 취업료, 복권 당첨금, 보상금 따위의 일시적으로 발생한 소득을 말한다.

10) 법률상 설립이 강제되어 있지 않고, 구성원들의 자유의사로써 설립한 단체

④ 연금소득

⑤ 기타소득

□ 2016년 종합소득 과세표준

종합소득 과세표준	세 율
1,200만원 이하	과세표준의 100분의 6
1,200만원 초과 4,600만원 이하	72만원 + (1,200만원을 초과하는 금액의 100분의 15)
4,600만원 초과 8,800만원 이하	582만원 + (4,600만원을 초과하는 금액의 100분의 24)
8,800만원 초과 15,000만원 이하	1천590만원 + (8,800만원을 초과하는 금액의 100분의 35)
15,000만원 초과 50,000만원 이하	3천760만원 + (15,000만원을 초과하는 금액의 100분의 38)
50,000만원 초과	1억7천60만원 + (50,000만원을 초과하는 금액의 100분의 40)

4) 금융소득 종합과세

① 종합과세 대상 금융소득

종합과세 대상 이자소득(capital gain)의 범위

㉮ 국가, 지방자치단체가 발행한 채권, 증권의 이자와 할인액

㉯ 내국법인이 발행한 채권, 증권의 이자와 할인액

㉰ 국내에서 받은 예금(적금, 부금, 예탁금, 우편대체포함)의 이자와 할인액

㉱ 상호저축은행법에 의한 신용계 또는 신용부금으로 인한 이익

㉲ 외국법인의 국내지점 또는 국내영업소에서 발행한 채권, 증권의 이자와 할인액

㉳ 외국법인이 발행한 채권, 증권의 이자와 할인액

㉴ 국외에서 받은 예금이자와 신탁이익

㉵ 채권, 증권의 환매조건부 매매차익

• 일반적인 채권의 매매차익 : 비과세

• 일반적인 증권의 매매차익 : 양도소득세 또는 비과세

ⓐ 저축성 보험의 보험차익 : 계약기간이 10년 미만에 한하여 과세

ⓐ 직장공제회 초과반환금

㋫ 비영업대금의 이익

  • 대금업 표방한 경우 : 사업소득

  • 대금업 표방하지 아니한 경우(비영업) : 이자소득

㋭ 상기 11건과 유사한 소득으로서 금전사용에 따른 대가성이 있는 것(포괄주의 도입)

㋰ 이자소득 발생 파생상품

② 종합과세 대상 배당소득 범위

㋐ 내국법인으로부터 받은 이익이나 잉여금의 배당 또는 분배금과 상법 규정에 의한 건설이자의 배당

㋑ 법인으로 보는 단체로부터 받은 배당 또는 분배금

㋒ 의제배당(擬制配當)[11]

㋓ 법인세법에 의하여 배당으로 처분된 금액(인정배당)

㋔ 국내 또는 국외에서 받는 집합투자기구로부터의 이익

㋕ 외국법인으로부터 받은 이익이나 잉여금의 배당 또는 분배금과 당해 외국법률에 의한 건설이자의 배당 및 이와 유사한 성질의 배당

㋖ 상기 6가지 사항과 유사한 소득으로서 수익분배의 성격이 있는 것(포괄주의 도입)

㋗ 배당소득 발생 파생상품

  ■ **의제배당의 범위**

  • 주식의 소각이나 자본의 감소, 이익잉여금의 자본전입, 해산, 합병, 분할의 경우 : 대가로 받은 금액 - 당초 취득한 주식가액

  • 자기주식배정 무상주의 타주주 취득(지분비율 증가) : 잉여금의 자본전입 중 자본준비금과 재평가적립금을 자본전입하는 경우는 의제배당으로 보지 않음.

5) 금융소득 금액

① 이자소득 : 이자소득금액

② 배당소득 : 배당소득금액 또는 배당수입금액 + Gross-Up((배당가산) 금액

---

11) 의제배당(fititious dividend) : 법인이 이익을 배당하거나 잉여금을 분배한 것은 아니지만 실질적인 면에서는 배당과 같은 성격을 띄는 경우 이를 배당으로 간주하여 세금을 부과하는 것을 말한다.

㉓ Gross-Up(배당소득세 조정제도, 배당 가산제도))
- 취지 : 배당소득에 대해 법인 단계에서 법인세(귀속법인세)와 주주 단계에서 배당소 득세로 2중 과세되게 되는데 대한 소득세법 상 조정제도
- 내용 : 주주가 받는 배당이, 이미 법인 단계에서 법인세(귀속법인세)가 과세된 후 다 시 주주에게 배당소득세가 부과되게 되어 2중 과세의 문제가 발생하므로, 이를 조정 함.

㉔ Gross-Up(배당소득 가산) 금액
- 주주의 배당소득 수입금액 + 그에 11% gross-up 금액(=귀속법인세) 합산하여 ⇒ 종합소득세 산출
- 종합소득세 - gross-up 금액(귀속법인세) 배당세액공제 ⇒ 종합소득 결정세액 확정
- Gross-Up (배당 가산) 비율 : 11%
- 배당세액 공제금액 : 배당소득금액 × 11%

③ 요건 : 내국법인에게 법인세가 과세된 소득을 재원으로 배당을 받고, 그 주주가 종합과세 되고 누진세율이 적용될 때

	적용 세율
금융소득 2천만원 초과시	기본세율 적용, 종합소득 과세되고 누진세율 적용
금융소득 2천만원 이하인 경우	원천징수, 14% 세율 적용

④ 적용대상 : 금융소득이 2천만원을 초과하여 기본세율이 적용되는 경우
(cf) 금융소득 2천만원까지는 14%의 세율이 과세되고, 분리과세 효과

6) 금융소득 수입시기

① 이자소득 : 이자를 지급받는 날
② 배당소득
㉓ 잉여금의 처분에 의한 배당 : 잉여금 처분 결의일(주주총회)
㉔ 건설이자 배당 : 건설이자 배당결의일

7) 금융소득 과세방법

① 원천징수 : 이자소득금액 또는 배당소득금액(귀속법인세 제외)을 지급하는 자는 지급시 소득세를 원천징수하여 그 징수일이 속하는 달의 다음달 10일까지 정부에 납부하여야 한다.

□ 원천징수세율

구 분	세율
1. 비영업대금의 이익	25%
2. 비실명자산의 이자, 배당	
• 금융기관으로부터 지급받은 경우	90%
• 금융기관 이외로부터 지급받은 경우	35%
3. 일반적인 이자소득	14%
4. 일반적인 배당소득	14%
5. 세금우대 종합저축 이자	9%
6. 분리과세신청 장기저축, 채권이자	30%

② 분리과세와 종합과세

종합과세란 개인별 금융소득(이자소득과 배당소득) 중 비과세, 당연분리과세대상 금융소득금액을 제외한 소득이 2,000만원을 초과하는 경우 종합과세하는 것을 말한다.

㉮ 비과세금융소득
- 공익신탁의 이익
- 장기주택마련저축의 이자 · 배당소득
- 생계형 저축의 이자 · 배당소득

㉯ 당연 또는 전액분리과세소득
- 분리과세 신청한 장기채권의 이자와 할인액
- 비실명 이자 · 배당소득
- 직장공제회 초과반환금
- 부동산 경매입찰을 위한 법원보증금 등의 이자소득
- 조세특례제한법상 분리과세 이자 · 배당소득 등

ⓔ 금융소득 종합과세 시 세액계산 특례 : 종합소득에 합산되는 금융소득(이자소득과 배당소득)이 있는 경우에는 다음과 같이 종합소득산출세액을 계산한다.

$$종합소득산출세액 = MAX\,((i),\ (ii))$$

(i) (종합소득과세표준 − 2,000만원) × 기본세율 + 2,000만원 × 14%
(ii) (종합소득과세표준 − 금융소득금액) × 기본세율 + 금융수입금액 × 14%(25%)

8) 비거주자 및 임의단체의 금융소득에 대한 과세

① 비거주자

㉮ 국내사업장 또는 부동산임대소득과 관련있는 금융소득

㉯ 국내사업장 또는 부동산임대소득과 관련없는 금융소득

과세 방법	원천징수세율
금액 대소 관계없이 종합과세	거주자와 동일
금액 대소 관계없이 분리과세	• 조세체결국가 : 제한세율 • 비체결국가 : 20%

② 임의단체

㉮ 법인으로 보는 단체

㉯ 개인으로 보는 단체

종 류	과세 방법
• 당연히 법인으로 보는 단체 • 신청에 의해 법인으로 보는 단체	법인세 과세
하나의 거주자로 보는 단체	금융소득 2천만원 초과 여부 불문 분리과세
공동사업자로 보는 단체	구성원에 대해 소득세 과세

연습문제

문제 1 다음 문제를 읽고 ○, X로 답하시오.

1. 국세를 납부기한까지 납부하지 않을 때 고지세액에 가산하여 징수하는 금액은 가산세이다. (   )

2. 원천징수 이후 종합과세에 의해 세액을 다시 계산하고 기 원천징수세액과 비교하여 차액을 추가징수 또는 환급하는 것은 완납 적원천징수이다. (   )

3. 법인의 이자소득에 대해서는 법인세율(14%)로 과세한다. (   )

4. 소득세, 법인세, 부가가치세의 납세의무의 성립시기는 과세기간이 종료된 때이다. (   )

5. 납세의무의 확정방식에는 신고확정, 부과확정, 자동확정의 3가지가 있고, 납세의무 성립과 동시에 성립되는 것은 자동확정인데, 인지세, 원천징수하는 소득세, 법인세, 중간예납하는 법인세, 종합부동산세가 이에 해당된다. (   )

6. 국세부과 제척기간의 만료는 모두 기본 5년이고, 무신고는 7년, 사기·부정한 행위는 10년이다. (   )

7. 납세고지, 독촉, 교부청구, 압류의 경우 국세징수권의 소멸시효가 중단된다. (   )

8. 국세의 우선권은 국세, 체납처분비를 다른 공과금 기타의 채권에 우선하여 징수하는 것을 말하는데 여기에 가산금은 해당되지 않는다. (   )

9. 지방세 또는 공과금의 체납처분에 있어 그 체납처분금액 중에서 국세 등을 징수하는 경우 그 지방세 또는 공과금의 가산금 또는 체납처분비는 국세우선의 원칙이 있기 때문에 국세 등보다 우선하여 징수될 수는 없다. (   )

10. 국세의 법정기일 이전에 전세권, 질권 등의 설정을 한 재산의 매각에 있어서 그 매각대금 중 국세 등을 징수하는 경우 그 전세권, 질권 등에 의해 담보된 채권은 국채 또는 가산금에 우선한다. (   )

11. 동일 사건에 대해 심사청구와 심판청구를 모두 제기할 수 있다. (   )

12. 이의신청, 심사청구, 심판청구는 처분청의 처분을 안 날로부터 90일 이내에 제기한다. (   )

13. 소득세는 개인의 소득과 법인의 소득에 각각 과세되는 세금이다. (   )

14. 소득세의 총수입금액 계산에 있어서, 비과세소득과 분리과세소득도 포함된다. (   )

풀 이

1. X ⇒ 가산금이다. 가산세는 세법상 의무의 성실한 이행을 확보하기 위하여 산출세액에 가산하여 징수하는 금액을 말한다.

2. X ⇒ 예납적원천징수에 대한 설명이다. 완납적원천징수는 원천징수로서 모든 납세의무가 종결되는 것이다.

3. ○

4. ○

5. X ⇒ 인지세, 원천징수하는 소득세, 법인세, 중간예납하는 법인세는 자동확정이나 상속세, 증여세, 종합부동산세는 부과확정이다.

6. X ⇒ 일반세목의 경우는 기본 5년, 무신고는 7년, 사기·부정한 행위 10년이 맞지만, 예외적으로 상속세 및 증여세는 기본 10년, 무신고 15년의 불이익을 주고 있다.

7. ○

8. X ⇒ 가산금도 해당된다. 국세의 기본원칙으로 국세, 가산금 또는 체납처분비는 다른 공과금 기타의 채권에 우선한다.

9. X ⇒ 직접경비의 우선원칙에 따라 지방세 또는 공과금의 가산금 또는 체납처분비는 국세 우선권의 예외대상이기 때문에 국세보다 우선 징수된다.

10. ○

11. X ⇒ 심사청구, 심판청구는 중복해서 제기할 수 없다.

12. ○

13. X ⇒ 소득세는 개인에 과세되는 세금이다.

14. X ⇒ 소득세의 총수입금액 계산에 있어서는 비과세소득과 분리과세소득은 포함되지 않는다.

문제2 다음 내용을 읽고 (   ) 안에 적절한 내용을 기재하시오.

1. 조세 부과시 세율에 따라 분류되는 것은 (   )와 (   )이다.

2. 세법에서 말하는 과점주주는 주주 1인과 그와 특수관계에 있는 법이 정한 자들이 소유한 주식의 합계가 당해 법인발행주식총수의 (   )%를 초과하는 자들이다.

3. 국세의 가산금은 납부기한이 경과한 날부터 체납된 국세에 대하여 (   )%를 징수한다.

4. 국세체납의 강제적 집행절차는 (① 법원의 판결 ② 행정처분)에 의해 집행된다.

5. 국세징수권은 (　　)년간 미행사시 소멸시효가 완성된다.

6. 국세의 법정기일 (　　)년내에 친족 등 특수관계인에게 전세권 등의 설정계약을 한 경우에는 통정한 허위계약으로 추정된다.

7. 국세청장에 대한 조세불복은 (　　)라고 부른다.

8. 비거주자의 이자소득세는 지급이자액의 (　　)%이다. 이는 소득세 (　　)%, 주민세 (　　)%가 합쳐진 것이다.

9. 조세불복에 대한 결정기간은 이의신청이 (　　)일 이내, 심사청구 90일 이내, 심판청구 90일 이내이고, 감사원 심사청구는 3월 이내이다.

10. 세법상 거주자란 국내에 주소를 두거나 (　　)이상 거소를 둔 개인이다.

11. 총수입금액에서 필요경비를 뺀 금액을 (　　)이라고 부른다.

12. 종합소득금액에서 종합소득공제를 뺀 금액을 (　　)이라고 부른다.

13. 종합소득과세표준에서 세율을 곱하면 (　　)이라고 부른다.

14. 산출세액에서 세액감면과 세액공제를 하면 (　　)이 된다.

15. 결정세액에서 가산세를 더하면 (　　)이 된다.

16. (　)에서 기납부세액을 빼면 차감납부할 세액이 된다.

17. 국외 근무하는 공무원 및 내국법인 등의 국외사업장에 파견되어 (　　) 이상 국외거주할 것을 통상 필요로 하는 직업을 가질 경우에는 거주자판정 특례에 따라 거주자로 본다.

18. 비과세근로소득은 월 (　　) 이내 자가운전보조금, 월 (　　) 이하 식사대, 월 (　　) 이하 출산, 보육수당, 연 (　　) 이내 생산직근로자의 야간근로수당이 해당된다.

19. 비과세주택임대주택의 경우에 (　　)주택자의 주택임대관련 임대료는 과세하지 않는다(다만 고가주택 제외). 다만, 부부합산(　　)주택 이상이면서 보증금 합계액이 (　　)을 초과하는 경우에는 과세된다(2013. 12. 31.까지 85제곱미터 이하, 기준시가 3억원 이하 주택은 주택수에 포함하지 않음).

풀 이

1. 누진세, 비례세	2. 50
3. 3%	4. ②
5. 5	6. 1
7. 심사청구	8. 30
9. 30	10. 1년
11. 종합소득금액	12. 종합소득과세표준

13. 산출세액   14. 결정세액

15. 총결정세액   16. 총결정세액

17. 1년   18. 20만원, 10만원, 10만원, 240만원

19. 1, 3, 3억원

문제3 다음 문제에 대해 적당한 답을 선택하시오.

1. 원천징수의 대상이 아닌 것은? (   )

    ① 소득세   ② 취득세

    ③ 법인세   ④ 주민세

2. 다음 중 국세우선권의 예외에 해당되지 않는 것은? (   )

    ① 강제집행, 경매 등에서 소요된 비용

    ② 공과금

    ③ 최우선 보장 대상 소액주택, 상가임차보증금

    ④ 임금채권

3. 소득세의 분리과세대상이 아닌 경우는? (   )

    ① 이자, 배당소득으로서 연간 2,000만원 이하

    ② 총연금액이 600만원 이하인 연금소득

    ③ 연 600만원 이하의 기타소득금액

    ④ 임의단체의 금융소득

풀 이 1. ② ⇒ 지방세는 원천징수의 대상이 아니다.

2. ② ⇒ 국세우선권의 예외대상

  1) 직접경비 : 강제집행, 경매 등에 소요된 비용, 지방세 또는 공과금의 가산금 또는
     체납처분비

  2) 국제 법정기일 이전에 전세권, 질권 등의 설정을 한 재산의 매각에 있어서 그 매각
     대금중 국세 등을 징수하는 경우에 그 전세권, 질권 등에 의해 담보된 채권. 단,
     당해 재산 자체에 부과된 국세와 그에 관계되는 가산금(당해세)은 저당권 설정시
     기에 불구하고 항상 피담보채권보다 우선한다.

  3) 최우선 보장 대상 소액 주택임차보증금, 상가임차보증금 및 임금채권

3. ③ : 기타소득금액은 연 300만원 이하여야 분리과세된다.

■ 참고 : 분리과세소득 대상 6가지

- 이자, 배당소득으로 2,000만원 이하
- 일용근로자의 급여액
- 총연금액이 600만원 이하인 연금소득
- 연 300만원 이하의 기타소득금액
- 임의단체의 금융소득
- 복권당첨소득

문제4 다음 문제를 약술하시오.

1. 국세의 행정심판전치주의
2. 금융소득종합과세란?
3. Gross-Up(배당가산) 제도란?

풀 이 1. 국세의 행정심판전치주의 : 국세기본법에 의한 불복절차로서 먼저 행정심판(심사청구, 심판청구 등)을 거치지 않으면 행정쟁송을 제기할 수 없는 제도이다.

2. 개인별 금융소득(이자소득과 배당소득) 중 비과세, 당연분리과세 대상 금융소득금액을 제외한 소득이 2,000만원을 초과하는 경우 종합과세하는 것이다.

3. Gross-Up(배당가산) 제도란 법인세와 소득세의 이중과세를 조정을 해 주기 위한 제도로서, Gross-up 비율은 11%이다.

   배당세액공제는 '배당소득 × 11%'이다.

제12장

금융소비자보호 등

제1절 금융소비자보호 개요 등

1. 금융소비자보호처의 출범

그간 우리 사회 일각에서는 불완전판매 등으로 인한 금융분쟁, 민원, 금융사기 등의 다발로 금융소비자의 권익을 강화해야 한다는 목소리가 높아졌고 이러한 여론의 압력에 따라 금융소비자보호 강화를 위한 강력한 독립기구의 설립론(예 : 금융소비자보호원 등)이 제기되기도 하였다. 그러나 이러한 독립기구 신설론은 정부의 조직개편 및 금융감독체계와도 맞물려 있고, 관련 당사자들간 이견 표출로 인해 완전합의가 여의치 않아 우선은 금융소비자보호처의 신설로 타결되게 되었다. 금융소비자보호처는 2012년 5월 금융감독원 산하의 기구로 출범되었는데 산하에 소비자보호총괄국, 분쟁조정국, 금융교육국, 금융민원실, 금융민원조정실 등을 통할하고 있다.

2. 사전적 금융소비자보호와 사후적 금융소비자 보호

금융소비자보호는 사전적인 것과 사후적인 것으로 구분해 볼 수 있다. 사전적인 금융소비자의 민원이나 분쟁, 사고 등이 발생치 않도록 이루어지는 예방적 조치들을 의미하고, 사후적인 소비자보호는 금융소비자의 피해발생 후 이를 해결하기 위한 사후적 조치들을 의미한다.

1) 사전적 금융소비자보호

(1) 금융상품 약관

"약관"이란 그 명칭이나 형태 또는 범위에 상관없이 계약의 한쪽 당사자가 여러 명의 상대방과 계약을 체결하기 위하여 일정한 형식으로 미리 마련한 계약의 내용을 말한다. "사업자"란 계약의 한쪽 당사자로서 상대 당사자에게 약관을 계약의 내용으로 할 것을 제안하는 자를 말하고 "고객"이란 계약의 한쪽 당사자로서 사업자로부터 약관을 계약의 내용으로 할 것을 제안받은 자를 말한다. 약관과 관련된 법은 "약관의 규제에 관한 법률"로서 약칭으로 "약관법"이라 하고 소관부처는 공정거래위원회이다. 금융상품약관은 금융회사가 불특정 다수의 금융소비자들을 대상으로 체결하는 금융상품 계약의 세부적인 내용을 의미한다고 볼 수 있다.

(2) 영업행위준칙

금융회사에 대한 감독을 크게 건전성 감독과 영업행위 감독으로 볼 수도 있는데 건전성감독은 금융회사 재무 등과 관련이 깊고 영업행위 감독은 금융회사와 금융소비자간의 거래 등과 관련이 깊다. 영업행위준칙은 금융회사와 금융소비자간의 일종의 영업규범이며 이를 통해 금융회사에 대하여 적극적인 책임성을 부여하는데 의의가 크다.

① 적합성의 원칙 : 금융상품 판매시 금융회사는 금융소비자가 일반 금융소비자인지 전문 금융소비자인지 확인하여 일반금융소비자에게 면담이나 질문 등을 통하여 금융상품의 특성별로 적합성 여부(투자목적, 재산상황, 투자경험 등)에 대한 정보를 파악하고 이를 서명, 녹취 등의 방법으로 확인받아 유지·관리하고 확인받은 내용은 금융소비자에게 지체없이 제공해야 한다.

② 적정성의 원칙 : 파생상품 등과 같은 투자성 금융상품에 대하여는 사전에 면담 및 질문 등을 통하여 투자성향, 투자목적, 투자경험과 같은 정보를 파악하여 적정여부를 판단하고 이를 금융소비자로부터 확인받아 유지·관리해야 한다.

③ 설명의무 : 금융회사는 중요사항을 금융소비자에게 설명하고 설명서 등을 교부하고 설명한 내용은 일반소비자가 이해하였음을 서명, 기명날인, 녹취 등의 방법으로 확인받아야 한다.

④ 구속성 금융상품계약 체결금지 : 금융회사는 대출성 금융상품 등의 계약체결시 우월적 지위를 이용하여 금융소비자의 의사에 반하는 부당한 금융상품계약의 체결을 요구해서는 안

된다.

⑤ 부당권유행의의 금지 : 금융회사는 거짓내용을 알리거나 불확실한 사항에 대하여 단정적인 판단을 제공하거나 확실하다고 오해할 소지가 있는 행위를 해서는 아니된다.

(3) 정보제공·금융교육

금융소비자 문제의 발생원인중 이유의 하나로 정보의 비대칭성을 들 수 있다. 금융회사는 대체로 금융소비자보다 정보면에서 우월적 지위에 있기 때문에 거래관계에서 금융소비자가 다소 불리한 위치에 있다. 때문에 금융회사로 하여금 금융소비자에 대한 충분한 정보제공이 이루어져야 한다. 금융상품에 대한 정보제공은 정보의 충분성, 실효성, 객관성, 공공성이 바탕이 되어야 한다. 금융감독원 소비자보호처 홈페이지에서는 금융상품 비교정보, 금융회사경영정보, 금융관련법규, 금융생활에 필요한 지식, 민원상담 안내 등의 정보가 제공되고 있다. 정보의 비대칭성을 완화하기 위해 금융소비자에 대한 금융교육도 활성화되고 있다. 금융교육시범학교, 청소년금융교실, 소외계층 방문교육 등의 제도가 있다. 금융교육은 금융관계 기관, 관련단체 만이 아니라 최근년에는 자사의 이미지 제고 및 사회봉사차원에서 금융회사들도 직접 금융교육에 나서고 있다.

2) 사후적 금융소비자보호

(1) 금융민원 상담

금융민원 상담 서비스는 금융관련 민원에 대한 상담을 해 주는 서비스인데 대면상담 혹은 전화상담으로 이루어진다. 대면상담은 직접 금융감독원 본원 혹은 지원 등을 방문하여 상담을 하는 것이다. 상담결과 민원처리가 필요하다고 판단되면 별도로 민원서류 작성 및 신청절차 등을 안내하여 신청·접수된 민원을 처리하고 있다. 전화상담의 경우에는 전국 어디에서나 "1332"를 누르면 콜센터와 연결된다.

(2) 금융민원 처리

금융민원은 금융회사가 금융회사와의 거래에서 이의가 있는 경우 금융감독원에 이의 해결을 요청하는 것이다. 금융소비자는 내방, 인터넷, 우편 등의 수단을 통하여 금융회사와의 거래나 업무 등과 관련하여 질의, 건의, 요청, 이의신청, 고발 등을 제기한다. 2008년 7월부터는 금융감독원내에 금융민원센터가 설치되어 금융민원이 집중되어 처리되고 있다. 금융민원과 별도로 금융분쟁이 있다. 금융분쟁은 주로 금융회사와 금융소비자간 거래관계 등에 의한 금전적 손해발생 등으로 인한 손해나 보전을 청구하는 것을 말한다. 금감원 내부적으로는 금융민원과 금융분쟁을 구분해 처리하고 있는데 금융분쟁은 일반 금융민원에 비해 복잡하고 전문성이 더 요구되는 편이라서 별도의 부서에서 전담하고 있다.

제2절　금융분쟁조정제도

　금융분쟁이 발생한 경우 금융소비자는 먼저 해당 금융기관에 피해구제를 요청할 수 있으나, 큰 조직과 전문성을 갖춘 금융기관과 대등한 지위에서 분쟁에 임하기 어렵다. 조정(調整)이란 분쟁을 소송을 통하지 않고 업계전문가 및 학식과 덕망이 풍부한 조정위원들의 개입으로 원만하게 해결하는 제도이다. 금융분쟁조정기구에는 행정형과 민간형이 있다. 전자에는 금융감독원과 한국소비자원의 분쟁조정기구, 후자에는 한국거래소와 한국금융투자협회의 분쟁조정기구 등이 있다. 전자의 조정이 성립된 경우에는 재판상 화해의 효력이 발생해 확정력과 기판력이 생기나, 후자의 조정은 민법상 화해의 효력만이 있어 확정력과 기판력이 없다. 여기에서는 금융감독원원의 분쟁조정기구를 중심으로 설명한다.

　(1) 금융분쟁조정위원회의 설치 근거
　금융위원회의 설치 등에 관한 법률 및 동법 시행령에 따라 금융분쟁의 조정을 위해 설치한다.

　(2) 조정대상
　금융관련기관의 금융업무 등과 관련하여 권리의무 또는 이해관계가 발생함에 따라 금융관련기관을 상대로 제기하는 분쟁이 대상이 된다.

　(3) 당사자
　신청인과 피신청인이 있다. '신청인'은 금융감독원장에게 금융관련분쟁의 조정을 신청한 자이고, '피신청인'은 신청인의 상대방을 말한다.

(4) 금융관련기관

모든 금융관련기관이 아니라, 금융감독원의 검사를 받는 기관을 말한다.

(5) 금융분쟁조정위원회 구성 및 운영

이 위원회는 위원장 1인을 포함한 30인 이내의 위원으로 구성하고 위원회의 위원장은 금융감독원장이 그 소속 부원장 중에서 지명하는 자가 되며, 위원회 위원은 원장이 그 소속 부원장보 중에서 지명하는 자와 다음의 자 중에서 위촉하는 자로 한다.

① 판사·검사 또는 변호사의 자격이 있는 자
② 소비자보호법에 의한 한국소비자보호원 및 소비자단체의 임원 또는 그 직에 있었던 자
③ 금융기관 또는 금융관계기관·단체에서 15년 이상 근무한 경력이 있는 자
④ 금융에 관한 학식과 경험이 있는 자
⑤ 전문의 자격이 있는 의사
⑥ 기타 분쟁의 조정과 관련하여 원장이 필요하다고 인정하는 자

(6) 위원의 임기

위원장 및 금융감독원장이 그 소속 부원장보 중에서 지명하는 위원의 임기는 당해 직에 재직하는 기간으로 하며, 기타는 2년으로 하되 연임할 수 있다.

(7) 위원회의 회의

위원회의 회의는 위원장 1인을 포함하여 보험 분야 또는 비보험 분야(은행, 증권, 비은행 등)별로 매 회의시 위원장이 지명하는 7인 이상 11인 이하의 위원으로 회의 1주일 전까지 구성하며, 위원장이 소집한다. 위원회는 구성원 과반수의 출석과 출석위원 과반수의 찬성으로 의결한다.

(8) 위원의 제척, 기피 및 회피

위원회의 위원이 다음 중 하나에 해당하는 경우에는 그 분쟁조정신청사건(이하 '사건'이라 한다)의 심의, 의결에서 제척된다.

① 위원 또는 위원의 배우자나 배우자이었던 자가 당해 사건의 당사자가 되거나 당해 사건에 관하여 공동 권리자 또는 의무자의 관계에 있는 경우
② 위원이 당해 사건의 당사자와 친족관계에 있거나 있었던 경우

③ 위원이 당해 사건에 관하여 당사자의 대리인으로서 관여하거나 관여하였던 경우

④ 위원이 당해 사건에 관하여 증언, 법률자문 또는 손해사정 등을 한 경우

당사자는 위원에게 심의·의결의 공정을 기대하기 어려운 사정이 있는 경우에는, 기피신청을 할 수 있다. 이 경우 금융감독원장이 기피 여부를 결정한다.

(9) 반복된 분쟁 신청

신청인이 정당한 사유없이 동일한 내용으로 3회 이상 반복하여 분쟁조정을 신청한 경우에 2회 이상 그 처리결과를 통지한 후 접수되는 신청에 대하여는 내부적으로 종결처리 할 수 있다.

(10) 조정신청의 보완

금융감독원장은 조정신청에 대하여 관련자료 등 보완이 필요하다고 인정될 때에는 상당한 기간을 정하여 그 보완을 요구한다.

(11) 사실조사 등

금융감독원장은 사건의 조사를 위하여 필요하다고 인정되는 경우에는 금융감독원 직원으로 하여금 사건에 대한 사실조사 및 조회 또는 관련자의 출석 등의 방법으로 조사를 하게 하거나, 당사자에 대하여 사실의 확인 또는 자료의 제출 등을 요구할 수 있다. 사실조사가 필요한 경우 조사목적, 조사내용, 조사기간 등을 조사출장 3일 전까지 유선, 전자우편, 문서 등 연락 가능한 방법으로 사전통지하여야 하고, 다만 긴급을 요하거나 증거인멸 등이 우려되는 경우에는 이를 생략할 수 있다.

(12) 조정신청의 위원회 회부 전 처리

금융감독원장은 조정신청의 내용이 다음의 1에 해당하는 경우에는 합의권고 또는 위원회에 회부를 하지 아니하고 직접 처리하거나 해당기관에 이첩하여 처리하게 할 수 있다.

① 이미 법원에 제소된 사건이거나 조정신청이 있은 후 소를 제기한 경우

② 조정신청의 내용이 관련법령 또는 객관적인 증빙 등에 의하여 합의권고 또는 조정절차 진행의 실익이 없는 경우

③ 신청인이 정당한 사유없이 위의 보완요구를 받고도 지정된 기한 내에 이를 보완하지 아니

하거나 소재불명 등으로 보완요구가 2회에 걸쳐 반송된 경우

④ 조정신청의 내용과 직접적인 이해관계가 없는 자가 조정신청을 하는 경우

⑤ 신청인이 부당한 이익을 얻을 목적으로 조정신청을 한 것으로 인정되는 경우

⑥ 신청인이 상당한 이유없이 취하된 조정 신청건 또는 동일한 내용에 대하여 다시 조정신청을 하거나 가명으로 조정신청한 것이 확인된 경우

⑦ 당사자의 주장이 상이하거나 증거채택이 어려워 사실관계 확정이 곤란하거나, 수사사건과 직접적으로 관련된 경우

⑧ 당사자의 주장내용이 부당하거나 관련법령, 조정선례, 법원판례 등에 비추어 명백하게 받아들일 수 없다고 인정되는 경우

⑨ 금융상품거래와 직접 관련이 없거나 수사기관의 수사 또는 고도의 법률적 판단이 필요한 경우 등, 조정신청의 내용이 분쟁조정대상으로서 적합하지 아니하다고 인정되는 경우

(13) 통지

사건에 대하여 직접처리를 하거나 해당기관에 이첩하여 처리하게 할 때에는 조정신청 접수일로부터 30일 이내에 그 처리결과 및 사유를 명시하여 당사자에게 통지한다. 처리결과의 통지는 문서를 통하여 이루어져야 한다. 다만, 신청인이 원하거나 전자정부법 제9조에 따른 전자민원창구를 통하여 접수된 조정신청은 그 처리결과를 전자민원시스템에 입력함으로써 통지에 갈음할 수 있으며, 신청인이 서면으로 요청하는 경우에는 서면으로 회신하여야 한다.

(14) 조정신청의 취하 등

신청인이 조정신청취하서를 제출한 경우 등 이 규정에 의한 조정절차 진행의 필요가 없는 사유가 발생한 경우에는, 조정절차 진행을 중지하고 당해 사건을 종결처리할 수 있다.

(15) 소제기 등의 통지

금융감독원장은 사건의 처리절차의 진행 중에 일방 당사자가 소를 제기하거나 민사조정 신청을 한 경우에는, 그 조정의 처리를 중지하고 이를 당사자에게 통보하여야 한다.

(16) 합의권고

금융감독원장은 감독원에 접수된 사건 중 분쟁의 원만한 해결을 위하여 당사자가 합의하도록 함이 상당하다고 인정되는 사건의 경우에는 구두 또는 서면으로 당사자에게 합의할 것을

권고할 수 있다.

당사자가 원장의 합의권고를 거부하거나, 정당한 이유없이 합의권고절차 진행을 위한 출석기일에 출석하지 아니한 때에는 합의가 성립되지 아니한 것으로 본다.

(17) 처리결과의 통보 및 보고

금융감독원장은 조정결정한 사건의 처리결과를 위원회에 통보한다. 조정이 성립된 경우 당사자인 금융관련기관은 조정에 따른 처리결과를 조정이 성립한 날로부터 20일 이내에 원장에게 보고하여야 한다.

제3절 금융사기 등

---

1. 불완전판매

불완전판매(miss-selling)는 금융관련법규상의 공식적인 용어는 아니지만 금융회사가 금융소비자에게 금융상품을 판매하는 과정에서 지켜야 할 사항들을 누락하였거나 허위·과장 등으로 오인으로 이르게 하였을 때를 의미하고 있다. 금융상품 중에서도 주식, 파생상품 등과 같은 투자상품들에 대해서는 적합성의 원칙, 적정성의 원칙, 설명서 교부의무가 특히 강조되고 있다. 고객에 대하여 어느 정도의 설명을 할 지에 대하여는 금융상품의 특성 및 위험도의 수준, 고객의 투자경험 및 능력 등을 종합적으로 고려하여 판단하여야 한다.

2. 개인정보 보호

현행 "개인정보보호법"상 "개인정보"란 살아 있는 개인에 관한 정보로서 성명, 주민등록번호 및 영상 등을 통하여 개인을 알아볼 수 있는 정보(해당 정보만으로는 특정 개인을 알아볼 수 없더라도 다른 정보와 쉽게 결합하여 알아볼 수 있는 것을 포함한다)를 말한다. "처리"란 개인정보의 수집, 생성, 연계, 연동, 기록, 저장, 보유, 가공, 편집, 검색, 출력, 정정(訂正), 복구, 이용, 제공, 공개, 파기(破棄), 그 밖에 이와 유사한 행위를 말하며 "정보주체"란 처리되는 정보에 의하여 알아볼 수 있는 사람으로서 그 정보의 주체가 되는 사람을 말한다.

개인정보가 유출된 경우에는 해당 사이트 관리자에게 삭제를 요청하고 처리되지 않는 경우에는 개인정보 침해센터(http://privacy.kisa.or.kr 혹은 ☎ 118)에 신고한다.

유출된 개인정보로 인해 금전피해가 발생한 경우 금융회사가 보상하지 않으면 금융감독원에 분쟁조정을 신청할 수 있다. 이와는 별도로 개인정보 유출피해에 대한 손해배상청구를 위해 금융분쟁조정위원회에 분쟁조정 신청 혹은 법원에 민사소송을 제기하는 방법도 있다.

□ 개인정보 등의 보호와 관련된 법률체계

법률	시기	소관부처	목적 핵심사항
신용정보법	95.1.5.	금융위	신용정보업 건전육성, 신용정보의 효율적 이용, 사생활 비밀 등 보호, 신용질서확립
금융실명법	97.12.31.	금융위	실지명의에 의한 금융거래, 금융거래 비밀보호
전자거래기본법	99.2.8.	미래창조과학부	전자문서 및 전자거래의 안전성, 신뢰성 확보
정보통신망법	01.1.16.	방송통신위원회	정보통신 이용자의 개인정보 보호
전자상거래법	02.7.24.	공정위	전자상거래 및 통신판매 관련 소비자 권익 제고와 신뢰도 제고
전자금융거래법	06.4.28.	금융위	전자금융거래의 안전성과 신뢰성 확보
개인정보법	11.3.29.	안전행정부	개인정보의 수집, 유출, 오용, 남용으로부터 사생활의 비밀 보호

3. 금융사기

1) 대출사기

대출사기란 대출을 빙자하여 돈을 갈취하는 것이다. 길을 가다보면 "무담보신용대출", "당일 대출가능" 등이 적힌 전단지나 휴대폰을 통한 대출안내 메시지 또는 전화 등은 대출사기의 전형적인 방법들이다.

(1) 대출을 미끼로 한 금전 가로채기

신용등급이 낮아 대출이 어려우므로 ① 공탁금, 보증금, 예치금, 보증보험료 등이 필요하다거나, ② 신용정보조회기록이 많아 대출이 어렵다며 조회기록 삭제 또는 신용등급 상향조정 명목으로 전산작업 비용이 필요하다거나, ③ 일정기간의 이자를 선납하거나 기존 대출금을 갚아야 대출이 가능하다며 금전을 요구하는 유형이다. 정상적인 금융회사는 대출을 해준다며 어떠한 명목으로도 선입금을 요구하지 않는다.

(2) 대출금 가로채기

대출을 받게 되었지만 중간에서 사기범이 대출금을 가로채는 유형이다. 이러한 유형은 신용도가 낮아 대출을 받기 어렵거나 전환대출(고금리 대출을 저금리 대출로 전환하는 것)로 유혹한다.

(3) 개인정보 악용하기

대출모집인을 사칭하여 대출서류를 수집하거나 취업 등을 미끼로 개인정보를 수집하여 피해자 명의로 대출을 받아 잠적하는 행위이다. 만일 대출모집인을 금융거래를 원할 경우에는 대출모집인 통합조회시스템(www.loanconsultant.or.kr)을 통해 대출모집인 확인을 하는 방법이 있다. 대출관련 사기신고는 국번없이 1332(금융감독원) 혹은 국번없이 112(경찰)이다.

2) 전기통신금융사기

기존의 전기통신금융사기는 전화를 이용한 보이스피싱 정도였으나 오늘날에는 악성코드를 유포하여 실제와 유사한 금융회사의 인터넷뱅킹 사이트로 유인하는 피싱사이트 등 그 수법과 종류가 다양하게 진화되고 있다.

(1) 보이스피싱과 메신저피싱

보이스피싱(voice phishing)은 "voice(음성)＋private data(개인정보)＋fishing(낚시)"를 합성한 신조어로 속임수나 거짓말로 타인의 재산을 자기 것으로 만드는 특수 사기범죄의 하나이다. 전화를 통해 개인정보를 낚아 올린다는 의미에서 보이스피칭이란 명칭으로 사용된다.

메신저피싱(messenger phishing)은 메신저를 이용하여 속임수나 거짓말로 타인의 재산을 자기 것으로 만드는 것이다. 즉, 다른 사람의 인터넷 메신저 아이디와 비밀번호를 이용하여

로그인한 후 이미 등록되어 있던 가족, 친구 등 지인에게 1 : 1 대화 또는 쪽지 등으로 치료비, 교통사고 합의금 등 긴급자금을 요청하고, 이에 피해자가 속아 송금하면 이를 가로채는 사기수법이다.

(2) 파밍과 피싱사이트

피싱사이트는 피싱(phishing)과 사이트(site)의 합성어로 금융거래 정보를 빼내기 위해 은행 등의 홈페이지와 유사하게 모방하여 만든 가짜 사이트이다. 사기범들은 피싱사이트를 이용하여 금융거래정보의 입력을 유도한 정보를 빼내어 사기를 시도한다.

파밍(Pharming)의 경우에는 사기범이 먼저 이용자의 컴퓨터를 악성코드에 전염시켜 호스트 파일이나 브라우저 메모리를 변조시킨다. 이후 컴퓨터 이용자가 인터넷 즐겨찾기나 포털사이트 검색을 통해 정상적인 금융회사 홈페이지로 접속하더라도 피싱사이트로 연결되도록 하여 이용자의 금융거래정보(계좌비밀번호, 보안카드번호 등)를 가로채는 피싱사기이다.

(3) 스미싱

스미싱(Smishing)은 문자메시지(SMS)와 피싱(phishing)의 합성어로 문자메시지를 이용하여 악성 앱이나 악성코드를 휴대전화에 유포한 후 휴대전화 소액결제 관련 정보를 가로챈 후 게임사이트에서 아이템 구매 등을 하여 소액결제 피해를 입히는 방식 등이다. 최근에는 소액결제뿐 아니라 신종, 변종 스미싱이 발생하고 있다. 문자메시지의 인터넷 주소 등을 통해 금융회사를 가장한 악성 앱이나 악성코드를 설치하도록 유도하고 앱에 표시된 번호롤 전화를 걸면 사기범의 전화로 연결되어 다양한 명목으로 송금을 요구하거나 악성코드를 통해 피싱사이트로 연결되기도 한다.

3) 다단계사기

다단계사기는 정부로부터 인·허가를 받지 않거나 등록 또는 신고되지 않은 불법 자금 모집업체에 자금을 투자했다가 피해를 입는 유형이다. 통상 이러한 불법자금 모집업체는 제도권 금융회사보다 높은 확정 배당금의 지급을 약속하거나 하위 투자자들의 자금으로 상위 투자자에게 배당금을 지급하는 형식으로 자금을 모집한다.

* 폰지(Ponzi)사기 : 폰지사기는 1920년대 초반 금융피라미드 사기사건을 최초로 저지른

찰스 폰지(Charies Ponzi)의 이름을 딴 것이다. 금융피라미드 사기에서는 정상적인 투자로는 도저히 얻을 수 없는 높은 수익을 짧은 기간에 안정적으로 얻는다고 광고한다. 그리고 처음 얼마 동안은 안정적으로 높은 수익금을 지급한다. 투자자들이 받은 돈은 자신이 낸 돈이거나 새로운 투자자들이 낸 돈이며 금융피라미드 사기단은 실제로 아무런 사업을 하지 않는다. 결국 언젠가 무너질 수 밖에 없는 구조이다.

■ 금융사기 피해예방 요령과 구제

<피해예방>

① 공공기관 및 금융회사는 어떠한 경우에도 금전의 이체요구나 금융거래정보를 수집하지 않음을 명심한다.

② 전화 또는 문자메시지를 이용한 대출광고에 응하지 않는다.

③ 보안카드보다 안전성이 높은 보안매체(OTP : One Time Password)를 적극 이용한다.

④ 출처가 불분명한 파일이나 인터넷 주소가 포함된 이메일이나 문자메시지는 절대 클릭하지 말고 바로 삭제한다.

⑤ 타인에게 절대 개인정보와 금융거래정보를 알려주지 말아야 한다.

⑥ "전자금융사기예방서비스P에 가입하면 공인인증서(재발급 포함)를 발급받거나 인터넷뱅킹으로 300만원 이상(1일 누적) 이체시 미리 지정된 단말기(컴퓨터, 스마트폰 등)를 이용하게 하거나 추가본인 확인을 하게 하여 본인인증을 강화하도록 한다. 거래은행 홈페이지에서 가입할 수 있으며 사기범이 타인명의의 공인인증서를 발급받거나 인터넷뱅킹을 통한 부정이체를 예방할 수 있다.

⑦ 평소 악성코드 탐지 및 제거 등 보안점검을 생활화하는 것이 필요하다.

<구제>

① 금융거래정보가 노출되거나 사기범에 속아 송금 혹은 이체하였다면 금융회사 콜센터 혹은 경찰청(☎ 112)로 신고한다.

② 개인정보 노출시 한국정보통신진흥협회(msafer.or.kr)의 명의도용방지서비스에 가입하여 내 명의가 도용되어 이동전화 등 통신서비스가 불법 개통되지 못하도록 한다.

③ 개인정보 노출로 금융사기 피해가 우려되는 경우에는 금융회사의 영업점 또는 금융감독원을 방문하여 "개인정보노출자 사고예방시스템"을 신청하면 신청자 명의의 금융거래 신청이 있을 때 금융회사가 본인 확인에 보다 유의하게 되므로 불법이용 가능성을 줄일 수 있다.

연습문제

문제1 다음 문제를 읽고 ○, X로 답하시오.

1. 금융분쟁 당사자가 통지된 조정안을 수락한 경우 당해 조정안은 재판상 화해와 동일한 효력을 갖는다. (   )

2. 금융분쟁조정위원회는 당사자 등에 대하여 시기 및 장소를 정하여 의견을 진술할 것을 요청할 수 있는데, 긴급을 요하는 경우가 아닌 한 의견청취 3일 전까지 당사자 등에게 통지하여야 한다. (   )

3. 재조정신청은 당사자가 조정결정 또는 각하결정을 통지받은 날로부터 3개월 이내에 하여야 한다. (   )

풀 이 1. ○   2. ○

3. X ⇒ 1개월 이내이다. 기간을 경과한 재조정신청에 대하여는 특별한 사유가 없는 한 이를 각하처리한다.

문제2 다음 내용을 읽고 (   ) 안에 적절한 내용을 기재하시오.

1. 거래를 고려중인 회사가 제대로 된 금융회사인지 여부가 궁금할 때에는 금융감독원 홈페이지의 (   )를 알아보면 된다.

2. 금융분쟁의 조정과 관련된 법률은 (   )이다.

3. 금융관련 기관과 금융수요자 기타 이해관계인 사이에서 그 금융업무 등과 관련하여 발생하는 금융관련분쟁의 조정에 관한 사항을 심의·의결하기 위하여 설치된 것이 (   )이다.

4. 우리나라에서 2012.5. 금융소비자보호를 전담하기 위해 (   )가 출범하였다.

풀 이 1. 제도권금융회사 조회

2. 금융위원회의 설치 등에 관한 법률

3. 금융분쟁조정위원회

4. 금융소비자보호처

문제3 다음 문제에 대해 적당한 답을 선택하시오.

1. 금융분쟁조정위원회는 어디에 설치되었는가? (   )

　　① 한국소비자원　　　　　　　② 금융위원회

　　③ 금융투자협회　　　　　　　④ 금융감독원

2. 금융분쟁조정위원회 회부대상이 되지 않을 수도 있는 경우도 있는데, 여기에 해당되지 않는 것은? (   )

　　① 법원에 제소된 사건

　　② 분쟁조정의 신청이 있은 후 소를 제기한 경우

　　③ 금융회사 지점과 건물주와의 임대차분쟁

　　④ 고도의 법률적 판단이 필요한 경우(정신적 피해 등)

3. 분쟁조정의 신청을 받은 날부터 (   )일 이내에 합의가 이루어지지 아니하는 때에는 지체없이 이를 금융분쟁조정위원회에 회부하여야 한다.

　　① 10일　　　　　　　　　　　② 20일

　　③ 30일　　　　　　　　　　　④ 60일

4. 금융분쟁조정위원회는 조정의 회부를 받은 때에는 (   )일 이내에 이를 심의하여 조정안을 작성하여야 한다.

　　① 10일　　　　　　　　　　　② 20일

　　③ 30일　　　　　　　　　　　④ 60일

5. 금융소비자보호처는 어느 기관 산하에 있는가? (   )

　　① 금감원장　　　　　　　　　② 금융위 위원장

　　③ 한국은행총재　　　　　　　④ 기획재정부장관

풀이

1. ④

2. ③ ⇒ 금융분쟁조정위원회의 조정 대상은 금융거래와 관련된 분쟁을 원칙으로 한다.

3. ③　　　　　　　　　　　　　　4. ④

5. ①

문제4 다음 문제를 약술하시오.

1. 반복된 분쟁조정신청에 대한 종결처리는 구체적으로 어떠한 경우인가?

2. 금융분쟁조정위원회의 의결 요건은?

3. 금융분쟁조정위원회의 금융분쟁조정 대상의 범위는 금융관련기관과의 금융업무 등과 관련된 분쟁이다. 그렇다면 금융관련기관이란 구체적으로 어느 곳을 말하는가?
4. 스미싱(Smishing)

풀 이

1. 신청인이 동일한 내용으로 정당한 사유 없이 3회 이상 반복하여 분쟁조정을 신청한 경우에 2회 이상 그 처리결과를 통지한 후 접수되는 신청에 대하여 내부적으로 종결 처리하는 것이다.
2. 금융분쟁조정위원회 구성원 과반수 출석과 출석위원 과반수의 찬성으로 의결한다.
3. 금융감독원의 검사를 받는 기관을 말한다. 금융관련 업무를 영위하더라도 금융감독원의 검사대상기관이 아니면, 금융분쟁조정위원회에 분쟁조정의 신청대상이 되지 못한다.
4. 스미싱(Smishing)은 문자메시지(SMS)와 피싱(phishing)의 합성어로 문자메시지를 이용하여 악성 앱이나 악성코드를 휴대전화에 유포한 후 휴대전화 소액결제 관련 정보를 가로챈 후 게임사이트에서 아이템 구매 등을 하여 소액결제 피해를 입히는 방식 등이다.

제13장

금융마케팅

제1절 마케팅 일반

1) 마케팅의 개념

마케팅(marketing)은 생산자가 상품 또는 서비스를 소비자에게 유통시키는데 관련된 모든 체계적 경영활동이다. 금융마케팅은 금융과 관련된 마케팅을 말한다.

> ■ 미국마케팅협회(American Marketing Association)의 마케팅에 대한 정의(2007년)
>
> 마케팅이란 고객, 클라이언트, 파트너, 그리고 사회전반에 걸쳐 가치를 갖는 제공물을 창조하고 커뮤니케이션하고 전달하며 교환하는 제도 및 과정.

2) 마케팅 믹스(Marketing Mix)

마케팅 활동에 있어서의 전략적 조합을 말한다. 마케팅 4P 등이 있다.

3) 마케팅 4P(Marketing 4P)

제롬 매카시(Jerome McCarthy)가 제시한 4가지 사항으로서 제품(product), 가격(price), 장소(place), 영업력확대(promotion)를 말한다.

① 제품(product) : 상표, 디자인, 품질, 서비스

② 가격(price) : 표시가격, 할인, 공제, 지불기간, 신용조건

③ 장소(place) : 입지, 유통경로, 시장, 재고, 수송

④ 영업력 확대(promotion) : 판매촉진, 홍보(PR), 광고, 직접마케팅, 고객과의 커뮤니케이션

(1) 마케팅 3C(marketing 3C) 전략

표적시장 선점을 위하여 표적시장(targeting market)의 매력도를 평가하는 아래 3가지에 대한 전략적 분석이다.

① 고객(customer) 전략 : 구매성향, 브랜드 등

② 경쟁사(competitor) 전략 : 시장에의 참여기업들, 현재의 경쟁상황 분석

③ 자사(company) 전략 : 자사의 향후 전략 결정

(2) STP 전략

마케팅 전략의 하나로서, 시장을 나누고, 목표를 설정한 후 자사 제품의 위치를 설정하는 전략이다.

① 분할(segmentation) : 시장분할(= 시장세분화)를 말한다(인구, 지역, 심리 등)

② 표적(targeting) : 표적시장(=세분시장) 선택을 말한다.

③ 위치(positioning, 포지셔닝) : 제품과 브랜드에 대한 차별화된 특정한 위치를 차지하게 하는 것이다.

(3) 마케팅 프로세스

3C 분석 ⇒ STP 전략 ⇒ 4P 조합

(4) 상품화 or 상품화 정책이란?

적절한 상품을 적절한 장소와 적정한 시기에 적절한 수량과 가격으로 이동시키기 위한 계획을 말한다.

(5) 본원적 경쟁전략

Porter 교수는 장기적인 경쟁우위를 갖기 위해 본원적 경쟁전략으로 다음의 3가지 유형을 제시하였다.

① 원가우위 전략(overall cost strategy) : 비용 상의 우위로 특정산업에서 원가우위 달성
② 차별화 전략(differentiation strategy) : 제품이나 서비스를 차별화하여 구매자에게 독특하다고 인식될 수 있는 전략
③ 집중화 전략(focus strategy) : 특정 지역이나 특정 구매자집단, 특정 시장을 집중적으로 공략하는 전략

(6) 인터넷 마케팅
인터넷 상에서 전개되는 마케팅으로서 공간적 제약을 극복하는 마케팅

■ 인터넷 마케팅 믹스
① 제품(product) : 다양한 제품의 특성과 브랜드명의 중요성을 고려. 인터넷 마케팅은 일대일 마케팅을 지향한다는 점에서 개별화된 제품과 서비스를 제공할 수 있다.
② 가격(price) : 개별화된 가격전략을 수립. 오프라인에 비해 저렴한 가격을 유지하되, 택배비용, 지불방법(신용카드, 전자결제)을 고려하여야 한다.
③ 유통(place) : 정보유통에 치중하고 운송수단으로 택배 등을 활용하되, 보증, 반품 등 애프터서비스 전략의 수립이 필요하다.
④ 영업촉진(promotion) : 온라인 고객 지원 및 브랜드 이미지 형성 전략. 개별화된 광고 등도 고려하는 방향으로 추진.

제2절 금융회사의 마케팅

1. 은행

(1) 약관작성의무
은행은 약관을 작성·운용하여야 하고, 약관을 제정하거나 변경하는 경우 약관 내용의 관련 법규 위반, 은행이용자의 권익 침해 및 분쟁발생의 소지가 없도록 준법감시인의 심의를 거쳐야 한다.

(2) 거래조건의 공시 등

은행은 이자 등 거래조건을 인터넷 홈페이지 등에 공시하여야 한다.

(3) 설명의무

은행은 계약을 체결하거나 계약의 체결을 권유하는 경우에는 거래조건 등의 자료를 은행이용자에게 제공하고 그 내용을 설명하며, 은행이용자가 이해하였음을 은행이용자의 서명, 기명날인, 녹취, 그 밖에 감독원장이 정하는 방법 중 하나 이상의 방법으로 확인을 받아 이를 유지·관리하여야 한다.

(4) 광고

은행은 은행상품을 광고하는 경우 이자율, 가입조건, 부대비용, 그 밖에 은행이용자의 권리의무에 중대한 영향을 미치는 사항 등을 포함하여야 한다.

2. 증권회사

1) 투자권유

(1) 적합성 원칙

금융투자업자는 투자자가 일반투자자인지 전문투자자인지의 여부를 확인하여야 한다. 그리고 금융투자업자는 일반투자에 대하여, 투자권유를 하기 전에 면담·질문 등을 통하여 일반투자자의 투자목적·재산상황 및 투자경험 등의 정보를 파악하고, 일반투자자로부터 서명(「전자서명법」 제2조 2호에 따른 전자서명을 포함한다), 기명날인, 녹취, 그 밖에 대통령령으로 정하는 방법[1])으로 확인을 받아 이를 유지·관리하여야 한다.

(2) 적정성의 원칙

금융투자업자는 일반투자자에게 투자권유를 하지 아니하고 파생상품, 그 밖에 대통령령으로 정하는 금융투자상품(이하 '파생상품등'이라 한다)을 판매하려는 경우에는 면담·질문 등을 통하여 그 일반투자자의 투자목적·재산상황 및 투자경험 등의 정보를 파악하여야 한다.

---

1) 1. 전자우편, 그 밖에 이와 비슷한 전자통신
   2. 우편
   3. 전화자동응답시스템

금융투자업자는 일반투자자의 투자목적·재산상황 및 투자경험 등에 비추어 해당 파생상품 등이 그 일반투자자에게 적정하지 아니하다고 판단되는 경우에는 대통령령으로 정하는 바에 따라 그 사실을 알리고, 일반투자자로부터 서명, 기명날인, 녹취, 그 밖의 방법(전자우편, 우편, 전화자동응답시스템 등)으로 확인을 받아야 한다.

■ 불초청 권유(unsolicited call)의 금지의 예외

불초청 권유(unsolicited call)란 투자자로부터 투자권유의 요청을 받지 아니하고 방문, 전화 등 실시간 대화의 방법을 이용하여 파생금융상품 등 위험 금융투자상품의 투자를 권유하는 것.
① 증권과 장내파생상품에 대하여 투자권유를 하는 행위
② ㉮ 투자성 있는 보험계약에 대하여 투자권유를 하는 행위
　㉯ 투자권유를 받은 투자자가 이를 거부하는 취지의 의사를 표시한 후 금융위원회가 정하여 고시하는 기간이 지난 후에 다시 투자권유를 하는 행위
　㉰ 다른 종류의 금융투자상품에 대하여 투자권유를 하는 행위. 이 경우 다른 종류의 구체적인 내용은 금융위원회가 정하여 고시한다.
③ 투자자(전문투자자와 법 제72조 1항에 따른 신용공여를 받아 투자를 한 경험이 있는 일반투자자는 제외한다)로부터 금전의 대여나 그 중개·주선 또는 대리를 요청받지 아니하고 이를 조건으로 투자권유를 하는 행위

---

2) 설명의무

금융투자업자는 일반투자자를 상대로 투자권유를 하는 경우에는 금융투자상품의 내용, 투자에 따르는 위험 등의 사항을 일반투자자가 이해할 수 있도록 설명하여야 한다.

금융투자업자는 위의 설명한 내용을 일반투자자가 이해하였음을 서명, 기명날인, 녹취, 그 밖의 대통령령으로 정하는 방법 중 하나 이상의 방법으로 확인을 받아야 한다.

3) 약관의 신고 및 공시

금융투자업자는 금융투자업의 영위와 관련하여 약관을 제정 또는 변경하고자 하는 경우에는 미리 금융위원회에 신고하여야 한다.

4) 광고

금융투자업자는 투자광고(집합투자증권에 대한 투자광고를 제외한다)를 하는 경우에는 그 금융투자업자의 명칭, 금융투자상품의 내용, 투자에 따른 위험 등의 사항을 포함시켜야 한다.

(1) 투자광고의 방법과 절차

① 광고의 제작 및 내용에 있어서 관련 법령의 준수를 위하여 내부통제기준을 수립하여 운영할 것

② 금융투자업자의 경영실태평가 결과와 영업용순자본비율 등을 다른 금융투자업자의 그것과 비교하는 방법 등으로 광고하지 아니할 것

③ 준법감시인의 사전 확인을 받을 것

④ 투자광고계획 신고서와 투자광고안을 협회에 제출하여 심사를 받을 것

⑤ 협회의 투자광고안 심사 및 심사결과 통보

⑥ 투자광고문에 협회 심사필 또는 준법감시인 심사필을 표시할 것

(2) 투자광고 관련 금융투자협회의 자율규제

'투자광고'란 금융투자회사가 불특정 다수인에게 금융투자상품이나 금융투자회사 또는 그 영위업무를 널리 알리는 행위를 말한다. 투자광고에는 법규상의 의무표시사항을 준수하여야 한다.

(3) 광고의 사전심의 및 광고신고서 제출

금융투자회사가 투자광고를 하고자 하는 경우 준법감시인의 사전 승인을 받아 협회에 심사를 청구하여야 하고, 이 때 광고신고서와 투자광고안을 함께 제출하여야 한다.

(4) 이익의 제공 한도

금융투자회사가 동일 거래상대방에게 1회당 제공할 수 있는 재산상 이익은 20만원을 초과할 수 없다. 또한 금융투자회사가 연간 또는 동일 회계연도 기간 중 동일 거래상대방에게 제공할 수 있는 재산상 이익은 100만원을 초과할 수 없다. 그러나 대표이사 또는 준법감시인의 사전승인을 받은 경우에는 이들 한도를 초과하여 재산상 이익을 제공할 수 있고, 다만 부득이한 사유로 사전 승인이 곤란한 경우에는 사후보고로 대체할 수 있다.

금융투자회사가 연간 또는 동일 회계연도 기간 중 모든 거래상대방에게 제공할 수 있는 재

산상 이익의 합계액은 해당 금융투자회사가 금융투자업 영위와 관련하여 직전 연간(또는 직전 회계연도) 기간 중 실현한 영업수익의 규모에 따라 다음의 금액을 초과하여서는 아니 된다.

① 영업수익이 1천억원 이하인 경우 100분의 3과 10억원 중 큰 금액
② 영업수익이 1천억원을 초과하는 경우 영업수익의 100분의 1 또는 30억원 중 큰 금액

3. 보험회사

1) 모집관련 사항

(1) 보험안내자료의 교부

모집을 위하여 사용하는 보험안내자료(이하 '보험안내자료'라고 한다)에는 다음의 사항을 명백하고 알기 쉽게 기재하여야 한다.

① 보험회사의 상호나 명칭 또는 보험설계사·보험대리점 또는 보험중개사의 이름·상호나 명칭
② 보험 가입에 따른 권리·의무에 관한 주요 사항
③ 보험약관으로 정하는 보장에 관한 사항
④ 보험금 지급제한 조건에 관한 사항
⑤ 해약환급금에 관한 사항
⑥ '예금자보호법'에 따른 예금자보호와 관련된 사항
⑦ 그 밖에 보험계약자를 보호하기 위하여 대통령령으로 정하는 사항

(2) 보험중개사의 고지의무

보험중개사는 보험계약의 체결을 중개할 때 그 중개와 관련된 내용을 대통령령으로 정하는 바에 따라 장부에 적고 보험계약자에게 알려야 하며, 그 수수료에 관한 사항을 비치하여 보험계약자가 열람할 수 있도록 하여야 한다.

보험중개사는 보험회사의 임직원이 될 수 없으며, 보험계약의 체결을 중개하면서 보험회사·보험설계사·보험대리점·보험계리사 및 손해사정사의 업무를 겸할 수 없다.

(3) 신고사항

보험설계사·보험대리점 또는 보험중개사는 등록서류 내용의 변경, 모집업무의 폐지, 본인 사망, 법인해산 등의 경우 그 사실을 금융위원회에 신고하여야 한다.

(4) 설명의무

보험회사 또는 보험의 모집에 종사하는 자가 일반 보험계약자에게 보험계약의 체결을 권유하는 경우에는 보험료, 보장범위, 보험금의 지급제한 사유 등 보험계약의 중요 사항을 일반 보험계약자가 이해할 수 있도록 설명하여야 한다. 또한 이 설명한 내용을 일반 보험계약자가 이해하였음을 서명, 기명날인, 녹취, 그 밖에 방법으로 확인을 받아두어야 한다.

2) 광고

(1) 모집광고 관련 준수사항

보험회사 또는 보험의 모집에 종사하는 자가 보험상품에 관하여 광고를 하는 경우에는 다음의 내용이 포함되도록 하여야 한다.

① 보험계약 체결 전에 상품설명서 및 약관을 읽어볼 것을 권유하는 내용

② 보험계약자가 기존에 체결했던 보험계약을 해지하고 다른 보험계약을 체결하면 보험인수가 거절되거나 보험료가 인상되거나 보장내용이 달라질 수 있다는 내용

③ 변액보험계약과 관련된 내용(자산운용의 성과에 따라 보험금이 변동될 수 있다는 내용 등)

(2) 금지행위

보험회사 또는 보험의 모집에 종사하는 자가 보험상품에 대하여 광고를 하는 경우에는 다음의 어느 하나에 해당되는 행위를 하여서는 아니 된다.

① 보험금 지급한도, 지급제한 조건, 면책사항, 감액지급 사항 등을 누락하거나 충분히 고지하지 아니하여, 제한없이 보험금을 수령할 수 있는 것으로 오인하게 하는 행위

② 보장금액이 큰 특정 내용만을 강조하거나 고액 보험금 수령 사례 등을 소개하여, 보험금을 많이 지급하는 것으로 오인하게 하는 행위

③ 보험료를 일할로 분할하여 표시하거나 보험료 산출기준(보험가입금액, 보험료 납입기간, 보험기간, 성별, 연령 등)을 불충분하게 설명하여, 보험료가 저렴한 것으로 오인하게 하는 행위

④ 만기 시 자동갱신되는 보험상품의 경우, 갱신 시 보험료가 인상될 수 있음을 보험계약자가 인지할 수 있도록 충분히 고지하지 아니하는 행위

⑤ 금리 및 투자실적에 따라 만기환급금이 변동이 될 수 있는 보험상품의 경우에, 만기환급금이 보험만기일에 확정적으로 지급되는 것으로 오인하게 하는 행위 등

3) 특별이익 제공의 금지

보험계약의 체결 또는 모집에 종사하는 자는 그 체결 또는 모집과 관련하여 보험계약자나 피보험자에게 다음 각 호의 어느 하나에 해당하는 특별이익을 제공하거나 제공하기로 약속하여서는 아니 된다.

① 금품. 다만 대통령령으로 정하는 금액을 초과하지 아니하는 금품[2]은 제외된다.

② 기초서류에서 정한 사유에 근거하지 아니한 보험료의 할인 또는 수수료의 지급

③ 기초서류에서 정한 보험금액보다 많은 보험금액의 지급 약속

④ 보험계약자나 피보험자를 위한 보험료의 대납(代納)

⑤ 보험계약자나 피보험자가 해당 보험회사로부터 받은 대출금에 대한 이자의 대납

⑥ 보험료로 받은 수표 또는 어음에 대한 이자 상당액의 대납

⑦ 상법 제682조에 따른 제3자에 대한 청구권 대위행사의 포기

제3절 서비스 및 창구마케팅 용어

(1) 금융서비스 수요 : 매슬로우(Maslow)의 욕구단계 이론 5단계

① 1단계 생리적 욕구(physiological needs) : 의식주의 욕구

② 2단계 안전 욕구(safety needs) : 신체적, 정서적 안전을 추구하는 욕구

③ 3단계 소속감과 애정 욕구(belongingness & love needs) : 집단 속에 소속되어 소속감을 느끼고 주위사람들에게 사랑받고 있음을 느끼고자 하는 욕구

④ 4단계 존경 욕구(esteem needs) : 타인에게 인정받고자 하는 욕구

---

2) 보험계약 체결 시부터 최초 1년간 납입되는 보험료의 100분의 10과 3만원 중 적은 금액을 말한다.

⑤ 5단계 자아실현 욕구(self-actualization needs) : 가장 높은 단계의 욕구로서 자기만족을
　느끼는 단계

(2) 은행 창구 세일즈의 4R

Right Products, Right Person, Right Time, Right Price

(3) MOT(moment of truth)

'진실의 순간'은 고객 접점으로 고객이 나를 느끼는 순간이다.

(4) 프로 세일즈맨의 3H, 1F

Head, Heart, Hand, Foot

(5) 단계별 고객 응대

고객 맞이 ⇒ 상황 파악 ⇒ 욕구 충족 ⇒ 만족 여부 확인

(6) 고객의 4가지 유형

주도형, 사교형, 신중형, 안정형

(7) 효과적 커뮤니케이션(피드백 요령)

① I-message : 상대방의 행동이나 어떤 상황에 대한 나의 감정, 생각을 표현하는 방식으로
　서, 개방적, 솔직한 인상을 주고 상호이해를 증진시키는 화법
② You-message : 상대방의 행동이나 상황에 대한 평가나 판단을 지적, 비판, 비난, 질책하
　는 화법으로서, 공격의 느낌을 주어 대인관계를 저해하고 상대방의 반감을 일으킴
③ Be-message : 상대방의 성격 특성이나 인격, 처해 있는 상황을 가리켜 표현하는 화법으로
　서, 평가받고 있는 느낌을 주거나 감정 개입으로 인하여 상호 감정이 상할 수 있음
④ Do-message : 구체적인 행동과 결과를 표현하는 화법으로서, 평가나 비평없이 사실을 구
　체적으로 전달하여 문제를 해결함. 예컨대 ~ 는 ~ 한다.

(8) 피드백

자신의 행동을 돌이켜 볼 수 있도록 하기 위하여, 상대방의 행동이나 그것이 나에게 미치
는 영향을 그대로 알려주는 것이다.

(9) CRM(customer relationship management)

고객만족 서비스의 지속적인 세일즈를 위하여 다양한 채널과 소스를 통해 수집한 고객관련 정보(data)를 전략적으로 활용하는 마케팅 솔루션

(10) 세일즈 상담의 성공 프로세스

① 1단계 : 고객과의 관계형성

② 2단계 : 고객의 니즈(Needs) 파악

③ 3단계 : 확인하기

④ 4단계 : 제안하기

(11) T 방법(대차대조표 방법/Franklin Approach)

고객이 선택하였을 때의 이점과 선택하지 않았을 때의 손해를 T 막대 형태의 대차대조표를 사용하여 설명

(12) 클로징(Closing, 상담종결)

구매 약속을 함축 또는 유도하는 세일즈맨의 행동으로서, 고객으로 하여금 그것에 대한 승낙 또는 거절을 표시하도록 유도하는 행위

(13) 상담종결 화법

① 추정승낙법 : "괜찮긴 하구만!" 등 고객의 긍정적 표현이 나올 경우, "고맙습니다. 선택해 주셔서 감사합니다. 제가 가입에 따른 제반서류를 준비토록 하겠습니다."라고 추정하여 승낙하는 화법

② 실행촉진법 : 긍정적이지 않으나, 부정적이지도 않은 답변 시에, "제반사항을 다 살펴보신 것 같습니다. 다른 질문사항이 없으시면 서류를 준비해 드리겠습니다. 서명, 날인은 여기에 하시면 됩니다. 가입후 A/S는 제가 책임지고 해 드리겠습니다."라고 실행을 촉진하는 화법

③ 양자택일법 : 구매의사가 감지되고 있으나 결정을 늦추고 있을 때, "ELS로 하시겠습니까? ETF로 하시겠습니까?"처럼, A 아니면 B중 선택하게 하여 구매를 기정사실화하는 화법

(14) 관계마케팅(relationship marketing)

신규고객 개발 보다 기존고객 유지에 더 힘쓰는 마케팅

제4절 최근 금융시장에서 주목을 받은 주요 금융상품

(1) CD(certificate of deposit, 양도성예금증서)

은행의 정기예금에 양도성을 부여한 것. 무기명식이며, 중도해지는 불가능하나 양도가 자유로워 현금화가 용이한 유동성이 높은 상품이다. 때문에 예금자는 이를 만기일 이전이라도 금융시장에서 자유로이 매매할 수 있다. 예금비보호.

(2) 표지어음

금융기관들이 기업이 발행한 어음을 할인해 사들인 뒤, 이 어음을 근거로 별도의 자체어음을 발행해 일반투자자에게 파는 어음

(3) 생계형 비과세저축

① 가입자격 : 60세 이상 개인, 장애인, 국가유공자, 생활보호대상자 등

② 가입한도 : 1인당 3,000만원 한도

③ 비과세기간 : 제한없음

　　만기 전 중도해지도 비과세

　　만기 후 이자도 비과세

(4) 세금우대종합저축

① 가입자격 및 한도

　　㉠ 만 20세 이상 거주자 : 1인당 1,000만원 한도

　　㉡ 60세 이상 노인, 장애인, 독립유공자(유가족), 국가유공상이자, 기초생활수급대상자, 고엽제후유증환자, 5.18. 민주화운동부상자 : 1인당 3,000만원 한도

② 1년 이상 적립식 또는 거치식 예금

③ 세율 : 이자소득세 9.0% + 농어촌특별세 0.5% = 9.5%

(5) 장기주택마련저축(장마저축)

① 가입자격 : 만18세 이상 세대주이면서 무주택자 또는 3억원 이하 국민주택규모의 1주택 소
유자가 가입

② 가입한도 : 연간 납입액의 40% 범위 내(최고 300만원까지), 소득공제혜택

③ 7년이상 가입 시 이자 비과세

(6) 종금형 CMA(cash management account, 어음관리계좌)

고금리이면서도, 예금보호 대상임

(7) 키코(knock-in, knock-out) : knock-in과 knock-out이 결합된 상품

① Knock-In : 일정한 조건이 되면 계약이 성립되고

② Knock-Out : 일정한 조건이 되면 계약이 소멸됨.

(8) MMDA(money market deposit account, 수시입출금식 시장금리부 예금)

은행이 제2금융권의 MMF 등 단기고금리상품 등과 경쟁하기 위해 출시한 시장금리부 단기
고금리 상품.

(9) ELS(equity linked securities) : 주가연계증권

(10) ELW(equity linked warrant) : 주식워런트증권

① 발행주체 : 금융투자회사

② 방식 : 고가주를 분할한 내용으로 거래

③ 공모 후 거래소에서 상장되어 만기 시까지 주식처럼 거래 가능

(11) 사모펀드(사모집합투자기구)

49인 이하로부터 투자 자금 조달. 수시공시의무 없음. 동일종목 투자한도 없음. 투자자 전
원 동의하에 증권, 부동산, 실물자산 등으로도 납입 가능

(12) ELD(equity linked deposit) : 주가지수연동예금

(13) ELF(equity linked fund) : 주가연계펀드

(14) ETF(exchange traded fund) : 상장지수펀드(인덱스펀드). 상장지수와 같이 움직이는 펀드

(15) 변액보험

보험료 일부를 금융투자상품 등에 투자하여 실적이 반영된 보험금 지급. 보험상품＋금융투자상품의 성격이 있음.

(16) FX 마진거래(foreign exchange margin transaction)

높은 레버리지의 유사해외선물거래. 우리나라가 1973년 변동환율제를 채택하여 1978년부터 개인들의 외환거래 참여가 가능하게 되었고, 국내에서는 2005년 1월 27일 선물거래법 시행령으로 유사해외선물거래에 '해외장외마진 현물환'이 포함되어 개인고객(retail customer)이 국제외환시장에 참여할 수 있게 되었다.

(17) 특정금전신탁(special money in trust)

금융기관이 고객으로부터 예탁받은 자금을 고객이 지정한 운용방법·조건에 따라 운용한 후, 운용 수익을 배당하는 신탁. 특금이라고도 한다.

■ 신탁

신탁이란 객들로부터 돈을 예탁받아 이를 대출이나 채권 등에 적절히 투자한 뒤, 일정기간 후 원금과 수익을 돌려주는 금융상품이다. 특정금전신탁은 고객이 금융기관에 돈을 맡기면서 특정기업의 주식이나 기업어음·회사채 등을 구입해 달라고 지정하는 것이다. 예금 비보호.

연습문제

문제1 다음 문제를 읽고 ○, X로 답하시오.

1. 마케팅 프로세스는 3C ⇒ STP ⇒ 4P이다. (   )
2. 마케팅이란 판매를 말하는 것이다. (   )
3. 상대방의 행동이나 어떤 상황에 나의 감정과 생각을 표현하는 방식으로 솔직한 인상을 주고 고객과 상호이해를 증진시키는 화법은 Be-message이다. (   )

풀 이 1. ○

2. X. 판매만 말하는 것이 아니다. 고객, 클라이언트, 파트너 그리고 사회전반에 걸쳐 가치를 갖는 제공물을 창조하고 커뮤니케이션하며 전달하고 교환하는 행위, 제도 및 과정이다.
3. X. 상대방의 행동이나 어떤 상황에 나의 감정과 생각을 표현하는 방식으로 솔직한 인상을 주고 고객과 상호이해를 증진시키는 화법은 I-message이다. Be-message 는 상대방의 성격 특성이나 인격, 처해있는 상황을 가리켜 표현하는 방식으로서, 평가받는 느낌, 감정개입으로 상호감정이 상할 수 있는 화법이다.

문제2 다음 내용을 읽고 (   ) 안에 적절한 내용을 기재하시오.

1. 구체적인 행동과 결과를 표현하는 화법으로서, 평가나 비평없이 사실을 구체적으로 전달하여 문제를 해결하는 것은 (   )이다.
2. 상대방의 행동이나 상황에 대한 평가나 판단을 지적, 비판, 비난, 질책하는 대화로 공격의 느낌을 주어 대인관계를 저해하고 상대방의 반감을 일으키는 화법은 (   )이다.
3. 금융위원회는 (   ) 소속이다.
4. 금융투자회사가 동일 거래상대방에게 1회당 제공할 수 있는 재산상 이익은 (   )만원을 초과할 수 없고, 금융투자회사가 연간 또는 동일 회계연도 기간 중 동일 거래상대방에게 제공할 수 있는 재산상 이익은 (   )만원을 초과할 수 없다.

풀이   1. Do-message

2. You-message

3. 국무총리

4. 20, 100. 금융투자회사는 동일 거래상대방에게 1회당 제공할 수 있는 재산상 이익이 20만원, 연간으로는 100만원까지가 한도이다.

문제3   다음 문제에 대해 적당한 답을 선택하시오.

1. 미국마케팅협회(AMA)에서 정의한(2007년) 마케팅 개념은? (   )

① 고객, 클라이언트, 파트너 그리고 사회전반에 걸쳐 가치를 갖는 제공물을 창조하고 커뮤니케이션하며 전달하고 교환하는 행위, 제도 및 과정이다.

② 생산자가 상품 또는 서비스를 소비자에게 유통시키는데 관련된 모든 체계적 경영활동이다.

③ 제품이 생산자로부터 소비자의 손에 건너가기까지의 모든 과정을 처리하는 기능이다.

④ 판매를 의미하고, 여기에는 고객에 대한 직접적인 판매와 간접적인 판매를 모두 의미하지만, 지불기간, 신용조건, 수송은 포함되지 않는다.

2. 마케팅의 4P에 해당되지 않는 것은? (   )

① Price   ② Position

③ Place   ④ Product

3. 예금거래의 성격이 아닌 것은? (   )

① 소비임치계약으로서 임치인이 금전 등의 소유권을 수치인에게 이전하며 수치인이 계약에 의하여 임치물을 소비하고, 추후에 그와 같은 종류·품질 및 수량으로 반환하는 계약이다.

② 민사임치계약으로 소멸시효는 10년이다.

③ 요물계약으로 당사자의 의사표시의 합치와 물건의 인도로 계약이 성립한다.

④ 부합계약으로 사업자가 일방적으로 정해 놓은 약관에 의해 체결된다.

4. 다음 연결이 적절하지 않은 것은? (   )

① 은행업 : 인가제   ② 투자일임업 : 등록제

③ 투자매매업 : 인가제   ④ 보험업 : 인가제

5. 금융환경의 변화에 관한 설명으로서 적절하지 않은 것은? (   )

    ① 단일종류의 상품만을 취급하던 관행을 벗어나 패키지상품을 고객들에게 제공하게 되었다.

    ② 겸업화 추세로 다양한 상품을 개발하여 고객들에게 제공하지 않으면 안 되게 되었다.

    ③ 경쟁치열과 비용증가로 기존고객의 유지보다 신규고객 개발에 더 많은 관심을 기울이는 추세이다.

    ④ 금융상품의 유통이 종전의 지점망에서 인터넷뱅킹과 같은 원격거래방식으로 보편화되고 있다.

6. 금융회사의 예금 등 사고처리와 관련하여 적절하지 않은 것은? (   )

    ① 통장, 도장, 카드, 증권이나 그 용지를 분실·도난당하거나, 멸실·훼손했을 때에는 사고신고를 해야 한다.

    ② 사고신고는 원칙적으로 서면으로 해야 한다.

    ③ 긴급·부득이한 때에는 영업시간 중 전화로 신고하고, 다음 영업일 안에 서면신고를 하여야 한다.

    ④ 전화신고를 한 후 서면신고를 하지 않아 은행이 지급정지를 해지함으로써 무권리자에게 예금이 인출된 경우, 서면신고를 게을리한 과실책임 때문에 은행은 손해배상책임을 지지 아니한다.

7. 금융상품정보를 고객에게 제공하기 위한 팜플렛 안내장 광고와 관련된 설명이다. 광고에 별 문제가 없는 경우는? (   )

    ① A은행은 정기예금 상품설명서를 전국은행연합회의 사전 심의필없이 A은행 내부에 있는 준법지원실의 심사필을 거친후 고객용으로 지점에 비치하였다.

    ② B자산운용회사는 펀드안내장을 금융투자협회의 사전 심의필없이 B자산운용회사 내부에 있는 준법지원실의 심사필을 거친후 고객용으로 제공하였다.

    ③ C증권회사는 펀드안내장을 금융투자협회의 사전 심의필없이 C증권회사 내부에 있는 준법지원실의 심사필을 거친후 고객용으로 지점에 비치하였다.

    ④ D생명보험은 변액보험 안내장을 생명보험협회의 사전 심의필없이 D생명보험 내부에 있는 준법감시실의 심사필을 거친후 고객용으로 지점에 비치하였다.

풀 이

1. ① 2. ②
3. ② 4. ④
5. ③ 6. ④
7. ①

문제4 다음 문제를 약술하시오.

1. 마케팅믹스
2. STP 전략
3. 본원적 경쟁전략
4. I - message
5. 마케팅 3C 전략

풀 이

1. 마케팅 믹스(Marketing Mix)란 마케팅 활동에 있어서의 전략적 조합을 말한다. 마케팅 4P가 대표적이다. Marketing 4P는 제롬 매카시(Jerome McCarthy)가 제시한 4가지 사항으로서,

   ① 제품(Product) : 표시가격, 서비스, 품질, 디자인, 상표명

   ② 가격(Price) : 표시가격, 할인, 공제, 지불기간, 신용조건

   ③ 장소(Place) : 시장, 유통경로, 입지, 재고, 수송

   ④ 영업력 확대(Promotion) : 판매촉진, 홍보(PR), 광고, 직접마케팅, 고객과의 커뮤니케이션이다.

2. STP 전략이란 마케팅 전략의 한가지로 시장을 나누고, 목표 설정후 자사 제품의 위치를 설정하는 전략이다.

   ① 분할(Segmentation) : 시장분할(= 시장세분화)를 말한다(인구, 지역, 심리 등)

   ② 표적(Targeting) : 표적시장(= 세분시장) 선택을 말한다.

   ③ 위치(Positioning) : 포지셔닝. 제품과 브랜드에 대한 차별화된 특정한 위치를 차지하게 하는 것이다.

3. 본원적 경쟁전략이란 Porter 교수가 장기적인 경쟁우위를 갖기 위해 제시한 경쟁전략의 3가지 유형이다.

   ① 원가우위전략(overall cost strategy) : 비용 상의 우위로 특정산업에서 원가우위 달성

② 차별화 전략(differentiation strategy) : 제품이나 서비스를 차별화하여 구매자에게 독특하다고 인식될 수 있는 전략

③ 집중화전략(focus strategy) : 특정 지역이나 특정 구매자집단, 특정시장을 집중적으로 공략하는 전략

4. I-message란 상대방의 행동이나 어떤 상황에 나의 감정과 생각을 표현하는 방식으로서, 솔직한 인상을 주고 고객과 상호이해를 증진시키는 화법

5. 마케팅 3C(Marketing 3C) 전략이란 표적시장 선점을 위하여 표적시장 매력도를 평가하기 위한 3가지의 전략적 분석이다.

① 고객(Customer) : 구매성향, 브랜드 등

② 경쟁사(Competitor) : 시장에서의 기업들 및 현재 경쟁상황 분석

③ 자사(Company) : 자사의 향후 전략 결정

제14장

국제금융

제1절 국제금융시장

1) 국제금융시장의 기능

① 국제적 대차의 결제 기능 : 국제무역거래, 자본거래, 용역거래 등에 있어 국제적 채권·채무 결제를 원활히 한다.

② 국제교역의 촉진 기능 : 국제무역거래에 수반되는 금융거래를 국제금융시장을 통해 활성화시켜 국제교역을 촉진한다.

③ 효율적 자금관리 기능 : 금융의 글로벌화에 따른 국제자금 관리기법의 발달로 효율적인 국제자금관리가 가능하다.

④ 국제유동성 과부족 조절 : 국가간의 국제수지 불균형으로 발생하는 국제유동성의 과부족이 국제금융시장을 통하여 수급 균형이 이루어진다.

2) 유로시장

금융자산이 특정국 통화로 표시되어 있을 경우 그 통화의 발행국 이외의 지역에서 금융거래가 일어나는 역외금융시장

3) 국제금융결제 제도

① SWIFT(Society for Worldwide Interbank Financial Telecommunication) : 국제적인

금융네트워크를 위한 국제통신기구. 1973년 벨기에 브뤼셀에 설치된 비영리기구

② CHIPS(Clearing House Interbank Payments System) : 1981년부터 은행들의 외환거래 결제수행, 뉴욕 소재.

③ Euroclear(Euroclear Clearance System Limited) : 1968년 설립된 증권보관 등의 민간 결제기구

④ Clearstream : 1970년 유럽주요은행들이 중심이 되어 설립. 유로채권의 결제·보관 업무 수행

⑤ TARGET(Trans-European Automated Real-Time Gross Settlement Express Transfer) : 범유럽통합결제시스템

⑥ EPM(European Central Bank Payment Mechanism) : 유럽중앙은행의 결제시스템

⑦ RTGS(Real-Time Gross Settlement : 단일통화가맹국의 실시간 총액 결제 시스템

제2절 외환시장

1. 환과 외환

① 환(換)이라 함은 일반적으로 현금의 수수없이 지불위탁 또는 채권양도에 의하여 원격지자 (遠隔地者)간에 발생한 채권·채무를 결제하는 방법을 말한다.

이러한 환의 원리를 국내에 적용한 경우가 내국환(domestic exchange)이고, 국제 간에 확장 적용한 경우가 외환이다. 즉 외환은 국제간의 거래에 의해 발생하는 대차관계를 현금의 수수에 의하지 않고 채권양도, 지불위탁에 의해서 결제하는 방법을 말한다. 또한 외환이라는 것은 은행을 통해 외국환어음이라는 수단에 의해 국제간의 대차관계를 결제하는 제도 내지 방법이다.

② 외환(外換)은 외국통화로 표시된 채권으로서의 일체의 대외지불수단을 가리키는 경우도 있다. 대외적으로 지급될 수 있는 외화표시 청구권, 즉 외화표시 은행권, 수표, 환어음, 은행잔고, 예금 등 외국화폐 및 그에 대한 청구권을 말한다.

■ 환어음을 수취한 수출업자가 (외국)환은행에 그것을 매각하여 채권을 회수하는 방법을 역환 (negotiation by draft)이라 한다.

2. 외환거래의 종류

외환은 크게 외국통화와 외환어음(bill of exchange)으로 나눌 수 있다. 외환어음은 현금이 아니지만 국제결제 신용수단 중에서 가장 대표적으로 이용되고 있으며, 송금환과 추심환으로 구분된다.

(1) 송금환과 추심환

① 송금환(bill of remittance) : 채무자가 은행으로 하여금 자기를 대신하여 채권자에게 대금을 지급하도록 위탁한 방식이다. 즉, 외환을 이용하여 자금을 보내는 방법이다.

② 추심환(collection exchange) : 채권자가 은행으로 하여금 자기를 대신하여 채무자로부터 대금을 지급받도록 위탁한 방식이다. 즉, 외환을 이용하여 자금을 청구하는 방법이다.

(2) 당발환과 타발환

① 당발환 : 거주자의 위탁으로 자금을 송부하거나 지급받기 위해 외국소재 타 은행에게 발행한 외환

② 타발환 : 외국에 있는 타 은행이 국내거주자에게 자금을 송부하거나 지급받기 위해 국내소재 자신의 거래은행에 대해 발행한 외환

(3) 매도환과 매입환

① 매도환 : 외국환은행이 원화를 수납하고 외환을 매도하는 것. 예) 수입어음결제

② 매입환 : 원화를 지급하고 외국환을 수납하는 것. 예) 수출환어음

(4) 현물환과 선물환

① 현물환 : 외국환 매매계약 성립 후 2영업일 이내에 결제가 이루어지는 거래

② 선물환 : 매매계약 성립 후 3영업일 이후의 특정일에 계약조건에 따라 결제가 이루어지는 거래

(5) 화환과 무화환

① 화환(documentary bill) : 어음할인시 선적서류가 첨부된 환으로 화물환 어음을 말한다.

② 무화환(non-documentary bill) : 어음할인시 선적서류가 첨부되지 않은 환으로 클린 빌 (clean bill)이라고도 한다.

제3절 외국환 업무

1. 외국환 업무

(1) 외국환의 종류

① 대외지급수단 : 외국통화, 외국통화로 표시되었거나 외국에서 사용할 수 있는 정부지폐, 은행권, 주화, 우편환, 신용장, 환어음, 약속어음

② 외화증권

③ 외화채권

(2) 외국환 업무의 특징

① 국제간의 거래 약속어음

② 외화(환율)의 개입

③ 외환매매익의 발생

④ 외국환의 관리

⑤ 복잡한 결제구조

(3) 외국환거래의 실명 확인

① 실명확인 대상 외국환거래의 종류 : 외화예금, 환전(외국통화 매입·매도, 여행자수표 판매), 당발송금, 타발송금, 당발추심(외화수표 매입)

  • 대리인에 의한 환전(법인의 경우) : 사업자등록증 및 대리인의 실명확인 증표와 대표자의 위임장 등에 의거 실명확인 후 확인한 날인(위임장 징구 보관)

② 실명확인 생략 : 계좌번호가 명기되어 송금된 경우 및 1백만원 상당 이하의 외국통화를 환전하는 경우

2. 환율

① 자국화표시 환율(직접표시법) : 외국통화 1단위와 교환될 자국통화 단위량을 표시. 예컨대 '1달러 = 1,000원'이다.
② 외화표시 환율(간접표시법) : 자국통화 1단위와 교환될 외국통화 단위량을 표시

3. 환율구조

① 한국은행 기준율 : 외환회계 및 외국환수수료 계산의 기준 ⇒ 전 영업일의 외국환은행간 매매율을 기준으로 가중평균(시장평균환율)
② 매매기준율 : 최근거래일의 외국환중개회사를 통해 거래가 이루어진 미화의 현물환 매매 중 익익영업일 결제거래에서 형성되는 율과 그 거래량을 가중평균하여 산출되는 시장평균 환율. 외환시장에서 환율고시 시점에 은행간에 거래되고 있는 환율이다.
③ 전신환매매율 : 외화 현찰거래를 수반하지 않는 대고객 외환거래
④ 현찰매매율 : 현찰거래 시 적용환율
⑤ 여행자수표 매도율
⑥ 수표매입률

$$외화수표원금 \times 수표매입율 = (외화수표원금 \times 전신환매입률) - 환가료$$

※ 환가료 : 대상금액 × 연환가료율 × (표준우편일수 ÷ 360) × 기준환율
환가료율 : 당해 통화 기간별 LIBOR금리 + 매입기간별 가산금리
표준우편일수 : 9일(JPY, HKD, SGD, MYR), 10일(기타통화)

4. 외국환 관리

1) 거주자와 비거주자

(1) 거주자

① 국민인 거주자

  ㉮ 국내에 주소 또는 거소를 둔 대한민국 국민

  ㉯ 재외공관에 근무할 목적으로 외국에 체재하고 있는 국민

  ㉰ 비거주자였던 자로서 국내에 입국하여 3개월 이상 체재 중인 자

② 외국인 거주자 : 국내에 있는 영업소, 사무소에 근무하거나 국내에서 영업활동에 종사하고 있는 외국인

③ 법인 거주자

  ㉮ 국내에 주된 사무소를 둔 법인 및 단체, 기관 기타 이에 준하는 조직체

  ㉯ 비거주자의 국내지점 · 출장소 · 기타사무소

  ㉰ 대한민국 재외공관

(2) 비거주자

① 국민인 비거주자

  ㉮ 외국에 있는 영업소 기타 사무소에서 근무하고 있는 국민

  ㉯ 2년이상 외국에 체재하고 있는 국민. 이 경우 귀국 목적으로 귀국하여 3개월 이내 기간 체재시 그 체재기간은 2년에 포함됨.

② 외국인 비거주자

  ㉮ 외국에 주소 또는 거소를 둔 외국인

  ㉯ 국내에 있는 외국 정부의 공관 또는 국제기구에 근무할 목적으로 파견되어, 국내에 체재중인 외교관 · 영사 또는 수행원이나 사용인

  ㉰ 대한민국과 미합중국간의 협정에 의한 미합중국 군대 등과 그 구성원 · 군속 · 초청계약자 및 그 가족

  ㉱ 거주자였던 외국인으로서, 출국하여 외국에서 3개월 이상 체재중인 자

③ 법인 비거주자

  ㉮ 국내에 있는 외국 정부의 공관과 국제기구

㉺ 외국에 있는 영업소 기타의 사무소

2) 외국환 매입

(1) 거주자로부터 외국환 매입

동 일자·동일인·동일점포 기준 미화 2만 달러 초과시 '취득경위입증서류'를 징구하여 외국환취득의 신고 등 대상여부인지 확인해야 함 ⇒ 매입금액이 1만 달러 초과시 국세청에 통보해야 함.

① 취득 경위 입증서류 : 외국환신고(확인)필증 또는 대외지급수단 매매 신고필증
   ■취득경위입증서류 생략 가능한 경우
     •미화 2만 달러 이하 매입시(동 일자·동일인·동일점포 기준)
     •정부, 지방자치단체, 외국환업무 취급기관 및 환전영업자로부터 매입하는 경우

(2) 비거주자로부터 외국환 매입(외국인거주자 포함)

동 일자·동일인·동일점포 기준 미화 2만 달러 초과 매입시 취득경위 입증서류를 제시받아 신고필증 금액범위 내에서 매입할 수 있음 ⇒ 매입금액이 1만 달러 초과시 국세청에 통보해야 함.

   ■취득경위 입증 서류 생략 가능한 경우
     •미화 2만 달러 이하 매입시(동 일자·동일인·동일점포 기준)
     •외교관, 국제기구, 미합중국 군대 등의 범위에 해당하는 자로부터의 매입

3) 외국환 매각

(1) 국민인 거주자에 대한 매각

① 인정된 거래 또는 지급(수입대금, 해외체재비 등)

② 거주자에게 소지 목적으로 매각

③ 거주자의 외화예금 예치 목적

④ 타 외국환은행에 이체 목적(단, 대외계정 및 비거주자 외화신탁계정으로의 이체의 경우에는 인정된 거래에 따른 지급)

(2) 외국인거주자에 대한 매각

① 외국환 매각실적 범위 내(매각실적이 없는 경우 미화 1만 달러 범위 내 일반여행 경비 명목의 매각 가능. 국내거주 5년 이상자는 매각실적 관계없이 가능)

② 국내에서 고용, 근무, 자영업 등으로부터 취득한 급여 또는 소득범위 내

③ 외국인 거주자가 국내로부터 지급받는 사회보험 및 보장급부 또는 연금 등의 범위 내

(3) 비거주자에 대한 매각

① 최근 입국일 이후 당해 체재기간 중 원화대가 외국환 매각 범위 내

② 외국환은행 해외지점 등에 대한 원화대가 외국환 매각 범위 내

③ 외국에서 발행된 신용카드 등으로 국내에서 원화 현금서비스를 받은 범위 내

④ 상기 실적이 없는 경우 최근 입국일자 이후 매각실적 여부를 확인하고, 미화 1만 달러 상당액 이내에서 매각가능하며 동 매각사실을 여권에 표시

4) 지급과 영수 등

(1) 지급과 영수

① 지급 : 은행을 통한 지급(당발송금)과 거래당사자가 휴대 반출하여 비거주자에게 지급하는 것

② 영수 : 거주자가 비거주자로부터 외환을 수취하는 것

※ 지급 등을 위해서는 허가 또는 신고사항 여부 확인, 거래외국환은행 지정항목 여부, 국세청장 통보대상 여부 확인 필요

(2) 지급증빙서류 제출 면제 거래

① 거주자의 연간 미화 5만 달러 이내 증빙서류 미제출 지급(거주자의 증여성 지급)

② 정부기관 또는 지방자치단체 지급

③ 거래 또는 행위가 발생하기 전에 하는 사전지급

(3) 지정거래은행을 통해 송금해야 하는 거래

① 거주자의 증빙서류 미제출 지급(거주자의 증여성 지급)

② 해외체재자의 체재비 등 지급(유학생 경비의 지급 등 포함)

③ 외국인근로자 등의 국내소득의 지급 및 연간 미화 5만 달러 이하의 지급

④ 거주자의 대북 투자

⑤ 현지금융

⑥ 해외지사 설치, 유지활동비 지급

⑦ 환전영업자

⑧ 외국기업의 국내지사 설치

⑨ 해외 직접투자

⑩ 거주자의 해외외화예금

⑪ 재외동포의 국내재산 반출

⑫ 거주자의 해외부동산 취득 및 매각

⑬ 해외이주비 지급

⑭ 단체 해외경비 지급

5) 환전

(1) 당발송금

국내송금인이 외국수취인에게 외화자금을 지급할 목적으로 외국환은행에 송금대전을 원화 또는 외화로 지급하고, 외국에 있는 은행을 지급은행으로 하여 외국의 수취인에게 송금하는 것

① 전신환 송금 : 통화별 해외예치 환거래은행에 전신(SWIFT 또는 Telex)문을 보내어 수취인이 계좌를 가지고 있거나 거래하는 수취은행 앞으로 대전을 지급지시하는 송금방법 ⇒ 거액, 신속성

⑦ SWIFT(The Society for Worldwide Interbank Financial Telecommunication) : 국제은행간 자금결제, Message 전송 및 교환을 처리하는 금융정보통신망.

⑭ 예치환거래은행(Depository Bank) : 거래상대국 은행과 상호계약이 체결된 외국환은행. 코레스(Correspondence) 은행이라고도 함.

⑭ 무예치환거래은행(Non-Depository Bank) : 환거래만 있는 은행

② 송금수표 : 수표발행은행으로부터 발행받은 송금수표(Demand Draft : D/D)를 직접 해외수취인에게 송부하고, 이를 받은 수취인이 거래은행에 제시하면 지급제시받은 은행은 수표상에 기재된 결제은행 앞 추심회부하여, 동 대전으로 수취인이 수표대금을 지급받는 방법

(2) 타발송금

해외송금은행이 환거래은행을 거쳐 국내 외국환은행을 지급은행으로 지정하여 보내오는 외화송금. 우편송금환, 전신송금환, 송금수표가 있음.

- 국민인 거주자의 미화 2만 달러 초과 타발송금 영수시 '영수확인서' 징구
① 미화 2만 달러 이하 영수 시 : 구두로 청취. 취득경위 입증서류 불필요.
② 미화 2만 달러 이상 영수 시 : 취득경위 입증서류 필요. 취득경위 입증서류 미제출 시 '영수확인서' 징구. 이전거래(증여성) 또는 자본거래 사유로 지급 가능
③ 외국통화 또는 외화표시(여행자)수표 매입 시 영수확인서 징구대상이 아님.
④ 수취인의 소재불명으로 송금된 날로부터 3영업일 이내에 영수 사유를 알 수 없는 경우에는 영수확인서의 징구를 생략하고 '이전거래'로 간주하여 3영업일 이후 지급 가능

(3) 외국통화 매매
① 외국통화 매입
  ㉮ 통화 확인(고시통화 여부, 현재 통용 여부, 위조 여부)
  ㉯ 매입신청서 및 취득경위 입증서류 접수
  ㉰ 실명확인
  ㉱ 전산 등록 및 매입대전 지급
    • 외화지급 : 현찰매입률 적용
    • 외화대체 : 대체료, 현찰수수료 등 수수료 징구
  ㉲ 외국환 매입증명서 발급 : 1회에 한
② 외국통화매도
  ㉮ 신청접수
  ㉯ 환전 거래유형별 유의사항
    • 국민인 거주자에 대한 일반여행경비 및 소지 목적
    • 일반여행경비환전 : 국민인 거주자 대상
      - 금액제한 없음.
      - 동일 일자, 동일인 기준 1만 달러 초과시 국세청에 통보
      - 휴대반출금액 1만 달러 초과시 본인이 관세청에 통보

- 소지목적환전 : 국민인 거주자 대상
  - 금액제한 없음.
  - 동일 일자, 동일인 기준 1만 달러 초과시 국세청에 통보
- 외국인 거주자 및 비거주자에게 외화를 매각할 수 있는 경우
  매각실적 범위 내
- 외국인거주자
  - 외환매각서 범위 내(영수증, 외국환 매입증명, 계산서 등)
  - 원본에 재환전 사실 표기
- 비거주자
  - 외환매각서 범위내(영수증, 외국환 매입증명, 계산서 등)
  - 원본에 재환전 사실 표기
  - 최근 입국일 이후 실적만 인정

③ 일반여행경비

㉮ 외국인 비거주자
- 미화 1만 달러(최근 입국일부터 체재기간 중)
- 여권에 환전사실 표기

㉯ 전산등록 및 매도대금 징수
- 원화로 징수시 : 현찰매도율
- 외화대체시 : 대체료, 현찰수수료 등의 수수료 징수

㉰ 위·변조 외국통화 발견시 조치사항
- 즉시 경찰서에 신고, 관련부서 및 한국은행 국제국 외환운영팀에 통보
- 소지인으로부터 압수하고 위·변조 외국통화보관증 교부
- 소지인의 인도 거부시 : 2년 이하의 징역 또는 500만원 이하의 벌금 부과

④ 여행자수표(traveller's check) 판매

㉮ 사용중 분실·도난시 재교부 가능

㉯ 원화징수시 : 여행자수표 매도율 적용

㉰ 외화징수시 : 판매대전 + T/C 판매수수료

㉱ 여행자수표 교부 : 여행자수표의 Holder 사인을 반드시 하여야 한다.
  ⇒ Holder 사인 및 Counter 사인 백지의 경우 재발급 불가능하다.

제4절 환율

1. 환율의 종류

1) 매도환율과 매입환율

① 매도환율 : ask rate, offer rate
② 매입환율 : bid rate, buying exchange rate

예컨대 미국의 A은행이 USD/JPY = 82.25 - 35 제시한 경우 : A은행은 1달러를 82.25엔에 매입하고, 82.35엔에 매도하겠다는 의사표시이다.

시간 절약을 위해 딜러들 간의 은행 간 거래에서는 USD/JPY = 25 - 35로 표시하기도 한다.

2) 교차환율과 재정환율

① 교차환율 : 자국통화가 개입되지 않은 외국통화 간의 환율
　예) 1달러 = 82.35엔
② 재정환율 : 자국통화와 특정통화(보통 미국 달러화) 간의 환율을 기준환율로 정한 후 이 기준환율과 외국통화 간의 교차환율을 이용하여 산출한 자국통화와 제3국 통화 간의 환율

3) 명목환율, 실질환율, 실효환율

① 명목환율 : 외환시장에서 시세에 의해 결정되는 환율
② 실질환율 : 타국과의 물가지수를 반영한 환율

$$실질환율 = (명목환율 \times 외국의\ 물가)\ /\ 한국의\ 물가$$

예제1 1달러는 1,000원, 한국 커피값 1컵 = 4,000원, 미국 커피값 1컵 = 2달러일 경우 실질 환율은?

풀이 (1,000원 × 2달러)/4,000원 = 0.5
⇒ 실질환율 증가율 = 명목환율증가율 + 외국물가상승율 - 한국물가상승율

예제2 2003년 미국의 물가상승율은 3%, 한국의 물가하락율은 5%, 대미 명목환율은 7% 하락시 대미 실질환율의 변동율은?

풀이 (-7%) + 3% - (-5%) = 1%

③ 실효환율 : 자국통화와 주요 교역상대국 통화 간의 환율을 무역비중으로 가중평균하여 지수형태로 산정하는 환율

2. 환율결정 이론

(1) 국제대차설
환율을 상품으로 보았을 때 외국화폐를 자국화폐로 표시한 가격(교환비율)이 환율을 의미하므로, 외환시장에서의 수요와 공급에 의해 결정된다는 설이다.

(2) 구매력평가설
환율은 두 나라 통화의 구매력에 의해 결정된다는 설이다. 일물일가의 법칙을 전제로 한다.

(3) 환심리설
환율변동은 심리적 요인에 의해 결정된다는 설이다.

(4) 기타
① 탄력성 접근법 : 환율변동의 경상수지에 대한 효과는 수출입 수요의 민감도 또는 가격탄력성의 크기에 의해 결정된다.

② 마샬-러너 조건(Marshall-Lerner condition) : 환율조정에 의한 국제수지의 개선이 이루어지기 위해서는, 자국의 외국상품에 대한 수입수요의 가격탄력성과 외국의 자국상품에 대한 수입수요의 가격탄력성의 합이 1보다 커야 한다.

③ J 곡선 효과(J-curve effect) : 환율의 평가절하 직후 경상수지는 곧바로 개선되지 않고 초기에는 일시적으로 악화되다가 시간이 경과함에 따라 서서히 개선되어 가는 효과를 말하며, 그래프가 J자 형태를 그리기 때문에 J 곡선 효과라고 한다. J 커브 효과라고도 한다.

3. 환율의 오버슈팅(overshooting)

오버슈팅은 재화나 금융자산 가격이 일시적으로 장기균형가격에서 이탈하거나, 단기균형가격의 변동이 장기균형가격변동보다 크게 나타나는 현상인데, 환율의 경우 현물환율이 장기균형환율에서 이탈하는 경우를 의미한다. 이와 반대의 현상은 언더슈팅(undershooting)이다.

4. 환율제도의 유형

■ IMF의 8가지 유형의 환율제도[1]

① 변화가 없는 환율제도 : 다른 국가의 통화가 법화(法貨)로서 유통되거나 통화동맹에 가입한 국가들이 단일통화를 사용하는 경우. (예) 파나마

② 통화위원회제도 : 자국의 화폐발행액을 외화준비자산에 연계하여 화폐소지자가 요구 시 고정된 환율로 외화준비자산과 교환할 수 있도록 하는 제도. (예) 도미니카, 에스토니아

③ 고정환율제도 : 자국통화의 환율을 주요국 통화 또는 복수통화바스켓에 대해 고정시키되, 중심환율의 상하 1% 범위 내에서 변동할 수 있도록 허용하는 제도. (예) 사우디아라비아, 아르헨티나, 베트남

④ 변동제한폭을 가진 고정환율제도 : 자국통화의 환율변동을 중심환율의 상하 일정범위 내로 제한하되, 변동범위가 1%보다 넓은 경우. (예) 슬로바키아, 시리아

⑤ 크롤링페크(Crawling Peg)제도 : 자국통화의 환율을 일정 수준에서 유지하면서 경제상황에 따라 환율을 정기적으로 조정할 수 있는 제도. (예) 중국, 이란

---

1) 한국금융연수원, 「국제금융기초」, 2010, 330~331면.

⑥ 크롤링 밴드(Crawling Band)제도 : 자국통화의 변동환율을 중심환율의 상하 일정범위 내에서 제한하되 경제상황에 따라 중심환율을 정기적으로 조정할 수 있는 제도

⑦ 관리변동환율제도 : 자국통화의 수준을 특정 수준으로 유지하는 것은 아니나, 정부가 경제상황에 따라 외환시장에 적극 개입하여 환율을 조정하는 경우. (예) 인도, 싱가포르, 말레이시아

⑧ 자유변동 환율제도 : 자국통화의 환율이 기본적으로 시장의 수급 사정에 의해 결정되고 정부는 환율의 급격한 변동을 완화시킬 경우에만 외환시장에 개입하는 경우. (예) 미국, 일본, 영국, 한국

제5절 국제수지

1) 국제수지

국제수지는 일정 기간중 국민경제의 거주자와 비거주자 사이에 일어난 모든 경제적 대외거래를 정리한 통계표이다.

2) 국제수지의 내용

국제수지표 : 경상수지, 자본수지, 준비자산의 증감, 오차 및 누락

(1) 경상수지

경상수지는 재화, 용역 및 소득거래 등 경상거래 결과를 나타내는 것으로서, 일국의 대외경쟁력을 나타내는 척도이며, 상품수지, 서비스수지, 소득수지, 경상이전 수지로 구분된다.

① 상품 수지 : 일정기간 상품의 수출 총액과 수입 총액의 차이

② 서비스 수지 : 거주자와 비거주자 간 서비스거래 결과 수입과 지출의 차이

③ 소득 수지 : 거주자가 외국에 단기간 머물면서 일한 대가로 받은 돈과 국내에 단기 고용된 비거주자에게 지급한 돈의 차이를 나타내는 급료 및 임금 수지, 거주자가 외국에 투자하여 벌어들인 배당금 이자와 비거주자에게 지급한 배당금 이자 차이를 나타내는 투자소득 수지로 구성

④ 경상이전 수지 : 개인송금, 기관송금, 무환수출입 등에 따른 외화수입과 외화지급의 차이

(2) 자본수지

외국으로부터의 차입 또는 투자유치의 방식으로 자본이 유입되고 외국에 대한 대출 및 투자실행 등의 방식으로 자본이 유출됨으로써 발생하는 외화의 수입과 지급의 차이로서, 투자계정과 기타 자본수지로 구성된다.
① 투자계정 : 직접투자, 증권투자, 파생금융상품, 기타 투자(무역신용 등)로 구성된다.
② 기타 자본수지 : 자본이전과 특허권 등 기타 자산의 취득 및 처분과 관련된 외화수입과 외화지급의 차이 등

(3) 준비자산의 증감

국제수지 작성기간 동안의 중앙은행 외환보유액의 변동분을 나타낸다. 거래적 요인에 의한 변동만을 포함하며, 환율요인에 의한 변동은 제외됨.

(4) 오차 및 누락

국제수지표를 작성하는데 이용되고 있는 다양한 기초통계들의 불일치를 조정하기 위한 항목

3) 고정환율제와 변동환율제의 통화정책과 재정정책

① 고정환율제 : 통화정책보다는 재정정책의 효과가 매우 크다.
② 변동환율제 : 재정정책보다는 통화정책의 효과가 매우 크다.

4) 대고객 매매율의 크기(은행 입장)

현찰매도율 〉여행자수표 매도율 〉전신환 매도율 〉매매기준율 〉전신환 매입률 〉여행자수표 매입률 〉현찰매입률

제6절 유로시장과 국제채권시장

1) 유로통화

통화 발행국 이외의 지역에서 거래되는 경우의 통화를 말함.

① 유로달러 : 미국 이외 지역에서 예치·운용되어 거래되는 미국 달러화

② 유로엔 : 일본 이외지역에서 예치·운용되어 거래되는 일본 엔화

※ '유로'라는 명칭은 초기 유럽지역에서 시작되었기 때문에 붙여진 것이지만, 이후로는 유럽 지역만을 의미하지 않고 보통명사가 되었다.

2) 유로시장(유로통화로 표시된 국제금융시장)

유로시장은 크게 유로통화시장과 유로채시장으로 구분된다.

(1) 유로통화시장(Eurocurrency market)

유로통화자금을 대상으로 역외에서 거래되는 간접금융거래 시장이다. 유로통화시장은 만기 1년 미만의 단기자금이 거래되는 유로단기시장(Euro-money market)과 만기 1년 이상의 중장기자금이 거래되는 유로대출시장(Eurocredit market)으로 구분된다.

유로대출시장에서는 신디케이트 대출시장의 비중이 크다. 신디케이트 대출(syndicated loan)이란 다수의 금융기관들이 차관단(syndicate)을 구성하고 각 금융기관이 분담하여 차주에게 동일한 조건으로 대규모 자금을 빌려주는 공동융자 방식의 대출을 말한다.

(2) 유로채시장

중장기 유로채권의 발행, 인수, 매매가 이루어지는 국제장기자본시장을 말한다.

3) 국제채권시장

국제채권시장은 국경을 넘어 채권이 발행, 유통되는 시장이다.

(1) 국제채

국제채는 차입자의 소재국 밖에서 발행·유통되는 채권으로 채권의 표시통화국과 발행지국 가와의 일치 여부에 따라 외국채와 유로채로 구분된다.

① 외국채 : 외국채는 외국차입자가 발행지 국가의 통화표시로 발행한 채권을 의미한다.

② 유로채 : 채권이 표시통화가 나타내는 국가 이외의 지역에서 발행 유통되는 채권을 의미한다.

(2) 국제채 발행 방법

① 공모(public offerings) : 국제인수단(underwriting sysdicate)이나 국제판매단(selling group)이 발행채권을 인수, 판매함으로써 광범위한 국제투자자들에게 신속한 매각이 가능하다.

② 사모(private placement) : 인수단을 구성하여 매각하는 것이 아니고, 제한된 범위의 일부 기관 및 개인투자가들을 대상으로 발행하며 거래소에 상장되지 않는다.

제7절 국제통화제도의 변천

1) 국제금본위제도와 고정환율제도 (1870~1944. 7.)

금본위제도는 통화단위를 순금의 일정한 중량으로 정해놓고 금화의 자유주조를 허용하며 지폐나 예금통화 등은 항상 아무런 제한없이 금화와 교환할 수 있는 제도이다. 금본위제도하의 환율제도는 자국환율을 금 평가 또는 영국파운드 등 금 평가에 고정된 다른 통화에 고정시키므로 기본적으로 고정환율제도라고 할 수 있다.

2) 브레튼우즈 체제와 조정가능 고정환율제도 (1944. 7.~1973. 3.)

제2차 세계대전후 새로운 국제통화질서를 회복하기 위해 연합국 44개국 대표회의가 1944. 7. 미국 뉴햄프셔주의 브레튼우즈(Bretton Woods)에서 개최되어, 국제통화기금(IMF)과 국제부흥개발은행(IBRD)의 설립을 확정하였다. 브레튼우즈 체제하의 환율제도는 단기적으로 IMF 가맹국의 평가유지의무를 통해 고정환율이 유지되는 고정환율제도이지만 장기적으로는 평가

조정이 가능한 조정가능 고정환율제도라고 할 수 있다.

3) 킹스턴 체제와 변동환율제도 (1973. 3. 이후)

1976년 1월 자메이카의 킹스턴에서 국제통화제도 개혁을 위한 IMF 협정 개혁안을 마련하였다. 킹스턴 체제는 변동환율제도의 인정, 금의 폐화, SDR의 기능과 이용도를 제고하는 결정을 하였다.

제8절 환위험

대내적인 환위험 관리 기법을 간단히 살펴보기로 한다.

1. 환위험 관리 기법

(1) 매칭
매칭(matching)이란 자금의 입출을 통화별, 시기별로 일치시킴으로써, 현금흐름에 따른 환위험이 서로 상쇄되도록 하는 방법이다.

(2) 리딩과 래깅
리딩(leading, 앞 당김)과 래깅(lagging, 지연)은 외화표시 자금 흐름의 시기를 환율변동 예측에 따라 인위적으로 조정하는 것을 의미한다.

(3) 네팅
네팅(netting)은 본·지점 간 또는 본·지사 간 발생하는 채권·채무를 개별적으로 결제하지 않고, 일정한 기간이 경과한 후 상계하여 차액만 결제하는 제도이다.

(4) 할인

수출업자는 수출환어음을 은행에 어음만기 이전에 할인(discounting) 매각함으로써, 환위험을 회피하여 수출대금을 조기에 회수할 수 있다.

(5) 국제팩터링

수출대금을 환어음의 매입 또는 추심방법에 의하여 결제하지 않고 전문적인 채권회수업자(은행, 여신전문기관 등)에게 외상채권을 매각하고, 채권회수업자는 수입상으로부터 물품대금을 면제받아 수출상에게 지급하는 제도이다.

2. VaR(Value at Risk)

원화로 표시된 VaR 값은 다음과 같이 측정된다.

$$\text{VaR} = \text{노출규모 외화 1단위당 예상되는 최대 환율변동폭}$$
$$= N \times z \times \sigma \times \sqrt{T} \times S$$

N : 노출규모
z : 신뢰수준값
σ : 표준편차
T : 일수, S=환율

예제 홍길동이라는 투자자는 1,000달러를 보유중이다. 환율은 1달러가 1,000원, 표준편차(σ)는 0.2로 가정할 경우 95% 신뢰수준에서 홍길동이 보유한 1,000달러의 1일간 최대 손실위험(Var)을 나타낸 산식은? (참고 : 95% 신뢰수준에서 표준편차수(α)=1.65임)

풀이 VaR = 1,000달러 × 1.65 × 0.2 × $\sqrt{1}$ × 1,000원 = 330,000원

연습문제

문제1 다음 문제를 읽고 ○, X로 답하시오.
1. 외국통화 1 단위와 교환될 자국통화 단위량을 표시하는 것은 간접표시법이다. (   )
2. 주일한국대사관에 근무하는 한국인은 비거주자이다. (   )
3. 6개월 이상 국내에 체재하고 있는 외국인은 거주자로 본다. (   )

풀 이 1. X ⇒ 직접표시법이다. 자국화표시환율로 '1달러=1,000원'의 표기방식이다.
2. X ⇒ 거주자이다.   3. ○

문제2 다음 내용을 읽고 (   ) 안에 적절한 내용을 기재하시오.
1. 서비스수지는 (   )수지에 속한다.
2. 투자수지는 (   )수지에 속한다.
3. 환율상승과 국제수지의 개선 사이에는 시차가 존재한다. 이를 (   )라고 한다.
4. 외국환은행이 동일 영업점, 동일자, 동일인 기준 미화 (   )달러 초과 매입시에는 취득경위 입증서류를 징구한다.

풀 이 1. 경상   2. 자본수지
3. J커브효과   4. 2만

문제3 다음 문제에 대해 적당한 답을 선택하시오.
1. 국제수지표에서 경상수지에 포함되지 않는 것은? (   )
   ① 투자 수지   ② 서비스 수지
   ③ 상품 수지   ④ 소득 수지
2. 경기가 침체기에 있고 실업이 증가중인 경우에 대한 설명으로서, 가장 적절한 것은? (   )
   ① 변동환율제하에서는 확대재정정책이 매우 효과적이다.
   ② 변동환율제하에서는 확대금융정책이 매우 효과적이다.

③ 고정환율제하에서는 확대금융정책이 매우 효과적이다.

④ 고정환율제하에서는 확대금융정책이나 확대재정정책 그 어느 것도 정책의 효과가 별로 없다.

3. 「자국통화가 개입되지 않은 외국통화간의 환율이 (　)이다.」(　)안에 적절한 것은? (　)

① 교차환율 　　　　　　　　　　② 재정환율

③ 기준환율 　　　　　　　　　　④ 국제환율

4. 외국환거래법상 거주자가 아닌 것은? (　)

① 국민인 비거주자가 국내에 입국하여 3개월 이상 체재하는 자

② 6개월 이상 국내에 체재하고 있는 외국인

③ 외국에 있는 국제기구에서 근무하고 있는 국민

④ 대한민국 재외공관에 근무할 목적으로 외국에 파견되어 체재하고 있는 국민

풀이

1. ①　　　　　　　　　　　　　2. ②

3. ①　　　　　　　　　　　　　4. ③

문제4 다음 문제를 약술하시오.

1. 당발송금

2. 타발송금

3. 매매기준율

풀이

1. 당발송금은 국내 송금인이 외화자금을 지급할 목적으로 외국환은행에 송금대전을 원화 또는 외화로 지급하고, 외국에 있는 은행을 지급은행으로 하여 외국수취인에게 송금하는 것을 말한다.

2. 타발송금은 해외 송금은행이 환거래은행을 거쳐 국내외국환은행을 지급은행으로 하여 보내오는 외화송금을 말한다.

3. 매매기준율은 외환시장에서 환율고시 시점에 은행 간에 거래되고 있는 환율을 말한다. 한국은행 기준환율을 제외한 모든 환율 산정의 기본이다.

제15장

핵심 금융 실무지식 Q & A

제1절 은행업무 관련

1. 핵심 사항 (Hot Issues)

1. 전 금융기관에 대하여 본인의 금융거래의 일괄조회가 가능한가?

해답 불가능하다. 금융실명거래 및 비밀보장에 관한 법률(= 예금자비밀보호법 제4조)에 의하여 전금융기관의 예금현황에 대하여 일괄조회하는 제도는 없다. 현재 조회 가능한 금융거래대상은 피상속인, 실종자, 금치산자에 한하여 각 금융기관별로 조회요청을 하는 것이다. 법원의 압수수색에 의한 영장이 발부되는 경우에도 각 금융기관별로 집행해야 한다.(금융실명거래 및 비밀보장에 관한 법률 제4조)

2. 미성년자와의 금융거래시 부모 일방과의 거래는 유효한가?

해답 유효하지 않다. 친권은 원칙적으로 부모가 공동으로 행사해야 유효하다(민법 제928조). 다만 은행에서 부 또는 모의 의견이 틀리다는 사실을 알지 못하고 은행에 내점한 부 또는 모가 친권을 부모의 공동명의로 행사한 때에는 유효한 친권행사로 인정된다.(민법 제928조)

3. 계좌 착오 송금시 은행을 상대로 오(誤)입금의 반환청구를 할 수 있는가?

해답 가능하지 않다. 은행은 송금 의뢰인에게 돈을 돌려줄 의무가 없다. 송금의뢰인(A회사)이 수취인(C회사)의 예금구좌에 계좌이체를 한 때에는, 이들 사이에 계좌이체의 원인인 법률관계가 존재하는지 여부에 관계없이 수취인과 은행 사이에는 계좌이체금액 상당의 예금계약이 성립하고, 수취인이 은행에 대해 예금채권을 취득한다고 해석된다. 송금의뢰인과 수취인 사이에 계좌이체의 원인이 되는 법률관계가 존재하지 않음에도 불구하고, 계좌이체에 의해 수취인이 계좌이체금액 상당의 예금채권을 취득한 경우에는 송금의뢰인은 수취인에 대해 부당이득반환청구권을 가지게 되지만, 은행은 이익을 얻은 것이 없으므로 은행에 대한 부당이득반환청구권을 갖지 못한다.

4. 지연인출제도란 무엇인가?

해답 금융 당국이 보이스피싱 근절을 위해 2012년 6월 도입한 제도이다. 300만원 이상의 현금이 입금된 통장에서 자동화기기(CD/ATM기 등)를 통해 현금카드 등으로 출금할 경우에 입금 시점을 기준으로 10분간 출금을 지연시키는 제도다. 지연인출제도를 시행하는 금융회사는 입출금이 자유로운 요구불예금을 취급하는 은행, 우체국, 농·수·축협 및 산림조합, 새마을금고, 저축은행, 일부 증권사 등이다

5. 2채널 인증서비스란 무엇인가?

해답 하나은행이 전자금융사기 등을 통한 인터넷뱅킹 불법거래 피해를 예방하기 위해 개발한 것으로서, 기존에 PC라는 한 개의 채널에서만 가능했던 인터넷뱅킹 본인인증을 PC와 스마트폰이라는 두 개의 채널에서 인증토록 한 것이다. 이를 통해 PC만으로는 계좌이체를 할 수 없도록 되었으며, 보안이 대폭 강화되었다. 이 서비스를 이용하면 고객들은 본인 스마트폰을 통해 애플리케이션을 실행시키고 입력해야만 이체를 할 수 있다.

6. 자기앞수표 배서방식에 있어 성명, 전화번호 외에 주민등록번호를 적어야 하는지?

해답 주민등록번호를 적지 않아도 된다. 수표법 제16조에 의해 일반상거래시 수표의 소지인이 제3자에게 수표를 양도하기 위해 배서하는 경우 최소한 수표 등에 기명날인 또는 서명이 반드시 있어야 하지만, 주민등록번호가 반드시 기재되어야 하는 것은 아니다.(수표법 제14조, 어음법 제13조), (대법원 1987. 8. 18. 선고 86다2502)

7. 보증기간 자동연장의 효력이 보증인에게 미치는지?

해답 이 경우 보증채무는 없게 된다. 은행에서 보증인 등록 누락으로 자동연장된 계약은 무효이다. 즉 연대보증기간 자동연장조항은 약관의 규제에 관한 법률에 위반되어 무효이다.(약관의 규제에 관한 법률 제9조), (대법원 2003. 8. 19. 선고 2003다11516)

8. 주식회사 임원으로 재직중, 법인여신에 연대보증한 건이 있는데 금번 퇴사를 이유로 보증해지가 가능한지?

해답 가능하다. 회사의 이사로서 회사채무를 연대보증한 경우 퇴직을 사유로 이사의 직위 상실시 보증계약을 해지할 수 있다.(대법원 판례 1993. 5. 27. 선고 93다4656)

9. 은행에서 법원의 판결없이 차주(借主)의 연체대출금과 보증인의 예금을 임의로 상계할 수 있는지?

해답 연대보증인에게 사전통지하면 임의상계할 수 있다. 단, 기한이익 상실 및 상계 통지시에는 보증인에게 사전 통지를 해야 한다. 은행여신거래기본약관 및 대출거래약정서에 의거, 연대보증인은 차주와 연대하여 공동으로 대출금 상환책임을 지므로 은행은 보증인의 예금을 차주의 연체대출금과 상계할 수 있다. 단, 은행은 대출금의 기한의 이익을 상실시킬 때에는 연대보증인에게 15일이내에, 보증인의 예금을 차주의 대출금과 상계할 경우에는 사전에, 각각 연대보증인에게 통보하여야 한다.(은행여신거래기본약관 제8조)

10. 금융기관 전체에 대한 휴면계좌 조회방법 및 사망자의 휴면계좌 조회방법은?

해답 전국은행연합회 홈페이지 또는 생명보험협회, 손해보험협회 홈페이지를 통하여 제공된다. 은행에 인터넷뱅킹을 신청한 후 공인인증서를 발급받고 이용하면 조회가 가능하다.

11. 대출연장 심사 시에 은행이 고객의 타 금융기관 실적(대출, 보증)을 조회하는 것은 부당한 것이 아닌지?

해답 부당하다고 볼 수 없다. 대출연장 시 은행은 고객신용도에 대하여 재평가를 하게 되며, 이러한 고객신용도 평가는 소득, 채무상환 능력뿐 아니라 타 금융기관과의 대출 및 연체실적도 고려될 수 있고 이는 은행이 자율적으로 결정할 사항이다.

12. 상호변경 시 거래 중인 은행에 신고해야 하는지?

해답 신고해야 한다. 현행 예금거래기본약관에 의하면 상호변경 등 변경사항이 있을시 거래처는 은행에 서면으로 신고해야 하며, 은행은 이를 접수한 후 전산처리를 행하여 상호를 변경해야 한다. 은행이 예금거래처의 상호를 임의로 변경하는 것은 불가하다.(은행예금거래 기본약관 제13조)

13. 채무자가 버젓이 정상영업중인데, 연대보증인에 대하여 가압류가 들어오는 경우 이것을 중단시킬 방법이 없는지?

해답 없다. 연대보증인에게는 최고와 검색의 항변권 및 분별의 이익이 없으므로, 연대보증인은 주채무자와 동일한 이행채무가 있다.(민법 제437조)

14. 본인은 신용불량자인데 급여통장을 만들려고 한다. 압류가 금지되는 채권(법적으로 압류금지채권)을 개설할 수 있는지?

해답 신용불량자도 예금통장을 개설할 수는 있다. 하지만, 채권자가 법원의 압류명령에 따라 동 계좌를 압류할 경우 예금주는 인출할 수 없다.

15. 정수기, 학습지 등 제공회사에 대하여 CMS 자동이체 취소요청을 하였으나 계속해서 인출해 가는데 어떻게 해야 하는지?

해답 이용기관 또는 참가 은행은 각기 CMS 이용해지 신청을 할 수 있다. 따라서 이용기관이 이용해지 신청을 제대로 처리하지 않으면 은행에 대하여 이용해지 요청을 해 볼 필요가 있다. CMS 이용약관 제23조에 따르면 이용기관은 고객의 이용 해지 신청 시 어떤 이유로도 거절할 수 없으며, 참가 은행은 고객의 해지 신청시 이용기관의 불능처리 여부에 관계없이 해지 처리해야만 한다. 모두 여의치 않으면 금융결제원에 이의를 제기할 수 있다. 만약 이용기관이 CMS이용약관을 위반한 경우 금융결제원은 해당 이용기관의 CMS 이용승인을 해지할 수 있다.(CMS약관 제23조)

16. 연체이자 계산시 연체기간동안 갚아야 할 금액에 대한 이자가 아닌 원리금 전체에 대한 연체이자를 적용하는 것이 정당한지?

해답 정당하지 않다. 은행여신거래기본약관(제7조) 및 개별약정서 등에 의하면 분할상환금 또는 분할상환원리금의 지급이 2회이상 연속하여 지체한 때에는 기한의 이익을 상실하고, 그 때부터 대출금 잔액에 대하여 지연배상금(연체이자)을 지급하여야 한다.

17. 민원인은 지인이 모은행에 대출을 신청하였으나 동일인 대출한도를 초과하자 이를 회피하기 위하여 금융기관 양해 하에 형식상 민원인의 명의를 빌려주고 사례비로 소정금액을 받았다. 이후 대출 부실에 따른 상환 독촉을 받고 있는데, 어떻게 해야 하는가?

해답 대출당사자 및 제3자 명의인이 통정한 허위의 의사표시에 의한 대출로 무효이다.(대법원 2001. 2. 23. 선고 2000다65864 판결 참조)

18. 주택자금 대출을 은행에서 변동금리로 받아 쓰고 있는데, 이자를 낼 때 확인해 보니 전월보다 1% 높게 이자를 받고 있는데, 이자를 올릴 경우 대출자에게 통보해야 하는게 아닌지?

해답 변동금리대출의 경우 대출자에게 개별 통지하여야 하는 것은 아니다. 대출당시 수시로 변경할 수 있는 변동이율로 약정하였다면 변경 기준일로부터 1개월간 모든 영업점 및 은행이 정하는 전자매체 등에 이를 게시하여야 한다. 고정금리인 경우에는 현저한 사정변경이 생긴 때, 채무자에게 개별통지하고 변경할 수 있다.

19. 약속어음 50백만원을 피사취 부도 당한 후 담보금이 은행에 예치되어 있는 것을 확인하고 발행자와 배서인을 상대로 소송을 하였는데, 은행에서는 부도일로부터 6개월이 경과하였다고 어음 발행인에게 담보금을 지급하였다. 약속어음금 취소소송을 부도일로부터 6개월 내에 접수시켰고, 판결문도 갖고 있는데 담보금을 지급받을 수 있는지?

해답 법원에 제소한 날이 부도일로부터 6개월 이전이고, 법원에서 은행에 통보한 사실이 있고 이를 수령한 것이 확인되며, 6개월이 지난후에 청구소송에서 승소하였다면 은행은 담보금을 지급하여야 한다.(어음교환 업무규약시행세칙 제118조)

20. 민원인 갑이 교환 제시한 약속어음이 있음에도, 은행 담당자가 발행인의 당좌예금 지급에 응함으로써 민원인이 교환 회부한 약속어음이 예금부족으로 부도 처리되었으므로 은행에서 부도금액에 대한 손해배상책임을 져야 한다고 주장하는데 은행의 책임 여부는?

해답 은행은 책임이 없다. 지급장소를 은행으로 하여 발행되는 이른바 은행도약속어음은 발행인이 지급장소로 기재한 거래은행에 대하여 발행인의 당좌예금계좌에서 위 약속어음을 지급하여 줄 것을 요청하는 단순한 지급위탁어음으로서, 은행은 약속어음의 소지인에 대하여 약속어음금의 지급의무 또는 약속어음금의 지급과 관련한 어떠한 주의의무를 진다고 할 수 없다. 은행이 어음발행인의 요청에 따라 당좌예금잔고의 대부분을 우선 지급하고 교환 제시된 약속어음을 예금부족으로 지급거절하였다고 하여 은행의 그와 같은 행위가 곧 불법행위를 구성한다고 볼 수 없으므로 손해배상의 의무가 없다. 당좌예금의 법적성질은 위임계약이다.

21. 금융기관에 대해 연체중인데 은행연합회에 연체정보가 등록되어 있지 않다. 그 이유는?

해답
은행연합회에 등록되는 연체정보는 신용정보규약상의 금융기관에서 발생된 3개월 이상된 정보만 등록된다. 금융기관에 연체중인데 신용정보 조회 시 '연체정보' 항목에 '해당 내용 없음'이라고 나온다면, ① 50만원 이하의 연체가 1건인 경우, ② 등록된 연체정보가 8년이 경과되어 기간경과로 전산에서 삭제된 경우, ③ 동 채무를 채권금융기관이 전문채권추심회사나 제3금융기관에 매각한 경우 중 하나이다.

22. 금융기관에 대한 채무를 갚은 적이 없는데 채무가 조회되지 않는다면, 어디에서 채무확인을 할 수 있는지?

해답
금융기관 채무를 갚은 적이 없는데 채무가 조회되지 않는다면, 상환하지 않은 채 8년이 경과되었거나 채권금융기관이 채무를 변제받을 수 없다고 판단하여 동 채무를 다른 금융기관에 매각한 경우이다.

채권을 매각한 금융기관은 채무를 매수기관으로부터 변제를 받았으므로 은행연합회에 연체정보로 등록되어 있던 연체기록에 대해 해제처리를 한다. 다행히 신용정보관리규약상의 금융기관에 매각했을 경우에는 매수기관에서 재등록하게 되어 있어 신용정보 조회시 확인이 가능하지만, 제3금융권(사채업자, 유동화회사 등)에 매각되었다면 이를 알 수 없다. 은행연합회는 신용정보관리규약상의 금융기관에서 발생된 신용정보만 집중관리하고 있기 때문이다. 따라서 제3금융권 등에 매각되었을 경우라면 원래의 채권금융기관에 문의를 해 보아야 한다.

23. 은행에서 대출을 받으면서 대출신청서에 년 8% 고정금리로 하였는데 대출기한이 되지도 않았음에도 대출금리가 11%로 변경되었다는 통보를 받았다. 고정금리로 대출을 받았는데, 금리변경이 가능한지?

해답 고정금리라고 하더라도 '개별약정서에 약정당시 정해진 이율은 당해 거래기간동안 일방 당사자가 임의로 변경하지 않는다'라는 조항을 명시하지 않았다면 금리변경이 가능하다.

고정금리방식에 의한 금리의 결정과 계약자 일방에게 금리변경권을 부여하는 것이 상호 모순되는 관계에 있지 아니하므로, 고정금리방식으로 금리를 결정하기로 합의하였다고 하여 금융기관에게 금리변경권을 부여하는 약관의 적용이 당연히 배제되는 것은 아니다. (대법원 2001. 12. 11. 선고 2001다61852 판결, 대법원 2001. 3. 9. 선고 2000다67235 판결) · (민법 제105조, 약관의 규제에 관한 법률 제4조, 여신거래기본약관 제3조)

24. 고정 이하 여신과 무수익여신이란 무엇인가?

해답 자산건전성 분류에는 정상, 요주의, 고정, 회수의문, 추정손실이 있는데, 고정이하 여신은 고정, 회수의문, 추정손실로 분류된 여신의 합계이다. 무수익여신은 3개월 이상 연체여신과 이자 미계상 여신의 합계이다.

고정 이하 여신은 미래채무상환능력에 주안점을 두어 현재는 이자가 발생하더라도 신용도가 악화되어 채권회수에 위험이 존재한다고 판단되면 고정 이하로 분류된다. 미래 채무상환능력 악화로 인한 고정여신도 현재 이자가 발생하면 무수익여신에서 제외된다.

• 무수익여신 = 고정 이하 여신 – 채무상환능력악화 고정 분류 여신
+ 요주의 이자 미계상 여신

25. 아파트를 구입하면서 자금이 부족하여 매도인의 대출을 승계하는 조건으로 매매계약을 원할 경우 관련 은행이 거부할 수 있는지?

해답 대출승계를 받아들일지 여부는 은행의 판단에 달려 있다.

대출승계 받는 사람의 신용도가 나쁠 경우 거부할 수도 있다. 부동산매매계약을 하였다고 채무인수가 그대로 되는 것은 아니고, 대출신규계약과 동일하게 대출심사를 통하여 채무인수 여부가 결정된다.

26. 장기주택마련저축, 연금신탁 등 가입후 소득공제, 비과세, 약정이율을 받을 수 있는 조세특례제한법 시행령 상의 특별 중도해지 사유는?

해답 사망, 해외이주, 해산결의, 파산신고, 3월 이상 상해, 질병, 천재지변, 주택취득, 퇴직, 폐업

27. 전 금융기관에 대해 본인의 금융거래내역의 일괄조회가 가능한지?

해답 불가능하다. 단, 상속인 조회에 한하여 상속인으로부터 신청을 받아 거래금융기관을 알아 볼 수 있다. 본인의 금융거래내역은 각 개별금융회사에 문의를 해야 한다. 참고로 부채현황에 대해서는 한국신용정보(주)에서 일괄조회가 가능하다. 보험가입내역은 생명보험협회, 손해보험협회에서 가입조회가 가능하다.

28. 특정 카드사의 카드를 모두 해지했는데 해당 카드사가 개인의 신용정보를 보유할 수 있는지?

해답 해지 후에도 보유 가능하다.
카드사는 자사 회원이었던 기간 중 신용거래정보(카드 사용내역 및 연체내역)와 연체정보를 보유하고 있고, 이는 추후 고객이 금융거래를 재개할 경우 고객신용도 산정을 위한 기초자료로 필요하고 민원처리 목적을 위해서도 필요하다. 신용정보의 이용 및 보호에 관한 법률에서도 이를 제한하지 않고 있다. 다만, 해지이후에 제3자에게 개인의 정보를 제공하거나 신용정보회사 등에 제공하는 것은 엄격히 제한되고 있다.(신용정보의 이용 및 보호에 관한 법률 제27조)

29. 카드사의 청구서를 수령하지 못해 부득이하게 카드대금이 연체되었다면 그 책임은 카드사에 있는지?

해답 카드사에 책임이 없다.
청구서 발송은 의무사항이 아니며 회원에 대한 일종의 서비스이다. 신용카드를 이용한 회원이 결제대금 상환에 대한 책임이 있으므로, 결제내역과 결제금액을 약정된 결제일 이전에 확인하고 변제하여야 한다.

30. 개인사업자가 사업자등록증을 실명확인증표로 사용 가능한지?

해답 불가능하다. 개인사업자는 법인이 아니므로 개인의 실명확인증표로 실명확인해야 하며 사업자등록증으로는 사용하지 못한다.

31. 주민등록증이 없을 경우 '사원증+주민등록(등)초본'을 실명확인증표로 사용 가능한지?

해답 불가능하다. 사원증 +주민등록(등)초본, 실명확인증표의 사본, 유효기간이 지난 실명확인증표는 모두 사용이 불가능하다.

32. Key-In 가맹점이란?

해답 카드 실물을 단말기(CAT기, credit authorization terminal : 크레디트 카드의 신용도를 문의하는 단말기. 크레디트 카드에 표시된 발행회사, 회원번호 등을 자동적으로 판독하고, 통신 회선을 통하여 카드 발행회사로부터 소지자에 대한 신용도를 알아낸다)에 통과시키지 않고 카드번호 등을 직접 입력(Key-In)하여 승인을 받을 수 있도록 허가된 가맹점을 말하며, 대면(對面)거래를 전제로 한다.

33. 수기특약 가맹점이란?

해답 가맹점과 직접 대면하지 않고 카드정보 제공을 통해 거래할 수 있는 가맹점을 말한다. 카드번호, 유효기간 등 신용정보 유출에 의한 도용의 리스크가 있다.

34. 할부 항변권의 행사란?

해답 할부로 구매한 상품 또는 서비스의 대가가 20만원 이상이고 하자가 있을 경우 잔여할부금의 지급을 거절하는 것이다. 하자는 할부계약의 무효·취소·해제, 회원에게 전부 또는 일부가 인도 또는 제공되지 않을 경우, 가맹점이 하자담보책임을 이행하지 않을 경우, 기타 가맹점의 채무불이행 등이다.

35. 매수인의 철회권 행사란?

해답 할부거래 시 7일 이내에는 계약철회 요청권이 있고, 판매자와 신용카드사에 내용증명 우편발송을 통해 매출의 철회를 요청할 수 있다. 단, 10만원 이하(여신전문금융업법에 의한 신용카드 사용 시에는 20만원 이하)의 할부계약 시에는 철회권 행사가 불가능하다.(할부거래에 관한 법률 제4조)

36. 타인이 나의 명의를 도용하여 신용카드를 발급받았다. 카드이용대금 청구가 들어오는데 갚아야 하는지?

> **해답**　제3자가 본인의 명의를 도용하여 신용카드 발급을 신청하고 카드가 발급되었다면 무권대리행위로 본인에게 효력이 미치지 않아 변제의무가 없다.

37. 연체정보를 조회해 보면 연체금액과 등록금액으로 구분되어 있다. 실제로 갚아야 할 것은 어느 것인가?

> **해답**　실제 갚아야 할 채무금액은 직접 해당 기관에 확인해 보아야 한다.
> 신용정보 조회 시 대출금 등록금액은 등록 당시의 잔여 대출원금이며 카드대금의 경우 일시불 및 현금서비스는 등록시점의 미결제원금이다. 카드대금 할부는 할부대금 전체금액을 등록금액으로 한다. 연체금액은 실제로 연체된 금액이고 금액변동 시 정정하도록 되어 있다. 단, 전국은행연합회 정보의 연체금액은 등록금액보다 더 많은 액수는 등록되지 않게 되어 있으며, 변동사항이 생기면 수시로 정정·변경되므로 실제 갚아야 할 채무금액은 직접 해당 기관에 확인해야 한다.

38. 할부거래 시 기한의 이익이 상실되는 경우는?

> **해답**　할부금을 다음 지급기일까지 연속하여 2회 이상 지급하지 아니하고, 그 지급하지 아니한 금액이 할부가격의 100분의 10을 초과하는 경우 등이다.

2. 은행업무 일반 (General Issues)

1. 최근 대출을 신청하였는데 2년 전에 신용정보를 조회한 기록이 있어 대출을 받을 수 없다고 하는데 과거 조회기록을 현재 신용에 반영하는 것은 부당하다고 생각되는데, 과거 조회기록 삭제가 가능한가?

> **해답**　은행의 판단에 달려 있다. 신용정보의 이용 및 보호에 관한 법률 제20조에 의거 대출실행 여부와 관계없이 신용정보 조회 기록은 해당 금융기관이 적법하게 (3) 년간 보존할 수 있다.

2. 신청인 갑은 거래처로부터 수령한 약속어음을 분실하여 법원의 제권판결문을 은행에 제출하였으나 지급거절되었다. 부당한 행위가 아닌지?

해답 당좌수표나 약속어음을 분실하여 사고신고담보금을 예치한 사고신고인이 제권판결을 득한 경우에는 제권판결문 제출 후 (1)개월이 경과한 후에 사고신고담보금을 지급하도록 어음교환업무규약시행세칙에서 정하고 있다. 이는 제권판결에 대한 불복의 소를 제기할 수 있는 기간이 제권판결이 있음을 안 날로부터 (1)개월로 규정하고 있음을 감안한 것이다.

3. 급여채권과 최저생계비에 대한 압류집행이 가능한지?

해답 민사집행법 제246조 1항 4호와 5호는 '급료·연금·봉급·상여금·퇴직연금, 그 밖에 이와 비슷한 성질을 가진 급여채권의 (1/2)에 해당하는 금액', '퇴직금', 그 밖에 이와 비슷한 성질을 가진 급여채권의 (1/2)에 해당하는 금액을 압류금지채권으로 규정하고 있다. 압류에 있어서는 최저생계비에 해당하는 월 (120만원)까지만 압류할 수 있다.

4. 카드사와의 거래정보 중 일부를 삭제하고 싶은데 거부되었다. 일부삭제가 불가능한지?

해답 카드사가 카드 고객의 거래내역 삭제요구에 응하여야 할 법적의무는 없다. 다만, 탈퇴회원인 경우에는 카드사별로 조치하고 있는데, 이 또한 의무사항은 아니다. 현행 상법 제33조에 의하면 상인은 (10년)간 상업장부와 영업에 관한 중요서류를 보존하며, 전표 또는 이와 유사한 서류는 (5년)간 보존하도록 되어 있다.

5. 카드의 유효기간이 경과하면 카드가 자동으로 재발급되어 발송되는지, 처리기준은 무엇인가?

해답 현행 여신전문금융업법 시행령에서는 갱신예정일 전 (6)월 이내에 사용된 적이 있는 신용카드·직불카드는 갱신예정일로부터 1개월 이전에 당해 신용카드·직불카드 회원으로부터 이의제기가 없는 경우에 한해 신용카드.직불카드를 갱신 발급할 수 있다고 정하고 있다. 갱신예정일 전 (6)월 이내에 사용된 적이 없는 신용카드·직불카드는 서면동의(또는 전자서명법에 의한 공인전자서명)를 얻어야만 신용카드·직불카드를 갱신 발급할 수 있다.

6. 협의 통화인 M_1은 '민간보유 현금 + (   )'이다. (   )에는 요구불예금, 수시입출금식예금
   이 있다.

   해답 결제성 예금

7. 광의통화인 M_2는 M_1 + 정기예적금 + 시장형 금융상품 + (   ) + 금융채 및 기타예금이
   다.

   해답 실적배당형 금융상품

8. 금융기관유동성(Lf)는 M_2 + (   )년 이상 장기금융상품 + 생명보험계약준비금, RP, 금융
   채 + 증권금융회사예수금(투자자예탁금 등)

   해답 2

9. 본원통화는 (   ) + 지급준비예치금이다.

   해답 화폐발행액

10. 주민등록증 미발급자의 실명확인증표는 '주민등록등본 + (   )'이다.

    해답 법정대리인의 실명확인증표

11. (   )만원 이하의 원화송금(무통장입금 포함)과 (   )만원 이하에 상당하는 외국통화 매
    입·매각은 실명확인 생략이 가능하다.

    해답 100

12. 국내은행들이 제공한 정보를 바탕으로 전국은행연합회가 편제하고 있는 금리는 (   )이
    고 가계주택담보대출금리, CD금리의 역할을 대체하고 있다.

    해답 COFIX(cost of fund index)
    코픽스(cost of fund index)는 은행의 자금 조달 비용을 반영한 새로운 대출 기준금리
    를 말한다. 종전에 은행권에서는 주택담보대출 시 CD금리를 기준금리로 사용하고, 여

기에다 각 은행이 관리 비용, 신용도, 기간 프리미엄 및 거래 실적 등을 고려해 결정한 가산금리를 더해 주택담보대출 금리를 산정해 왔었다. 그러나 CD 금리의 단점이 제기되면서 새로운 대출 기준금리가 필요해졌다. 은행의 사업 자금 조달 중 CD를 통한 조달은 약 11%로 그 비중이 작고, 금융위기 이후 CD 금리가 지나치게 낮게 형성되어 시장 실세금리와 차이가 크게 나는 등 은행의 자금조달 비용을 제대로 반영하지 못한다는 단점이 제기되었다. COFIX는 정보제공은행의 다양한 자금 조달 상품에 적용되는 금리를 가중평균하기 때문에, CD 금리 등 기타 시장 금리에 비해 은행의 자금조달 비용을 보다 충실히 반영할 수 있다. COFIX는 국민, 하나, 신한 등 9개 정보제공은행들이 월말 잔액 및 해당 월 신규취급액 기준으로 매달 자체 자금조달 금리를 보고하면, 전국은행연합회가 은행들의 평균 자금조달 금리를 산출해 매월 15일에 공시한다.

13. 한국은행 기준금리는 모든 시장금리 및 금융기관 여수신 금리 결정시 기준이 되는 금리로 (   )을 사용하고 있다.

해답 RP 7일물

14. 콜시장은 최장만기 (   )일 이내로 (   )일물이 대부분이며 최저거래단위는 (   )원, 무담보콜이 대부분이다.

해답 90, 1, 1억

15. CP는 만기, 발행금액에 제한이 (① 있다. ② 없다).

해답 ②

16. CD의 최단 만기는 (   )일이다.

해답 30

17. 은행간 CD와 대고객 CD의 지급준비금 적립의무는 (① 모든 CD에 있다. ② 대고객 CD에만 있다.). 그리고 (① 은행간 CD, ② 대고객 CD)는 양도가 제한된다.

해답 ②, ①

18. 은행의 RP 취급은 (① 매수만, ② 매도만, ③ 매도 및 매수 모두) 취급한다.

해답 ②

19. 한국주택금융공사는 금융기관으로부터 ( )을 양도받아 MBS를 발행하고 그 관리, 운용, 처분으로 발생한 수익으로 채권원리금 또는 증권배당업무를 한다.

해답 주택저당채권

• MBS(mortgage backed securities, 주택저당증권) : 금융기관이 주택을 담보로 만기 20년 또는 30년짜리 장기대출을 해준 주택 저당채권을 대상 자산으로 하여 발행한 증권으로서 자산담보부증권(ABS)의 일종이다

20. 은행의 소유에 있어 주식보유한도는 동일인의 경우 ( )% 이하{지방은행 15% 이하}, 비금융주력자의 경우 ( )% 이하{지방은행 15% 이하}, 비금융주력자가 경영에 관여하는 경우는 ( )% 이하이다.

해답 10, 9, 4

21. 은행의 최저자본금은 ( )억원, 지방은행은 250억원, 외국은행 지점은 30억원 이상이다.

해답 1,000

22. 상계는 상계통지일로부터 ( )영업일 이내에 실시한다.

해답 3

23. 근보증 중에서 특정한 종류의 거래에 대하여 채무의 연기, 재취급, 같은 종류로 대환된 때에도 효력이 미치는 것은 ( )이다.

해답 한정근보증

근보증(根保證, continuing guarantee)이란 계속적 거래관계에서 현재 또는 장래에 발생하게 될 불특정채무에 대하여 보증책임을 지는 것으로서, 어음할인계약·당좌대월계약·고용계약·임대차계약·계속적 물품공급계약 등 계속적인 거래관계에서 발생되는 불특정 다수의 채무에 관하여 행해지는 보증이다. 이와 같은 근보증에는 신용보증·임

대차보증·신원보증 등이 있는데, 이 중 신원보증은 1957년 제정된 신원보증법에 따라 규제되고 있고, 임대차계약에 의한 임대차보증은 그 한도액이 이미 정해져 있으므로 보증인이 예상치 못한 보증책임을 부담할 염려가 없다. 반면에 주로 은행거래 등에서 생기는 채무를 보증하는 신용보증에는 보증의 대상이나 기간, 한도액을 정하지 않고 보증을 하는 포괄근보증과 일부를 정하여 보증을 하는 한정근보증, 그리고 특정근보증의 세 유형이 있다.

한정근보증의 경우 보증인은 보증금액의 범위 내에서 보증기간이 만료될 때까지의 채무에 대하여 책임을 지게 되지만, 포괄근보증의 경우에는 보증인이 부담해야 할 채무의 내용이 불확실해져 보증인의 지위가 불리하게 된다. 그리하여 학설 및 판례는 그 보증책임의 범위를 거래관행과 민법 제2조에 명시된 신의성실의 원칙에 근거하여 그 책임 한도액이나 기간을 적정한 선에서 제한하고 있다. 특정근보증의 경우 보증채무가 연기된 때에도 보증책임을 지게 되지만, 재취급 또는 다른 대출로 대환(새로운 대출을 받아 기존대출금을 갚는 것. 형식은 대출이지만 실제로 만기를 연기하는 것과 효과가 있다.) 된 때에는 보증책임을 부담할 필요가 없다.

24. 근보증 중에서 특정한 거래계약으로부터 계속적으로 발생하는 채무를 보증하며 그 채무가 연기된 때도 가능하나, 재취급이나 다른 여신으로 대환 시에는 보증의 효력이 미치지 않는 것은 (   )이다.

해답 특정근보증

25. 연대보증은 원칙적으로 특정근보증 또는 한정근보증으로 운용하고, 보증한도는 보통 대출금액의 (   )%이다.

해답 120

26. 주택임차인의 순차적 우선변제권은 주택의 인도, 전입신고, 계약서상 확정일자의 3가지가 성립요건이고, 소액보증금의 최우선변제권은 주택의 인도, (   )의 2가지가 성립요건이다.

해답 전입신고

27. 여신 당시 부채현황표 징구 생략이 가능한 것은 (   )만원 이하의 가계여신의 경우이다.

해답 1,000

28. 은행이 기한의 이익을 상실시키고자 할 경우에는 기한의 이익 상실일 (   )전까지 채무자에게 서면통보하여야 한다.

해답 3영업일

29. 여신의 회수대금이 타점권일 경우에는 (   )으로 우선 처리하고 교환결제후 변제처리한다.

해답 가수금

30. 공동보증(共同保證)에 있어서 각보증인이 채무에 대하여 보증인의 수에 따라 균등비율로 분할하여 책임을 부담하는 것이 (   )인데, 연대보증에서는 이것이 적용되지 않는다.

해답 분별의 이익(分別의 利益)

31. 분할상환대출의 경우 분할상환할 금액을 지체하였을 때 1회 지체시에는 지연된 분할상환액에 대하여, 연속 (   )회 이상 지체시에는 대출원금잔액에 대하여 연체이율에 의한 지연배상금을 받아야 한다.

해답 2

32. 개인워크아웃의 운영 주체는 (   )이고, 대상채권은 금융기관 보유채권이며, 범위는 (   )원 이하이다. 대상채무자는 금융기관 연체기간이 (   )이상인 자이며 보증인에 대하여 채권추심은 (① 가능하다. ② 불가능하다.)

해답 신용회복위원회, 5억, 3개월, ②

33. 개인회생의 운영주체는 (　　)이고, 대상채권은 금융기관 보유채권 외에 사채도 포함된다. 채무범위는 담보채무 (　　)원, 무담보채무 (　　)원, 대상채무자는 과다채무자인 봉급생활자, 영업소득자이다. 개인회생은 보증인에게 채권추심이 (① 가능하다. ② 불가능하다.). 그리고 변제기간은 (　　) 이내이다

해답　법원, 10억, 5억, ①, 5년

34. 채무재조정제도의 운영주체는 신용회복기금이다. 채무재조정은 이자를 탕감하고 원금만 상환하는 것이다. 대상은 (　　)이상 연체되고, 원금이 (　　)이하의 채무이다. 상환기간은 (　　)이며 고액채무자는 이용이 불가능하다.

해답　3개월, 3,000만원, 8년

35. 프리워크아웃은 개인 및 개인사업자로서, 신청일 현재 금융회사에 대한 채무불이행기간이 30일 초과 (　　)일 미만이며, (　　)개 이상의 금융회사에 총채무액 (　　)원 이하, 신청 전 6개월 내 신규발생 채무액이 총채무액의 30/100 이하, 부채상환 비율이 30% 이상, 보유자산가액이 (　　)원 미만이 대상이다. 상환기간은 무담보채권 최장 (　　)년, 담보채권 최장 20년으로 연장된다. 원금 및 이자는 감면이 없으며, 신청 전에 발생한 (　　)만 감면 가능하다.

해답　90, 2, 5억, 6억, 10, 연체이자

36. 은행연합회에서 제공되고 있는 연체정보의 등록기준은 금융권에서 대출원금, 이자 등을 (　　)개월 이상 연체한 경우, (　　)원 이상의 카드론 대금, 신용카드 대금, 할부금융을 (　　)개월 이상 연체한 경우, 대위변제·대지급을 보유한 경우, 어음·수표의 부도나 금융사기 혹은 부정대출, 허위서류 대출 등 금융질서 문란행위를 하는 경우가 해당된다.

해답　3, 5만, 3

37. ( )원 이하의 연체, 대위변제 대지급(공단 신용보증대지급금은 제외)에 대하여는 종합
   신용정보집중기관 및 해당 금융기관에서 동 정보를 관리만 하고, 다른 금융기관에는 정보
   가 제공되지 않지만, 연체건수가 ( )건 이상일 경우에는 금융기관 간 정보가 공유된다.

   해답 50만, 2

38. 사유발생일로부터 ( )이 경과된 연체정보(어음부도거래 정보 제외), 소멸시효가 완성
   된 채권정보는 은행연합회에 등록되지 않는다.

   해답 7년

39. 갑은 과거 보증채무가 잘못되어 급여가 압류되면서 신용불량자가 되었다. 현재 채무는
   다 상환된 상태이고 연체없이 몇 년째로 접어들고 있다. 차량을 할부구매하려고 하니,
   과거 연체이력으로 인하여 할부금융이 어렵다고 하는데, 현재 금융권 채무가 모두 종결
   되었는데도 정상적인 금융권 이용이 가능하지 않다. 갑이 이렇게 된 것은, '신용정보업
   감독규정' 제11조에 의하여 약정기일 내 채무를 변제하지 아니한 정보는 해제사유 발생
   일로부터 최장 1년 이내에서 관리할 수 있으나, 신용정보업자가 신용등급의 산정 또는
   가공을 위해 최장 ( ) 간 정보를 관리할 수 있다고 규정하고 있기 때문이다.

   해답 5년

40. 신용정보관리규약상 금융기관이 보유하는 대손상각 채권 및 그 부대채권과 미수이자 채
   권을 ( )이라고 한다. 대손상각은 대출금 등이 장기연체되어 회수불능일 때에 회수불
   능연체대출금으로 손실로서 회계처리되는데, 이 경우 채무자는 ( )라는 내용으로 회계
   처리되며, 연체정보에 등록되어 전 금융기관에서 신용정보로 활용한다.

   해답 특수채권, 특수채권보유자

41. 채권자는 원채무자가 채무를 변제하지 못하고 있을 경우에 보증인에 대하여는 (① 연체
   자로 등록할 수 없다. ② 법원의 판결을 받아 채무불이행자로 등록할 수 있다.)

   해답 ②

42. 할부거래에 관한 법률 제2조에 의하면 할부거래는 매수인이 신용제공자에게 목적물의 대금을 ( )개월 이상의 기간에 걸쳐 ( )회 이상 나누어 지급하고 그 대금을 완납하기 전에 매도인으로부터 목적물의 인도 등을 받기로 하는 계약이다.

해답 2, 3

43. 신용카드 회원은 카드 분실이나 도난시 은행에 즉시 전화 또는 서면으로 신고해야 하고, 이 경우 회원은 분실·도난 신고 접수시점으로부터 ( )일 전 이후에 발생한 제3자의 카드 부정사용금액에 대하여 은행에 보상을 신청할 수 있다.

해답 60

제2절 증권·투자신탁 등 분야 업무

1. 핵심 사항 (Hot Issues)

1. 고객예탁금이란 고객이 증권회사에 맡긴 자금을 말하는 것인가?

해답 아니다. 종전에 과거 고객예탁금이라고 하였으나, 현행 자본시장법에 의하여 명칭이 '투자자예탁금'으로 변경되었다.

2. KOSPI 200 옵션의 거래승수는 10만원인가?

해답 아니다. 주가지수선물거래의 거래승수 50만원과 동일하게 종전의 10만원에서 50만원으로 변경되었다.(2012년 변경)

3. 매매체결분에 대한 매수대금 또는 매도증권의 납부는 매매체결일부터 기산하여 며칠 후, 몇시까지인가?

해답 3일 후(즉, T + 2일째), 오후 12시(24 : 00)까지이다.

4. 외국인 주문도 국내인과 차별없이 증권회사를 거쳐 거래소로 바로 주문이 들어가는가?

해답 아니다. 외국인은 금융감독원의 외국인한도 관리시스템을 거쳐야 한다.

5. 매매거래시 증권회사가 징수하는 위탁증거금 징수금은 위탁금액의 어느 정도인가?

해답 증권회사별로 자율화되어 있다. 매수시에는 40% 정도, 매도시에는 매도증권 전량인 경우가 많다.

6. 일반채권, 소액 국공채 같은 당일결제거래의 경우 결제대금 납부시한은 어떻게 되나?

해답 15시 30분까지이다.

7. 결제일 당일 증권회사는 몇 시까지 거래소에 결제대금을 납부하나?

해답 16시까지이다.

8. 익일결제의 경우는 어느 경우인가?

해답 국채 매매시이다.

9. 지점 간에 계좌이관이 가능한가?

해답 동일 증권회사 내에서는 가능하다.
그러나 다른 증권회사 간에는 주권이관만 가능하고 현금이체는 불가능하다.(다만, 증권회사와 은행간 연계계좌가 있는 경우에는 은행으로의 이체가 가능하다.)

10. 위탁자가 결제시까지 매수대금 또는 매도증권을 납부하지 않을 때, 반대매매는 어떻게 이루어지는가?

해답 반대매매하는 종목의 수량은 미수금액에 제수수료 등을 포함한 금액을 기준으로 하여 당해 종목의 가격을 하한가를 기준으로 계산하고, 실제주문은 결제불이행 다음 매매일 시가결정을 위한 단일가매매 호가접수시간중에 시장가주문으로 제출된다.

11. 미수동결제도란 무엇인가?

해답 투자자가 주식매수 후 결제일까지 매수대금을 증권회사에 납입하지 않을 경우에 동 투자자에 대하여는 결제일의 다음날부터 30일(달력기준) 동안 주식매수시 현금 100%를 위탁증거금으로 증권회사에 납입하게 하는 제도이다. 단, 미수금이 소액(10만원 이하)이거나 국가간 시차로 인해 불가피한 경우에는 예외이다.

12. 단일가매매와 동시호가제도는 어떻게 다른 것인가?

해답 단일가매매는 단일가격에 의한 개별경쟁매매로서 일정 시간동안 접수한 주문을 특정시점에 하나의 가격으로 체결하는 것으로서 다음의 경우 적용된다.

- 장개시 시점의 최초가격(시가) 결정시
- 장종료시의 가격(종가) 결정시
- 시장의 매매거래중단(CB) 및 종목별 매매거래정지 후 재개시의 최초가격 결정시
- 시장의 임시정지 후 재개시의 최초가격 결정시

단일가매매도 가격 및 시간우선원칙이 적용된다. 종전에는 가격우선의 원칙만 적용되었었다. 현재 동시호가제도는 사실상 폐지되었고, 예외적인 경우에만 적용된다. 즉, 시가 등이 상·하한가로 결정되는 경우에는 단일가매매에 참여한 상한가 매수호가 또는 하한가 매도호가는 동시에 접수된 호가(동시호가)로 간주하여 시간우선의 원칙을 배제하고 있다.

13. 본인 명의의 증권계좌를 조회하고 싶다. 어느 증권회사에 주식이 있는지 모를 경우 확인하는 방법은?

해답 증권회사의 고객계좌 관련정보는 각 증권회사별로 관리되고 있어 일괄조회가 불가능하며, 개별 증권회사별로 문의해야 한다. 금융실명거래 및 비밀보장에 관한 법률에 의거 해당 금융기관은 원칙적으로 명의인의 서면 동의없이 제3자에게 금융정보를 제공할 수 없다. 다만, 본인 거래 증권회사를 기억하지 못하더라도 종목명을 알고 있다면, 명의개서대행기관인 한국예탁결제원(또는 국민은행 증권대행부, 하나은행 증권대행부)에 신분증을 제시하고 실명확인절차를 거쳐 보유계좌의 증권회사 확인이 가능하다.

14. 의무보호예수란 무엇인가?

해답 일정기간동안 한국예탁결제원에 의무적으로 유가증권을 보관토록 하는 것이다. 의무보호예수의 유형에는 첫째로 최대주주 등의 의무보호예수(유가증권시장 : 상장후 6개월 간, 코스닥시장 : 등록후 1년 혹은 2년 간), 둘째로 제3자배정 유상증자시의 의무보호예수(코스닥시장 : 등록후 1년 간)가 있다.

15. 현재 명의개서대행기관은?

해답 한국예탁결제원, 국민은행, 하나은행이다.

16. 주권 분실시 취하여야 할 절차는?

해답 명의개서대행기관 확인 → 주권내용과 주권번호 확인 → 관할 경찰서나 파출소에 분실신고 후 사고접수증 수령 → 명의개서대행기관에 서면으로 사고신고, 주권발행증명서 수령 → 기업 본점 소재지 관할 지방법원 공시과에서 공시최고 및 제권판결 신청(공시기간 3개월) → 제권판결문, 신분증, 도장을 지참하고 명의개서대행기관에 주권재발급 신청 → 주권 재발행의 절차를 거친다.

17. 주문체결 후 증권회사가 고객에 대해 거래결과를 통지하는 시기는?

해답 매매성립 시에 지체없이 통지해야 한다.

18. 미수금 발생시 증권회사의 통지의무는 있는지?

해답 법적인 통지의무는 없다. 다만, 서비스차원에서 통보하는 것이 일반적이다.

19. 외국인의 한국에서 증권투자는 어떤 절차가 있나?

해답 외국인이 유가증권시장 또는 코스닥시장에서 증권투자하려면 사전에 본인 인적사항을 금융감독원에 등록(외국인등록제)해야 한다. 또한 투자관련 송금이체를 위해 투자전용 외화예금계정과 투자전용 원화예금계정을 신설하고, 증권회사에 투자유가증권의 종류별로 구분하여 계좌를 개설하여야 한다. 이러한 일련의 업무들은 통상 상임대리인이 대행해 준다. 상임대리인은 한국예탁결제원, 외국환은행, 증권회사, 선물회사, 국제적으로 인정된 외국보관기관 등이다.

20. 외국인의 주식투자한도는?

해답 원칙적으로 자유롭다. 다만, 금융위원회가 인정하는 경우와 법령이 제한하는 경우는 예외로 한다. 참고로 공공적법인에 대하여는 당해법인 정관에서 정한 한도가 있고, 외국인 전체의 취득한도는 40% 이내이다.

21. 일본 엔화나 유로화도 주식매매 증거금으로 사용이 가능한가?

해답 가능하다.

외화로서는 미국 달러화, 일본 엔화, 유럽연합 유로화, 영국 파운드화, 홍콩 달러화, 호주 달러화, 싱가포르 달러화, 스위스 프랑화, 캐나다 달러화가 사용 가능하다.

22. 현금결제와 실물인수도는 무엇인가?

해답 현금결제는 만기시 거래대상 자산을 실제로 인수도하지 않고 최종결제일에 최종결제가격으로 차금을 수수하여 계약을 종료하는 것이고, 실물인수도는 만기시 거래대상자산을 실제로 인수도하여 계약을 종료하는 것이다.

23. 데이트레이딩(Day Trading)이란?

해답 하루동안 동일 종목의 주식이나 주가지수선물 등을 매도·매수하는 기법이다.

24. 서든 데스(Sudden Death)의 내용은 무엇인지?

해답 '서든 데스'는 상장폐지의 예고절차없이 바로 상장폐지되는 것을 말한다. 최근 사업연도 감사의견이 의견거절 또는 부적정인 경우 관리종목 지정없이 바로 상장폐지할 수 있다.

25. 주주우선공모방식으로 유상증자시 미청약주식이 발생하면 이사회의 결의로 제3자에게 미청약주식을 배정할 수 있는가?

해답 불가능하다.

유상증자에는 주주배정, 주주배정후 실권주일반공모, 주주우선공모, 일반공모, 제3자배정이 있는데, ① 주주배정 ② 주주배정 후 실권주일반공모의 경우에만 실권주식 또는 미청약주식을 이사회결의로 제3자가 인수하게 할 수 있다.

26. 원화표시 CD와 외화표시 CD는 자본시장법상 어떤 차이가 있는가?

해답 외화표시 CD는 자본시장법상 금융투자상품이기 때문에 이의 매매·중개업무는 자본시장법상 투자매매업 및 투자중개업에 해당된다. 하지만 원화표시 CD는 자본시장법상 금융투자상품이 아니기 때문에 투자매매업 및 투자중개업에 해당되지 않는다. 때문에 증권회사의 원화표시 CD 매매·중개업무는 금융투자업이 아닌 다른 금융업무, 즉 겸영업무에 해당된다.

27. 금융투자회사의 겸영업무와 부수업무의 차이는?

해답 금융투자회사의 겸영업무는 금융투자업 이외에 다른 금융업무로서 법령에 따라 금융투자회사가 영위할 수 있는 업무로서, 자본시장법·시행령 등에 열거되어 있다. 부수업무는 금융투자업에 부수되는 업무로서 그 종류가 법령에 별도로 규정되어 있지는 않다.

28. 금융투자회사 임직원의 주식매매에 거래금액 등 제한이 있는지?

해답 자본시장법상 금융투자회사 임직원의 매매에는 거래금액 등의 제한이 없다. 단, 원칙적으로 ① 자기의 명의로 매매해야 하고, ② 하나의 회사만 선택하여, 하나의 계좌로만 매매하여야(대통령령으로 정하는 경우는 예외).

29. 주식소유 및 대량보유 보고의무란 무엇인가?

해답 상장주식(주권상장 또는 코스닥 상장)의 5% 이상 보유(본인 및 특별관계자 포함)하게 되거나(신규보고), 1% 이상 변동시(변동보고), 보유목적 변경시(변경보고) 5일 이내에 금융위원회와 한국거래소에 보고하는 제도이다. 이의 위반 시 3년 이하 징역 또는 1억원 이하의 벌금형을 받게 된다. 보고 방법은 본인과 그 특별관계자가 함께 연명 보고이다.

30. 임원, 주요주주의 소유상황 보고란 무엇인가?

해답 내부자거래 방지를 위해 임원 및 주요주주(10% 이상 소유자 또는 사실상 지배주주)가 된 경우(신규보고), 소유 특정주식수가 1단위라도 변동이 있는 경우(변동보고)에 그 사유 발생일로부터 5일 이내에 보고하도록 하는 제도이다. 보고방법은 개별보고이다.

31. 일임매매와 임의매매의 손해배상책임은?

해답 원칙적으로 임의매매는 손해배상책임이 있고, 일임매매는 손해배상책임이 인정되지 않는다. 일임매매는 절차 등 법규상 위반 여부가 다투어질 수 있지만, 일임매매 자체의 결과에 대해서는 사법상의 계약에 따른 그 효력이 인정된다. 이는 일임매매가 단속규정이기 때문이다.

임의매매의 경우 금융투자회사측에 손해배상책임이 있지만, 직원의 임의매매 후 투자자가 입출금을 계속하여 직원에게 위탁거래를 지속하거나 아무런 이의제기가 없었을 경우에는 묵시적 추인, 사후추인 사유로 인정되어 손해배상책임이 인정되지 않을 수 있다. 법원은 묵시적 추인 사유로 아래의 4가지를 들고 있는데, 여러 사항을 종합적으로 검토하여 신중하게 판단하고 있다. ① 고객이 임의매매 사실을 알고도 이의를 제기하지 않고 방치하였는지 여부, ② 임의매수에 대해 항의하면서 곧바로 매도를 요구하였는지 아니면 직원의 설득을 받아들이는 등 주가가 상승하기를 기다렸는지 여부, ③ 임의매도로 계좌에 입금된 그 증권의 매도대금을 인출하였는지 또는 신용으로 임의매수한 경우 그에 따른 미수금을 이의없이 변제하였는지 여부, ④ 미수금 변제 독촉에 이의를 제기하지 않았는지 여부

32. '공정공시'란?

해답 기업이 애널리스트나 기관투자자 등 특정집단에게 기업의 중요정보를 제공하는 경우에, 그 내용을 일반투자자에게도 거래소를 통하여 공시하도록 의무화한 제도이다.

33. 서킷브레이커(circuit breaker)란?

해답 코스피가 직전 매매거래일의 최종 수치보다 10% 이상 하락하여 1분간 지속되는 경우에 주식시장 등의 모든 종목의 매매거래를 20분간 중단(호가접수를 중단하는 것을 말한다)하는 것이다.

34. 사이드카(side car)란?

해답 코스피 200에 대한 선물거래종목 중 직전 매매거래일의 거래량이 가장 많은 종목의 가격이 기준가격 대비 100분의 5 이상 상승 또는 하락한 상태가 1분간 지속되는 경우 당해 시점부터 5분간 접수된 프로그램매매의 매수호가 또는 매도호가의 효력을 정지하는 것이다.

2. 증권 및 투자신탁 업무 일반 (General Issues)

1. 현재 한국거래소의 시가 및 종가 결정시간에는 원칙적으로 (① 단일가매매방식, ② 동시호가제도)로 이루어진다.

해답 ① : 원칙적으로 동시호가방식은 폐지되고, 가격 및 시간우선 원칙에 따른 단일가매매방식이다. 다만, 시가 등이 상한가나 하한가로 결정되는 경우에만 예외적으로 동시호가제도로 처리한다.

2. 유상증자의 방식에는 주주배정, 주주배정후 실권주 일반공모, ( ), 일반공모, 제3자배정 방식이 있다.

해답 주주우선공모

3. 증권회사는 보유잔고가 ( ) 이하의 현금이거나 상장폐지된 주권 또는 통합일 현재 기준가격에 의한 평가금액이 10만원 이하인 수익증권으로서 최근 ( )개월간 매매거래나 인출등이 중단된 경우에는 별도계좌인 ( )로 관리한다. 고객이 매매를 재개하고자 하면 동 계좌로부터 해제한 후 이전의 계좌로 환원해 준다. 고객이 증권카드를 반납하고 계좌폐쇄를 요청한 경우나 고객잔고가 0이 된 날로부터 ( )개월 경과한 경우에는 계좌가 폐쇄된다. 통합계좌 편입후 4년 6개월이 경과하면 증권회사의 ( )으로 처리된다. 그러나 잡수익 처리후 고객이 되돌려 달라고 하면 증권회사는 환급을 해 주어야 한다.

해답 10만원, 6, 통합계좌, 6, 잡수익

4. 자본시장법상 증권회사, 자산운용회사 등 금융투자회사들은 원칙적으로 금융투자업에 부수하는 모든 업무를 영위할 수 있다. 다만, 부수업무 영위를 위해서는 업무개시 ( ) 일전까지 금융위원회에 신고해야 한다.

해답 7

5. 은행에서도 펀드를 팔고 있는 것은 은행이 인가업무 단위별 관련 금융투자업 인가를 받았기 때문이다. 그리하여 펀드를 판매하는 은행은 통상 (   )로 분류하고 있다.

해답 겸영금융투자회사

6. 금융투자업의 영위와 관련된 약관은 (   )에 신고하여야 하지만, 전자금융거래와 관련한 약관은 (   )에 보고[(   )에 위탁됨]하여야 한다.

해답 금융투자협회, 금융위원회, 금융감독원장

7. 금융투자회사의 임직원의 주식매매 등과 관련하여, 보험회사에서 펀드(집합투자증권)나 신탁을 판매하는 임직원에 대하여 자본시장법상 금융투자회사 임직원의 주식매매 관련 조항이 (① 적용된다, ② 적용되지 않는다).

해답 ①

8. 보험회사의 고유업무로서 보험회사의 자산을 운용하는 직원에 대하여, 자본시장법상 금융투자회사 임직원의 주식매매 관련 조항이 (① 적용된다, ② 적용되지 않는다).

해답 ②

9. 증권회사의 신용공여업무, 자금이체업무, CMS(Cash Management Service)는 증권회사의 (① 부수업무, ② 겸영업무)이다.

해답 ②

10. 종전의 증권거래법에 비하여 자본시장법에서는 상장회사 직원의 단기매매차익의 범위가 (① 축소, ② 확대)되었는데, 그 범위는 자본시장법 제161조 1항 각 호 해당사항의 수립·변경·추진·공시, 및 이와 관련된 업무에 종사하는 직원과 그 법인의 재무·회계·기획·(   )에 관련된 업무에 종사하고 있는 자로서 미공개중요정보를 알 수 있는 자로 되었다.

해답 ①, 연구개발

11. 자본시장법상 내부자의 단기매매차익의 반환(제172조)은 주권상장법인의 임원, 직원, 또는 주요주주가 특정증권 등을 매수한 후 (   )개월 이내에 매도하거나, 특정증권 등을 매도한 후 (   )개월 이내에 매수하여 이익을 얻은 경우에 (   )이(가) 그 임직원 또는 주요주주에게 단기매매차익을 청구할 수 있는 것을 말한다.

해답   6, 6, 그 법인(해당 주권상장법인)

12. 내부자의 단기매매차익반환제도는 이종증권간의 매매시에 (① 적용된다, ② 적용되지 않는다).

해답   ①. 이종증권(異種의 證券)간 매매시에도 적용된다.

13. 신주발행이 수반되는 합병 등의 경우에 증권신고서는 (① 제출하지 않아도 된다, ② 제출해야 한다).

해답   ②. 신주발행이 수반되는 합병 등의 경우에도 증권신고서를 제출하여야 한다.

14. 인수인의 명칭과 증권의 발행금액을 포함하지 않는 광고는 증권신고서가 수리되지 않았더라도 (① 허용되지 않는다, ② 허용된다).

해답   ②. 신주발행이 수반되는 합병 등의 경우에는 증권신고서가 금융위원회에 수리되기 이전이라도 그 광고가 제한적으로 허용된다.

15. 자본시장법에서 주요계약, 보유형태의 변경 등 변경보고의무가 있는데 이는 (① 경영참가 목적 여부와 관계없이 주식대량보유자의 의무사항이다, ② 단순투자목적의 주식대량보유자는 보고의무가 없다).

해답   ②. 경영참가목적이 없는 단순투자목적의 대량보유자는 보고의무가 없다(자본시장법 제147조).

16. 주식 등의 대량보유 등의 보고(자본시장법 제147조)에 있어서 그 변경보고시 담보계약과 관련된 주식수가 발행주식총수의 (   )% 미만인 경우에는 보고할 필요가 없으나, (   )% 이상인 경우에는 반드시 보고해야 한다.

해답   1, 1

17. 상장주식 대량보유 등의 보고(자본시장법 제154조, 소위 5% rule)에 대한 특례에 있어서 그 보유목적이 발행인의 경영권에 영향을 주기 위한 것이 아닌 경우에는 그 보유 또는 변동이 있었던 달의 다음 달 (   )일까지 보고할 수 있다.

> **해답** 10. 대량보고의무는 통상 5일 이내이지만, 경영권과 관계없는 단순투자목적 보유자인 경우에는 그 보유 또는 변동이 있었던 달의 다음 달 10일까지 보고하면 된다.

18. 5% rule 관련 보고시 장내매매 기준일은 (① 체결일, ② 결제일)이고, 임원, 주요주주의 보고 시에는 장내매매 기준일이 (① 체결일, ② 결제일)이다.

> **해답** ①, ②
> 5% rule에 의한 보고시 장내매매 기준일은 체결일이고, 임원, 주요주주 보고시에는 장내매매기준은 결제일이다.

19. 공정공시 의무가 있는 경우 상장법인은 애널리스트나 기관투자자 등 특정집단에게 (① 정보를 선별 제공하기 전에, ② 정보를 선별 제공한 후 당일날) 거래소를 통하여 공시해야 한다.

> **해답** ①. 공정공시 : 기업이 애널리스트나 기관투자자 등 특정집단에게 중요정보를 제공하는 경우에 일반투자자에게도 거래소를 통하여 공시하도록 의무화한 제도이다.

20. KOSPI 지수산출 대상에는 보통주 외의 (① 우선주도 포함된다, ② 우선주는 포함되지 않는다).

> **해답** ②. 우선주는 지수산출 대상에 포함되지 않는다.

21. 소위 '서킷브레이커'(circuit breaker)라고 하는 것은 한국거래소 유가증권업무규정 제25조 상의 (   )의 별칭으로서, KOSPI 수치가 10% 이상 하락 시 20분간 당해 주식의 매매거래를 중단하는 것이다. 이후 10분간은 (   )만 접수해 단일가격으로 거래를 체결시킨다.

> **해답** 주식시장 등의 매매거래중단, 호가

22. 소위 '사이드카'(side car)라고 하는 것은 한국거래소의 유가증권업무규정 제16조에서 말하는 (　　)에 대한 내용으로서, 한 마디로(　　)라고 할 수 있으며, 그 내용은 KOSPI 200에 대한 선물거래종목 중 직전 매매거래일의 거래량이 가장 많은 종목의 가격이 기준가격 대비 5% 이상 상승 또는 하락한 상태가 1분간 지속되는 경우 5분간 프로그램 매매거래를 정지하는 제도이다.

> **해답** 프로그램매매호가의 관리, 프로그램매매의 매수호가 또는 매도호가의 효력정지

23. 한국거래소는 특정종목의 단기과열, 매매거래의 폭주로 신속하게 매매거래를 성립시킬 수 없다고 인정되는 종목 또는 시장관리상 필요하다고 인정되는 종목에 대해 매매거래를 중단시킬 수 있는데 유가증권업무규정 제26조에서는 이를 (　　)라고 규정하고 있다.

> **해답** 종목별 매매거래정지

24. 유가증권시장에서 기준가격이란 통상 가격제한폭을 설정함에 있어 기준이 되는 가격으로서, 원칙적으로 (　　)가 기준가격이 된다. 다만, 신규상장종목 등과 같은 경우에는 예외적으로 (　　)들이 제출한 호가로 (　　)에서 결정된 가격을 기준가격으로 적용하는 경우도 있다.

> **해답** 전일종가, 투자자, 시장

제3절　보험업 관련

1. 핵심 사항 (Hot Issues)

1. 제3보험상품이란?

> **해답** 위험보장을 목적으로 사람의 질병·상해 또는 이에 따른 간병에 관하여 금전 및 그 밖의 급여를 지급할 것을 약속하고 대가를 수수하는 계약이다.

2. 자신을 계약자 및 보험대상자로 하여 종신보험에 가입함에 있어서, 지방출장중인 계약자가 모든 것을 설계사에게 일임하여 설계사가 자필서명하였다. 보험계약은 유효한가?

해답 본 사례는 보험계약자가 보험계약 체결의 의사를 갖고 보험설계사에게 청약서를 대신 작성해 달라고 요청하여 보험설계사가 청약서를 작성하게 된 것이므로, 보험계약은 유효하게 성립된다. 보험계약은 낙성·불요식계약이므로, 보험계약자가 직접 청약서에 서명하거나 날인해야만 보험계약이 성립하거나 유효한 것은 아니다. 다만, 계약자가 자필서명하지 않았을 경우 계약자는 청약일로부터 3개월 이내에 계약을 취소할 수 있다.

3. 부인이 자신을 보험계약자, 남편을 보험대상자(피보험자)로 하여, 남편으로부터 권한을 위임받은 것처럼 하여 임의로 남편의 자필서명을 대행한 보험계약은 유효한가?

해답 생명보험의 보험대상자가 서면 동의하지 않았을 뿐 아니라, 보험가입 사실도 몰랐으므로 보험계약은 무효이다. 타인의 사망을 보험사고로 하는 보험계약의 경우에는 보험계약체결 당시까지 보험대상자의 서면에 의한 동의가 있어야 하며, 서면동의가 없으면 보험계약은 무효이다(상법 제731조, 생명보험 표준약관 제4조). 보험대상자의 서면동의는 계약체결 시까지 이루어져야 하며 체결이후에는 추인할 수 없다.

4. 보험대상자가 미성년자이기 때문에, 부모 일방이 공동명의로 자필서명하고 보험계약을 체결하였다. 이 보험계약은 유효한가?

해답 부모 일방이 서명을 하였더라도, 공동친권자의 일방이 공동명의로 한 행위는 효력이 있다.

※ 참고 : 민법 제920조의2(공동친권자의 일방이 공동명의로 한 행위의 효력) 부모가 공동으로 친권을 행사하는 경우 부모의 일방이 공동명의로 자를 대리하거나, 자의 법률행위에 동의한 때에는 다른 일방의 의사에 반하는 때에도 그 효력이 있다. 그러나 상대방이 악의인 때에는 그러하지 아니하다.[본조 신설 1990. 1. 13]

5. 보험계약자의 철회(撤回) 기간은?

해답 제1회 보험료를 납입한 날로부터 15일 이내에 한해 철회 가능하다.

6. 계약자의 부활기간은?

> **해답** 보험계약의 부활은 보험계약의 해지일로부터 2년 이내에만 가능하다.

7. 미자필계약, 약관미교부 혹은 약관의 중요내용 미설명 시 해당 계약의 취소가 가능한가?

> **해답** 미자필계약, 약관미교부 혹은 약관의 중요내용 미설명 시 해당 계약은 청약일로부터 3개월 내에 취소가 가능하다.

8. 고지의무위반과 관련한 계약취소권은 구체적으로 무엇인가?

> **해답** 고지의무는 알릴 의무로서 이를 위반할 경우 회사는 취소권을 행사할 수 있다. 단, 회사는 보험금 지급사유가 발생하지 아니하고 (2)년{진단계약의 경우 질병에 대하여는 (1)년]이 지났을 때에는 민법 제110조(사기 · 강박에 의한 의사표시)에 의한 취소권을 행사하지 못한다. 예컨대 보험계약자 또는 보험대상자가 진단서의 위 · 변조 또는 청약일 이전에 암 또는 에이즈의 진단확정을 받은 후, 이를 숨기고 가입하는 등 뚜렷한 사기 의사에 의하여 계약이 성립되었음을 회사가 증명하는 경우에는 보장개시일로부터 (5)년 이내[사기사실을 안 날로부터 (1)개월 이내]에 계약을 취소할 수 있고, 이 기간이 지나면 계약의 취소권 행사가 제한된다.

9. 보험회사의 계약자 또는 피보험자에 대한 특별이익의 제공금지 액수는?

> **해답** 체결시부터 최초 1년간 납입되는 보험료의 10%와 3만원 중 적은 금액을 말한다.

10. 보험료 납입 최고 및 미납 시 해지통지문을 아파트 경비원이 수령하고 깜박하여 신청인에게 전달되지 않았는데, 이에 신청인이 자기에게 제대로 송달되지 않았다고 주장하여 보험계약의 정상 입금처리를 인정해 달라고 요청하는 경우, 이의 인정여부는?

> **해답** 아파트주민들은 등기우편물 등의 수령권한을 아파트 경비원에게 묵시적으로 위임한 것으로 볼 수 있으므로, 보험료의 납입최고 및 해지통지서를 본인에게 직접 전달하지 않고 아파트 경비원에게 전달했다고 하더라도 본인에게 송달되었다고 봄이 타당하다.

11. 외관상 특별한 목적없이 보장성보험과 저축성보험 등 다수의 보험계약을 체결하였고, 그 보험료가 보험가입자의 수입에 비해 현저히 많은 경우에 이것이 보험금을 부정 취득할 목적으로 가입한 보험으로서 인정되어 무효가 되는지?

해답 보험계약이 무효가 되기 위해서는 단순히 다수의 보험계약에 가입하였다거나 보험사고의 발생 경위가 석연치 않다는 점만으로는 부정한 목적의 보험계약이라고 단정하기 어렵다.(대법원 99다33311 판결)

12. 16층 이상의 아파트 동들로 구성된 아파트단지의 관리사무소장이 농협공제의 화재보험에 가입하고, 보험회사의 화재보험에 가입하지 않아도 되는지?

해답 16층 이상의 건물은 보험업법 상 특수건물에 해당되어 그 소유자는 손해보험회사에 특수건물의 신체손해배상 특약부 화재보험에 가입하여야 하고, 그 위반시 500만원 이하의 제재금을 부과받는다(화재로 인한 재해보상과 보험가입에 관한 법률 제5조 1항, 제23조). 참고로 농협공제 화재보험은 15층 이하의 아파트 등을 대상으로 한다.

13. 보험계약은 계약자의 청약과 보험회사의 승낙으로 성립되는데(낙성계약), 이에 대해 보험회사의 거절 가능 여부와 거절 절차는?

해답 보험자가 보험계약자로부터 보험계약의 청약과 함께 보험료 상당액의 전부 또는 일부를 지급받은 때에는, 다른 약정이 없으면 30일 내에 상대방에게 낙부의 통지를 하여야 한다(상법 제638조의2). 계약 청약에 대해 승낙을 할 때는 보험가입증서(보험증권)를 교부한다. 계약 청약에 대해 30일 내에 승낙 또는 거절의 통지가 없으면 승낙된 것으로 본다(표준약관 제1조).

14. 자동차보험의 책임개시일은?

해답 보험증권에 기재된 보험기간의 첫날 24시에 시작되어 마지막날 24시에 끝난다. 하지만 피보험자가 처음으로 자동차보험 가입 시에는 회사가 보험료를 받은 때로부터 시작되어 보험기간 마지막 날 24시에 끝난다. 다만 보험기간 개시 이전에 보험계약을 맺고 보험료를 받은 때에는, 보험기간의 첫날 0시부터 보험기간 마지막 날의 24시까지이다. 대인배상 책임보험은 회사가 보험료를 받은 때로부터 보험기간 마지막 날 24시에 끝난다. 그러나 보험개시 이전에 보험계약을 맺고 보험료를 받은 때에는, 보험기간의 첫날 0시부터 보험기간 마지막 날 24시에 끝난다.

15. 보험자 대위는?

해답 보험자 대위(保險者代位)란 손해보험에 있어서 보험자가 보험사고로 인한 손실을 피보험자에게 보상하여 준 때에, 보험의 목적이나 제3자에 대하여 가지는 피보험자 또는 보험계약자의 권리를 법률상 당연히 취득하는 것을 말한다. 피보험자의 이중 이득을 방지하고, 보험사고와 관련 있는 제3자의 면책을 방지하기 위한 취지에서 인정된다. 이에는 잔존물 대위(상법 제681조)와 청구권 대위(상법 제682조)가 있다. 인보험에서는 잔존물 대위가 전혀 적용될 수 없는 개념이고 하여 보험자 대위가 원칙적으로 인정되지 않는다.

16. 잔존물 대위는?

해답 보험의 목적이 전부 멸실할 경우 보험금액의 전부를 지급한 보험자가 보험의 목적에 대한 피보험자의 권리를 법률상 당연히 취득하는 제도이다.

17. 청구권 대위는?

해답 피보험자의 손해가 제3자의 행위로 인하여 생긴 경우에 보험금액을 지급한 보험자가 지급한 금액 내에서 제3자에 대한 보험계약자(또는 피보험자)의 권리를 법률상 당연히 취득하는 제도이다.

18. CI보험은 무엇인가?

해답 CI보험(critical illness insurance)은 갑작스런 사고나 질병으로 중병 상태가 계속될 때에 보험금의 일부를 미리 받을 수 있는 보험제도다. 갑작스런 사고나 질병으로 인하여 중병 상태가 계속될 때에, 약정 보험금의 일부를 미리 지급함으로써 보험 가입자의 정신적·경제적 부담을 줄이고자 하는 것이다.

2. 보험업 일반 (General Issues)

1. 보험업법상 보험상품은 어떻게 구분되나?

해답 생명보험상품, 손해보험상품, 제3보험상품으로 구분된다.

2. 보험업을 영위하기 위하여 필요한 행정청의 행정행위는 무엇인가?

　해답　금융위원회의 허가

3. 보험계약자는 제1회 보험료를 납입한 날로부터 (　)일 이내에 한해 청약을 철회할 수 있다.

　해답　15

4. 보험계약의 관계자중 보험회사를 (　)라고 부른다.

　해답　보험자(insurer)

5. 보험계약자는 보험계약의 청약과 제1회 보험료를 납입한 날로부터 일정 기일 내에 철회가 가능하며, 보험자는 보험계약의 (① 승낙만 가능하다, ② 승낙·거절 모두 가능하다).

　해답　②

6. 보험과 관련하여 보험업법과 (① 민법, ② 상법)의 보험편이 적용된다. 보험업 관련 감독기관으로서 보험업 허가는 (　)의 권한이고, (　)은 그 집행기관이다.

　해답　②, 금융위원회, 금융감독원

7. 보험의 목적에 의한 분류는 (　)과 (　)이다.

　해답　인보험, 물보험

8. 보험을 지급보험금의 결정방법에 따라 (　)과 손해보험으로 구분한다. 손해보험은 (① 정액보상, ② 실손보상)을 한다.

　해답　정액보험, ②

9. 보험료에 관하여 1차적 납입의무자는 (① 보험계약자, ② 보험수익자, ③ 피보험자)이고, 2차적 납입의무자는 (① 보험계약자, ② 보험수익자, ③ 피보험자)다.

해답 ①, ③

10. 노동부에서 운영하는 직업상의 상해 및 질병, 상실소득의 보전, 산재사망에 의한 연금제도 등을 (   )이라 하고, 경제적 약자가 자기들의 이익을 유지·향상시키고자 편익을 제공하는 목적의 상부상조 조합을 (   )라고 한다.

해답 산업재해보험, 공제(共濟, credit union)

11. 보험계약의 부활은 보험계약의 해지일로부터 (   )년 이내에만 가능하다.

해답 2

12. 생명보험에 있어 보험사고가 발생할 확률을 대수의 법칙에 의해 예측한 위험률은 (   )이고, 납입된 보험료를 보험금으로 지급되기까지 적립, 운용하여 기대되는 수익률을 미리 예상하여 보험료를 깎아 주는 할인율은 (   ), 예정신계약비, 예정유지비, 예정수금비에 드는 사업비를 예측한 비율은 (   )이다.

해답 예정위험률, 예정이율, 예정사업비율

13. '영업보험료 = 순보험료 + (   )'로 구성된다. 그 중 '순보험료 = (   ) + (   )'이고, '(   ) = 신계약비 + (   ) + 수금비'이다.

해답 부가보험료, 위험보험료, 저축보험료, 부가보험료, 유지비

14. '해약환급금 = 책임준비금 − (   )'이다.

해답 미상각신계약비

15. 보험금 지급사유에 따른 생명보험의 분류는 사망보험, 생존보험, ( ), 건강보험이 있다. 건강보험은 ( )과 ( )으로 구분된다.

해답 생사혼합보험, 질병보험, 상해보험

16. 위험집단의 사고확률을 예측하고 예측확률과 실제확률이 일치하려면 그 위험집단구성원이 다수여야 하고, 다수라 하더라도 위험발생률을 산출할 수 있어야 한다. 일정기간 중에 그 위험집단의 사고확률과 사고발생 손해 규모의 파악이 가능해야 보험도 성립될 수 있는데 이를 ( )의 법칙이라 한다.

해답 대수
  • 대수의 법칙(큰수의 법칙) [law of great numbers]

17. 약관을 교부하지 않거나 약관의 중요내용을 설명하지 않으면 계약자는 청약일로부터 ( )개월 이내에 계약을 취소할 수 있다.

해답 3

18. 미자필 계약은 ( )개월 이내에 계약을 취소할 수 있다. 또한 보험계약자와 보험대상자가 동일한 계약에 있어서 보험계약자가 청약을 하고 ( )년 이상 그 보험계약을 유지하고 있는 상태에서, 보험계약자가 계속 이를 유지하기를 원한다면, 특별한 고지위반 사항이 없고 선량한 풍속 기타 사회질서에 위해한 사항을 내용으로 하는 계약이 아닌 한 보험약관에 따라 정상적으로 보장이 가능하다.

해답 3, 2

19. 보험계약자와 보험대상자가 같을 경우 전화에 의한 음성녹음으로 청약서 상 계약자의 자필서명을 대신하는 것이 (① 허용된다, ② 허용되지 않는다. 반드시 자필서명을 받아야만 효력이 있다).

해답 ①

20. 결혼자금 마련의 목적으로 저축보험에 가입을 원했고, 가입 당시 설계사에게 언제든지 해약하더라도 원금 보전이 된다는 안내를 받고 보험청약서에 자필서명을 어머니가 대신 하게 하였다. 추후 확인결과 연금보험으로 확인되었는데 계약취소가 가능한지?

해답 자필서명 누락과 추인의 근거가 없으면 무효이나, 추인의 근거가 있으면 유효하다.
- 보험계약의 추인으로 인정될만한 상황 : 본인 통장에서 자동이체, 해당 보험사의 상담 이력, 보험계약 시 대출 여부

21. 계약전 알릴 의무 위반 시 회사는 계약을 해지하거나 보장을 제한할 수 있다. 그러나 회사는 보험금 지급사유가 발생하지 아니하고 ( )년[진단계약의 경우 질병에 대하여는 ( )년]이 경과한 때에는 민법 제110조(사기에 의한 의사표시)에 의한 취소권을 행사할 수 없다. 계약자 또는 보험대상자(피보험자)가 진단서의 위·변조 또는 청약일 이전에 암 또는 에이즈의 진단확정을 받은 후, 이를 숨기고 가입하는 등 뚜렷한 사기 의사에 의하여 계약이 성립되었음을 회사가 증명하는 경우에는 보장개시일로부터 ( )년 이내[사기 사실을 안 날로부터 ( )개월 이내]에 계약을 취소할 수 있다.(보험약관 제23조(계약취소권의 행사제한))

해답 2, 1, 5, 1

22. 보험업법 제98조와 동법시행령 제46조에서 말하는 특별이익의 제공 금지는 보험계약의 체결 또는 모집에 종사하는 자가 그 체결 또는 모집과 관련하여 보험계약자 또는 피보험자에게 보험계약 체결 시부터 최초 1년간 납입되는 보험료의 ( )%와 ( )만원 중 적은 금액을 말한다.

해답 10, 3

23. 일반 손해보험의 보험료는 위험보험료와 ( )로만 구성된다.

해답 사업비

24. 자동차보험의 보험료 적용시, 운전자의 범위를 한정하거나 연령 범위를 제한하는 특약 등에 가입할 때 적용하는 요율은 (   )이다. '보험가입경력요율 + 교통법규 위반경력요율'을 가입자특성요율이라 한다.

해답 특약요율

25. 자동차보험의 보험료 적용시, 자동차의 안전성 구조나 무사고 경력 등 운행실태가 타 차량보다 우량한 경우에 적용하는 요율은 (   )이라 하고, 사고발생 실적에 따라 적용되는 요율은 (   )이다.

해답 우량할인, 불량할증

26. 연금보험과 저축성보험, 변액연금보험은 (   )년 이상 유지시 비과세가 적용된다.

해답 10

27. 연금보험의 조기 연금수령은 (   )세 이후 가능하다.

해답 45

28. 저축성 보험의 중도 인출은 연 (   )회에 한하여 해약환급금의 (   )% 내에서 인출가능하다.

해답 12, 50

29. 보험료 납입이 자유롭고 적립액 일부를 인출할 수 있으며, 종신보장을 제공하고 회사의 공시이율로 적립하는 보험은 (   )이다.

해답 유니버설보험

30. 고객 보험료 일부를 주식, 채권 등에 투자하고 투자실적에 따라 이익을 배분하여 주는 투자실적 배당형 보험상품은 (   )이고, 이것이 유니버설보험과 결합되어진 것이 (   )이다.

해답 변액보험, 변액유니버설보험

31. 보험사고 발생시 지급될 법률상 최고한도를 (   )라 한다.

해답 보험가액

32. 보험료 총액이 보험금 총액과 같아야 한다는 것은 (   )의 원칙이라 한다.

해답 수지상등

찾 아 보 기

【한글】

■ 참고문헌

1. 한국은행, 「한국의 금융시장」, 2012.

2. 한국은행, 「한국의 금융제도」, 2011. 12.

3. 한국은행, 「우리나라의 외환제도와 외환시장」, 2012.

4. 한국은행, 「한국의 통화정책」, 2012.

5. 김세영, 「신국제금융론」, 탑북스, 2011.

6. 김홍원, 「글로벌금융론」, 탑북스, 2010.

7. 김용재, 「제2판 은행법원론」, 박영사, 2012. 9.

8. 정찬형·최동준·김용재, 「로스쿨 금융법」, 박영사, 2009.

9. 김문희, 「금융법론」, 휘즈프레스, 2007.

10. 이하일, 「금융경제의 이해」, 도서출판 청람, 2010.

11. 노상채·김창범, 「화폐금융론」, 박영사, 2011.

12. 윤훈현·김재수·오장균, 「마케팅원론」, 청목출판사, 2012.

13. 여운승, 「금융서비스마케팅」, 한양대학교 출판부, 2005.

14. 장홍범, 「국제금융기초」, 한국금융연수원, 2010.

15. 금융투자교육원, 「증권투자상담사 I, II, III, IV」, 2012.

16. 금융투자교육원, 「파생상품투자상담사 I, II, III」, 2012.

17. 금융투자교육원, 「펀드투자상담사」, 2012.

18. 한국금융연수원, 「FP 기본지식」, 2011.

19. 한국금융연수원, 「금융거래관련법률」, 2011.

20. 한국금융연수원, 「보험 및 은퇴설계」, 2011.

21. 남시환·이규원, 「FP를 위한 세무해설과 절세전략」, 한국금융연수원, 2011.

22. 김민규, 「자산운용 I -금융상품」, 한국금융연수원, 2011.

23. 오기석 외 3인, 「보험 및 은퇴설계」, 한국금융연수원, 2011.

24. 안산대학교, 창구사무직무메뉴얼, 2015.

공저자 약력

■ 오영환

- 연세대학교 법학과(학사, 석사, 박사, 증권거래법 전공)
- 증권감독원 조사부 근무
- 메리츠증권(주) (인사)총무부 근무
- 현재 수원과학대학교 증권금융과 교수

■ 박구용

- 서울대학교 경영학사
- 한국방송통신대학교 이학석사(정보통신, 금융 IT 전공)
- University of North Carolina, Visiting Scholar(전자금융, 금융 IT 연구)
- 한국은행 자금부, 금융결제국 등 근무
- 현재 수원대학교 증권금융과 조교수

■ 신상권

- 성균관대학교 경영학사
- 단국대학교 대학원 경영학석사(노사관계 전공)
- 건국대학교 대학원 경영학박사(벤처기술경영 전공)
- IBK기업은행 지점장, 신탁연금부장, 영업부장 근무
- 현재 인신대학교 금융정보과 교수

■ 윤명수

- 한국외국어대학교 문학사
- 연세대학교 경영대학원 경영학 석사(증권분석 전공)
- 증권감독원 검사3국, 재무관리국, 시장관리실, 지도평가국 근무
  옵션과장·선물시장과장 역임(1983~1999. 12.)
- 금융감독원 은행검사 3국, 증권검사국, 비은행검사 1국, 자산운용검사국
  분쟁조정국 수석조사역 근무(2000. 1.~2011. 11.)
- 현재 수원과학대학교 증권금융과, 교양과 강사
  　　　안산대학교 금융정보과 강사

■ 노강석

- 경북대학교 경제학사
- 한국과학기술원(KAIST) 경영대학원 경영학석사(노사관계 전공)
- IBK기업은행 고객센터장, 경영관리부장, 개인금융부장, 리스크총괄부장, 재무기획부장,
  경제연구소장
- 재단법인 기업주치의협력재단 이사장, 현재 수원과학대학교 강사

금융개론

2015년 3월 3일 제1판제1발행
2017년 3월 3일 제1판제2발행

공저자 오영환 · 박구용 · 신상권
          윤명수 · 노강석
발행인 나 영 찬

발행처 **MJ미디어** ────────────

서울특별시 동대문구 천호대로 4길 16(신설동 104-29)
전 화 : 2234-9703/2235-0791/2238-7744
FAX : 2252-4559
등 록 : 1993. 9. 4. 제6-0148호

정가 17,000원

◆ 이 책은 MJ미디어와 저작권자의 계약에 따라 발행한
  것이므로, 본 사의 서면 허락 없이 무단으로 복제, 복
  사, 전재를 하는 것은 저작권법에 위배됩니다.
  ISBN 978-89-7880-242-0
  www.kijeonpb.co.kr

불법복사는 지적재산을 훔치는 범죄행위입니다.
저작권법 제97조의 5(권리의 침해죄)에 따라 위반자는 5년
이하의 징역 또는 5천만원 이하의 벌금에 처하거나 이를 병
과할 수 있습니다.